ATLAS OF THE GREEK AND ROMAN WORLD IN ANTIQUITY

ATLAS OF THE GREEK AND ROMAN WORLD IN ANTIQUITY

Nicholas G.L. Hammond

Editor-in-Chief

NOYES PRESS
PARK RIDGE, NEW JERSEY

1981

Copyright © 1981 by Nicholas G.L. Hammond
No part of this book may be reproduced in any form
without permission in writing from the Publisher.
Library of Congress Catalog Card Number: 81-675203
ISBN: 0-8155-5060-X
Printed in the United States

Published in the United States of America by
Noyes Press
Noyes Building, Park Ridge, New Jersey 07656

Library of Congress Cataloging in Publication Data
Main entry under title:

Atlas of the Greek and Roman world in antiquity.

   Includes gazetteer and index.
   1. Civilization, Greco-Roman--Maps. 2. Classical geography--Maps. 3. Geography, Ancient--Maps. 4. Greece--Antiquities--Maps. 5. Greece--History. 6. History, Ancient. 7. Rome--Antiquities--Maps. 8. Rome--History. I. Hammond, Nicholas Geoffrey Lemprière.
G1033.A84   1981   912'.38   81-675203
ISBN 0-8155-5060-X   AACR2

PREFACE

There has for a long time been a need for an up-to-date, detailed and scholarly topographical atlas of Greek and Roman lands in the tradition of the maps edited for John Murray by Dr. G.B. Grundy. The editor's attempt to meet this need was abandoned by the Oxford University Press on the grounds of expense, but he was encouraged to continue by Mr. T.R. Hardaker of that Press and by Professor R. Hope Simpson. Success was made possible by the generous interest of Mr. Robert Noyes, whose desire to further classical studies prompted him to undertake the publication, and by the services of Mr. David Cox, the cartographer, whose work is as precise as it is artistic. The editor's task has been greatly eased by the support and friendship which Mr. Noyes and Mr. Cox have shown throughout this association.

The range is from the Neolithic Age to the sixth century A.D. As it is often difficult to locate an excavated site, the editor has included some maps showing excavated sites. Greek History has been taken to extend from Minoan Crete to the Hellenistic Kingdoms, and Roman History from Italy before the Roman Conquest to the Barbarian Invasions. The central section of the Atlas consists of topographical maps of Greece and the Aegean, and of Italy and Sicily. Each map has been compiled by a scholar who has a specialized knowledge of an area or subject, and his map has been signed by him as the compiler after he has received and corrected a proof. The editor has collated the maps and made the final corrections. He and his colleagues were saddened by the deaths of five contributors during and after this final stage: George Bean, Martin Frederiksen, Alex McDonald, Bruce Mitford and Ian Sanders.

Of the more than 10,000 sites included in this volume, many identifications are no more than probable. The Atlas provides those probable identifications but without a peppering of question marks. Where it is impossible to give more than the roughest indication of an ancient town's position, the question mark is added. Sometimes selection has been necessary: for instance, in Roman Asia Minor not all of the three hundred cities which coined during the Roman Empire have been included, and there and in other areas only the main road system of Roman times has been shown. Modern names are printed in the Anglicized form of the local spelling as far as possible, and ancient Greek names in the Latinized form. These principles were laid down by the editor in view of his experience in editing *The Oxford Classical Dictionary* and *The Cambridge Ancient History*, where both Greek and Roman matters are included. They are not necessarily approved by the scholars who have signed the maps as compilers.

It remains to express my gratitude to Robert Noyes and David Cox; Richard Hope Simpson and Terry Hardaker for their encouragement; and, for help on the Roman side, Alex McDonald, Martin Frederiksen, Peter Brunt and Leo Rivet. We are grateful to Professor A.J. Graham for the information in Appendix I, and to Professor A.L.F. Rivet for the information in Appendices II and III. It should be said that no editor can have been treated by contributors to a joint enterprise with more consideration and friendliness than the present one.

Clare College, Cambridge   Nicholas G.L. Hammond
                                                                May, 1980

CONTENTS

Inset Maps are shown in italics.

Greek Prehistory and Greek History

1a	Excavated Neolithic Sites (to 1975)
1b	Early and Middle Bronze Age Excavated Sites
2	The Physical Setting of Greece and Italy
3a	Minoan Crete
3b	The Orbit of Minoan Crete
	The Peloponnese
4	Mycenaean Civilization (c. 1400 to c. 1100 B.C.)
	The Argolid
5	The Mycenaean World at the Time of the Trojan War
	Cyprus
6a	The Great Migrations (c. 1230 to c. 1050 B.C)
	Cyprus
6b	Colonizing Movements (c. 800 to 500 B.C)
	Sicily and S. Italy
	N. Aegean and Propontis
7a	Economic Resources of Greek and Phoenician Trade
7b	Persian Wars
	Cyprus
8a	The Battles of Marathon and Salamis
	Salamis
8b	The Athenian Empire (478 to 405 B.C.)*
	The Euxine
9a	Political Organisation of Attica and Topography of Attica
9b	The Peloponnesian War (431 to 404 B.C.)
	Sicily
10a	Athens
10b	Peiraeus
11a	Alexander's Empire
11b	The Hellenistic Kingdoms (c. 240 B.C.)

Topographical Maps

12	Northern Greece, Thracian Coast and Propontis
	Propontis
13	Aegean Islands and West Coast of Asia Minor
14a	Attica and the Peloponnese
14b	Crete
15	Northern Italy
16a	Central Italy
16b	Sicily and the Toe of Italy
	Defences of Syracuse
17	Southern Italy

Roman History

18a	Italy Before the Roman Conquest
18b	The Etruscan Ascendancy
	Roman Corsica and Roman Sardinia
19a	Rome and Her Neighbours in the Fifth Century B.C.
19b	Rome and Ostia
	Ostia
20a	The Western Mediterranean About 130 B.C.
20b	Rome and the Greek States About 150 B.C.
21	The Roman Empire
22	Roman Britain
	Antonine Wall
	Hadrian's Wall
23	Gaul, Germany and the Alps
24	The Balkan and Danubian Provinces
25a	Roman Spain
25b	Roman North Africa
26a	Roman Asia Minor
26b	Roman Egypt
	Egypt and Aethiopia
27	The Eastern Provinces
	Palestine
28	The Spread of Christianity up to A.D. 325
	North Africa
	Asia Minor and Palestine
29	The Division of the Empire c. A.D. 395 According to the Notitia Dignitatum
30a	Principal Trade Routes of the Roman Empire
30b	The Barbarian Invasions
31	Gazetteer Index
55	Appendix I. Colonies
55	Appendix II. Identification of Roman Names on Map 22 'Roman Britain'
56	Appendix III. Identification of Roman Names on Map 23 'Gaul, Germany and the Alps'

*Map 8b is not large enough to include Arcesine and Casos (Caria), Celenderis in Cilicia and Doros in Palestine. There is no mention of communities whose sites are unknown: in "Thrace" Aeoleum, Camacae, Chedrolus, Cithas, Cossaea, Erodii, Eurymachitae, Haesa, Miltorus, Othorus, Pharbelus, Phegetus, Pistasus, Pleume, Polichne, Prassilus, Scabla, Smilla, Thestorus, Tindaei, Tripoae and Zereia; in "Hellespont" Gentinus and Sombia; and in "Caria" Arlissus, Hyblissus, Hylima, Idries, Kodapes, Polichna, Sambactys, Siloi and Tarbana.

CONTRIBUTORS

G.E. Bean, Professor Emeritus, University of Istanbul
A.R. Birley, Department of History, University of Manchester
A.B. Bosworth, Department of Classics and Ancient History, University of Western Australia
L. Casson, Professor Emeritus, New York University
D. Crawford, Faculty of Classics, University of Cambridge
G.M. Davies, Department of Classical Art, University of Edinburgh
P. Dixon, Department of Classical and Archaeological Studies, University of Nottingham
G. Foerster, Institute of Archaeology, Hebrew University of Jerusalem
M.W. Frederiksen, Faculty of Literae Humaniores, University of Oxford
D.H. French, British Institute of Archaeology, Ankara
A.J. Graham, Department of Classical Studies, University of Pennsylvania
C.P. Hammond, Faculty of Divinity, University of Cambridge
N.G.L. Hammond, Professor Emeritus, University of Bristol
T.R. Hardaker, The Clarendon Press, Oxford
R.P. Harper, Dumbarton Oaks, Center for Byzantine Studies, Washington
R. Hope Simpson, Department of Classics, Queen's University, Kingston, Canada
B.D. Hoyos, Department of Latin, Sydney University, Australia
C.J. Lowe, 34 Leopold Road, London N2 8BE
A.H. McDonald, Faculty of Classics, University of Cambridge
M.F. McGregor, Professor Emeritus, University of British Columbia, Vancouver
T.B. Mitford, Professor Emeritus, University of St. Andrews
D. Ridgway, Department of Archaeology, University of Edinburgh
A.L.F. Rivet, Department of Classics, University of Keele
C. Roebuck, Department of Classics, Northwestern University, Illinois
R.J. Rowland, Department of History, University of Missouri-Columbia
E.T. Salmon, Professor Emeritus, McMaster University
I.F. Sanders, Department of Ancient History and Classical Archaeology, University of Sheffield
R.J.A. Talbert, Department of Ancient History, The Queen's University of Belfast
R.S.O. Tomlin, Department of Classics, University of Durham
J.S. Traill, Department of Classics, Victoria University, Toronto
J. Travlos, American School of Classical Studies, Athens
F.W. Walbank, Professor Emeritus, University of Liverpool
B.H. Warmington, Department of Classics and Archaeology, University of Bristol
P.M. Warren, Department of Classics and Archaeology, University of Bristol
J.J. Wilkes, Institute of Archaeology, University of London

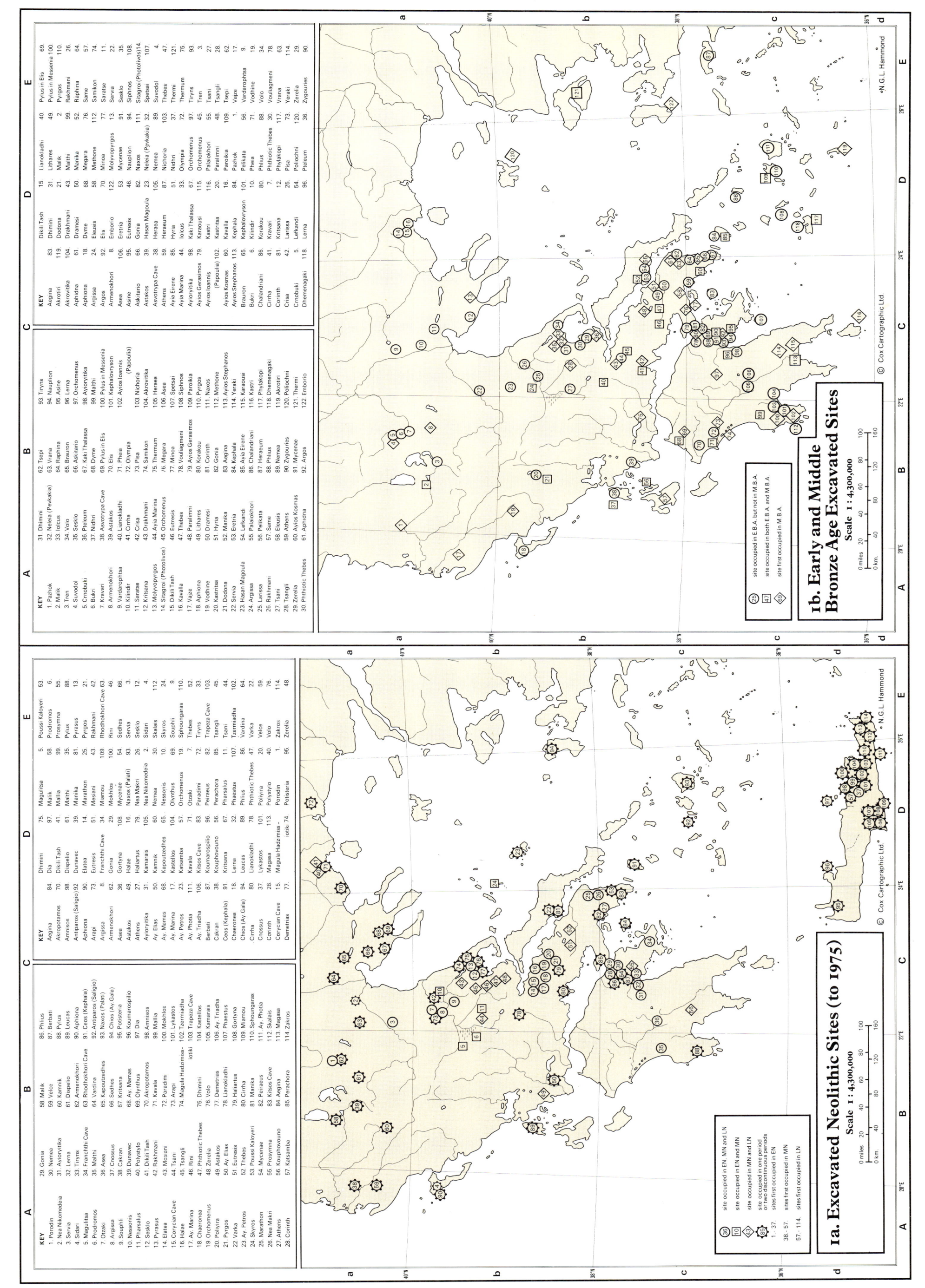

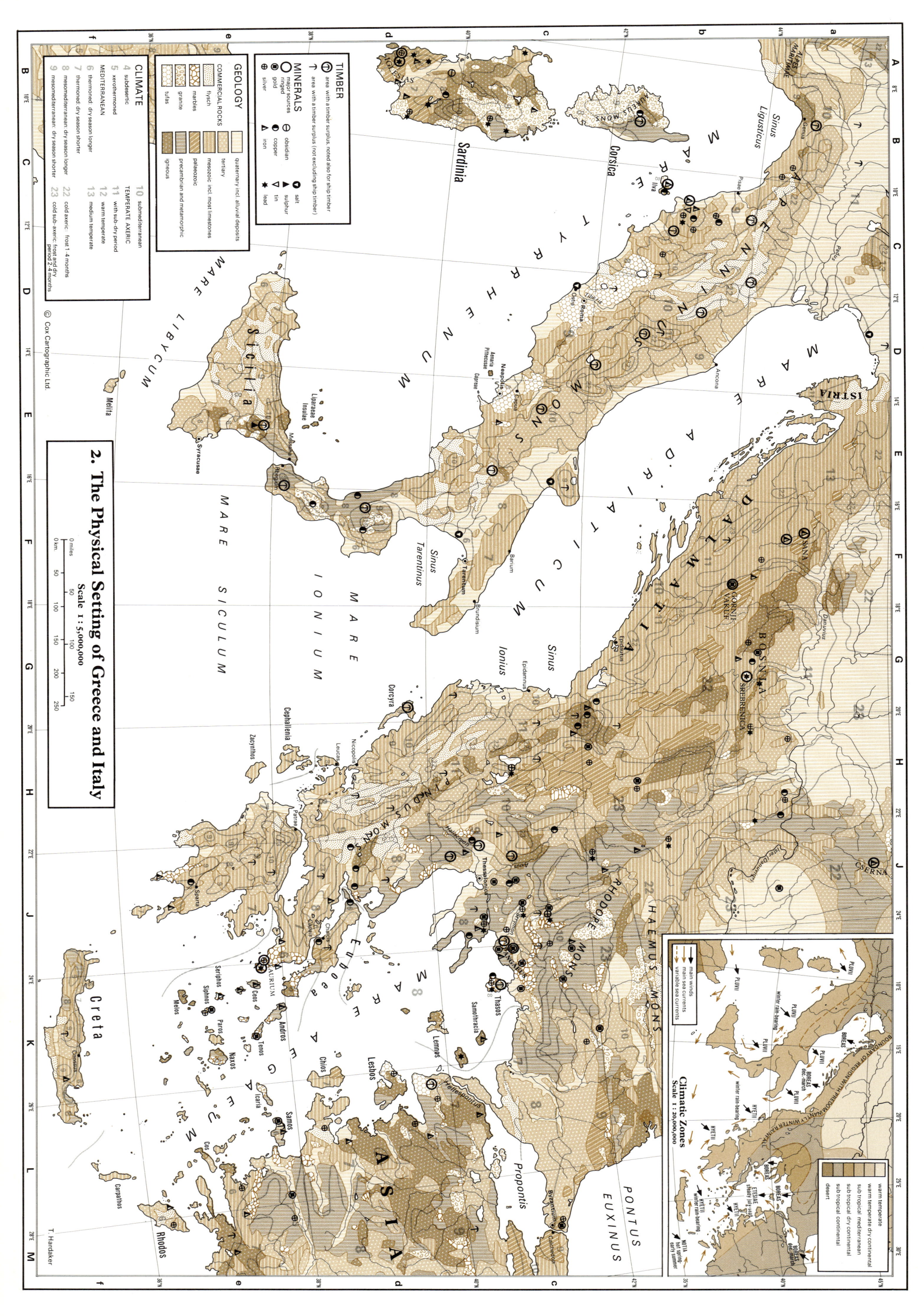

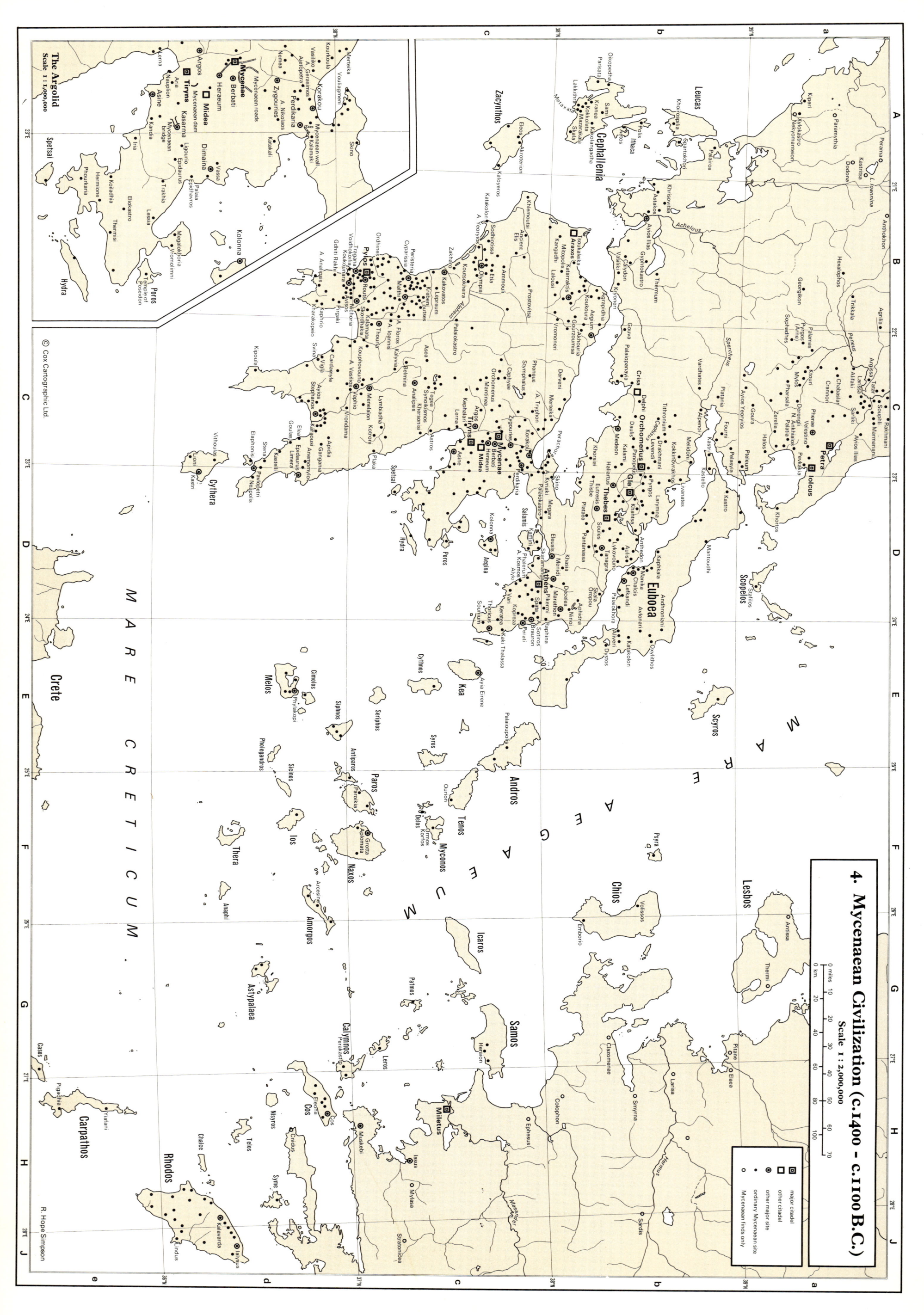

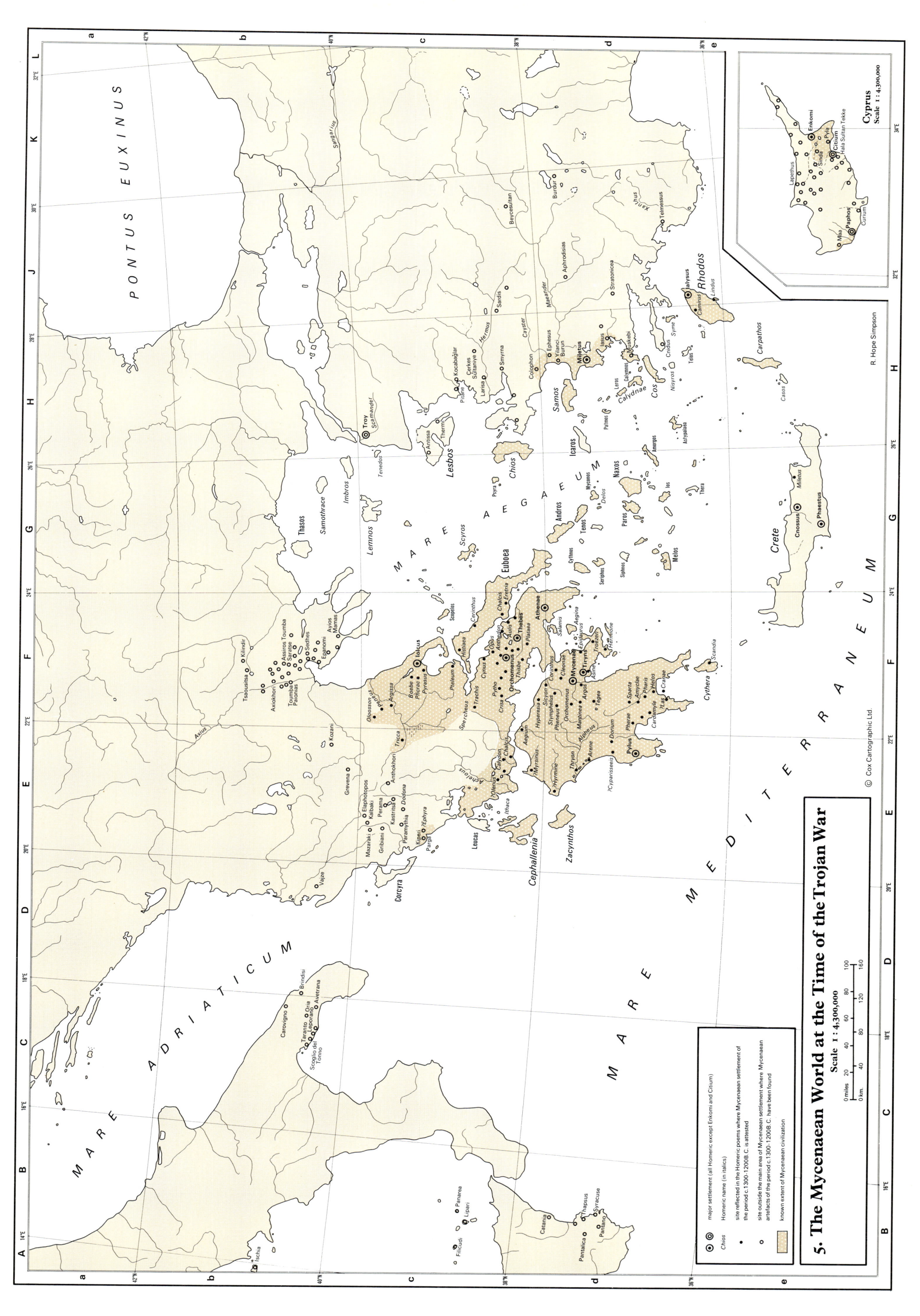

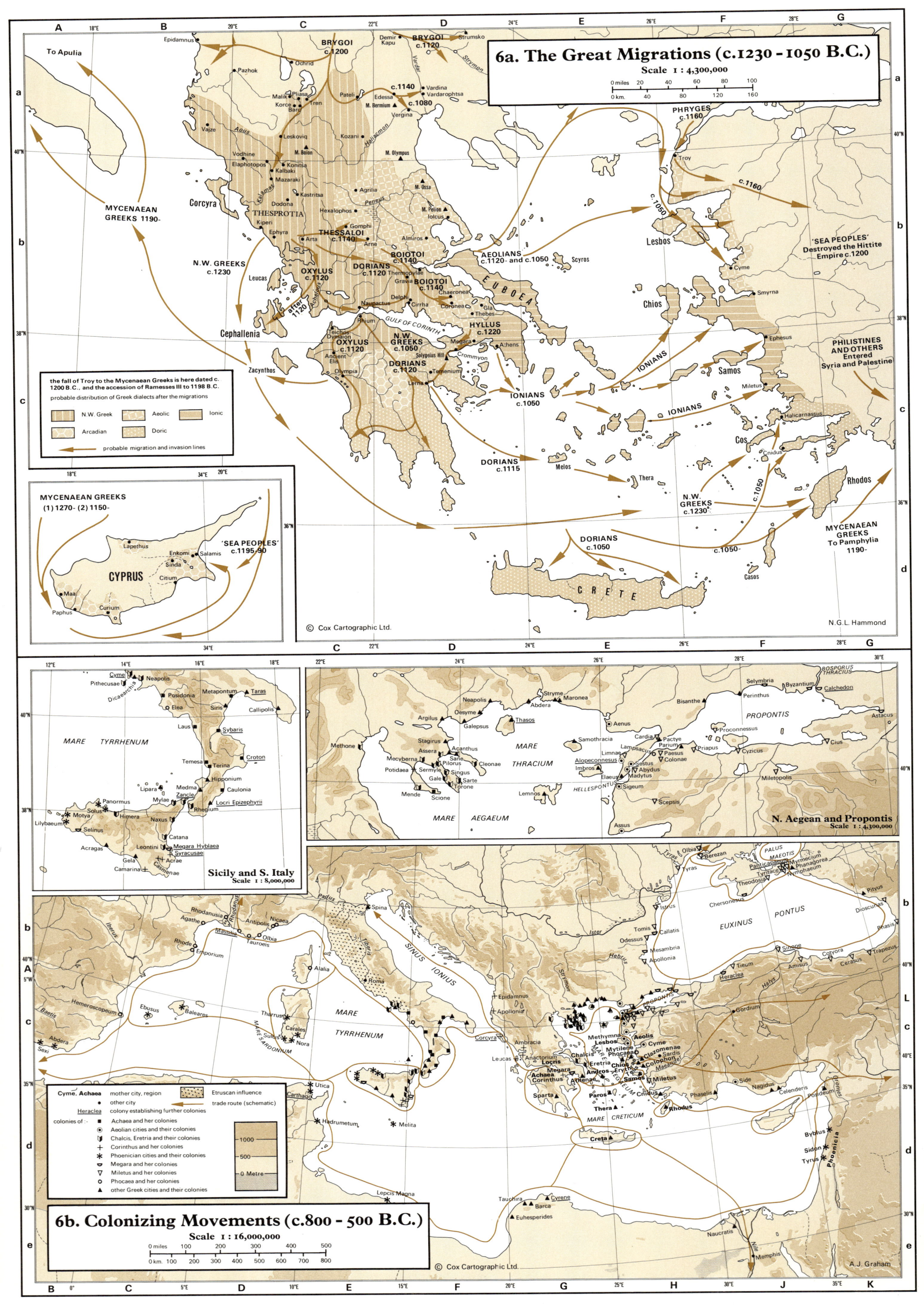

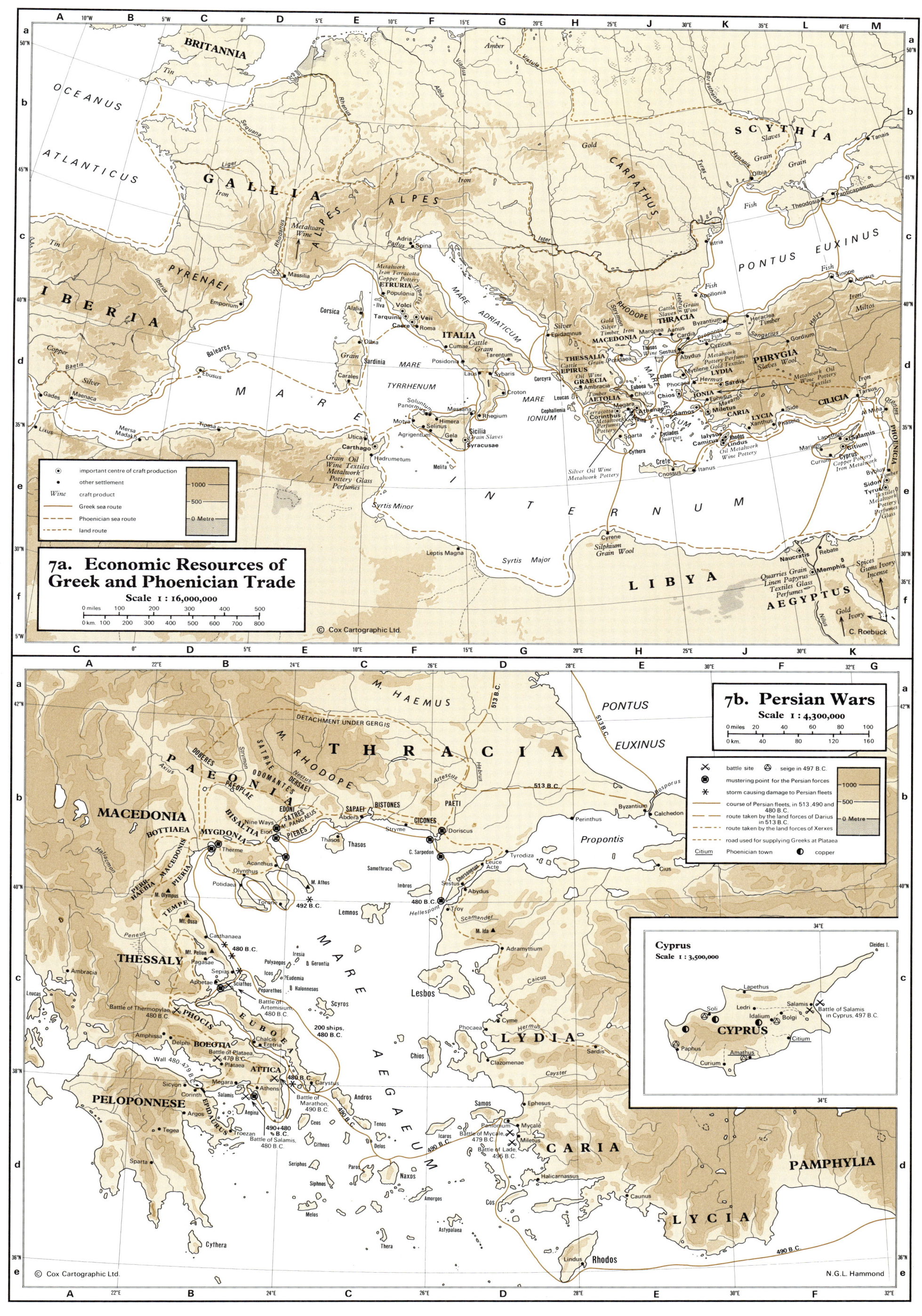

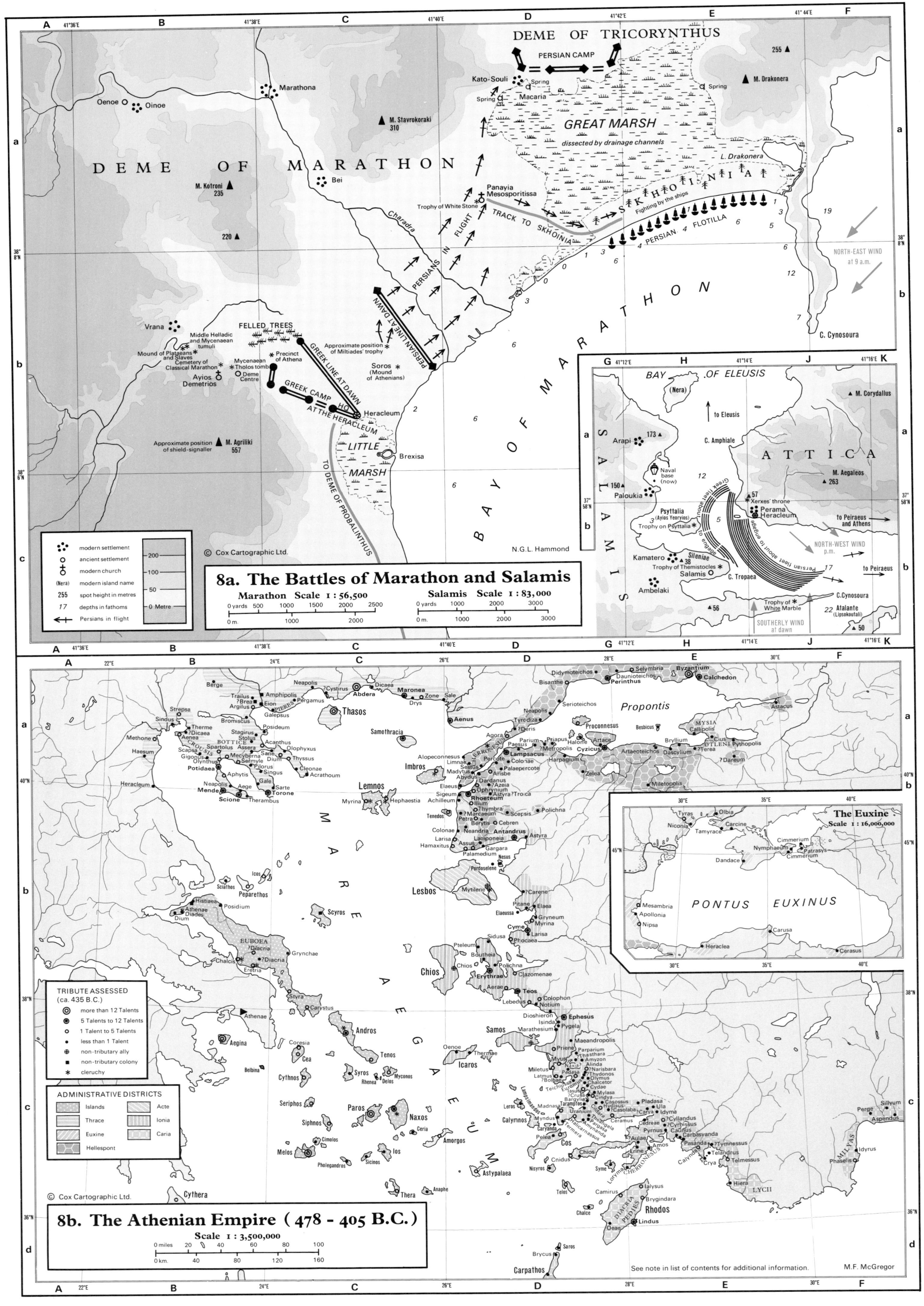

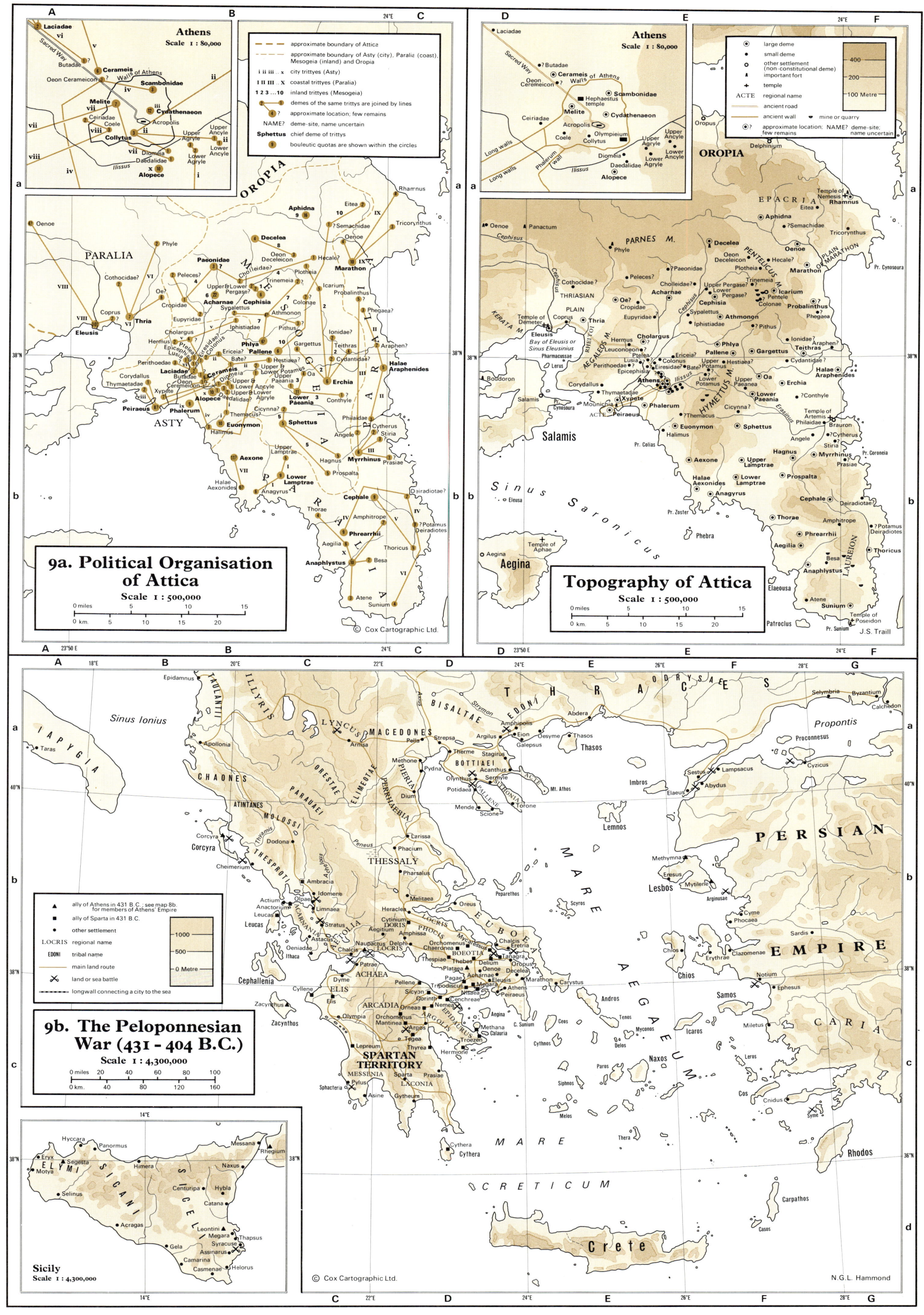

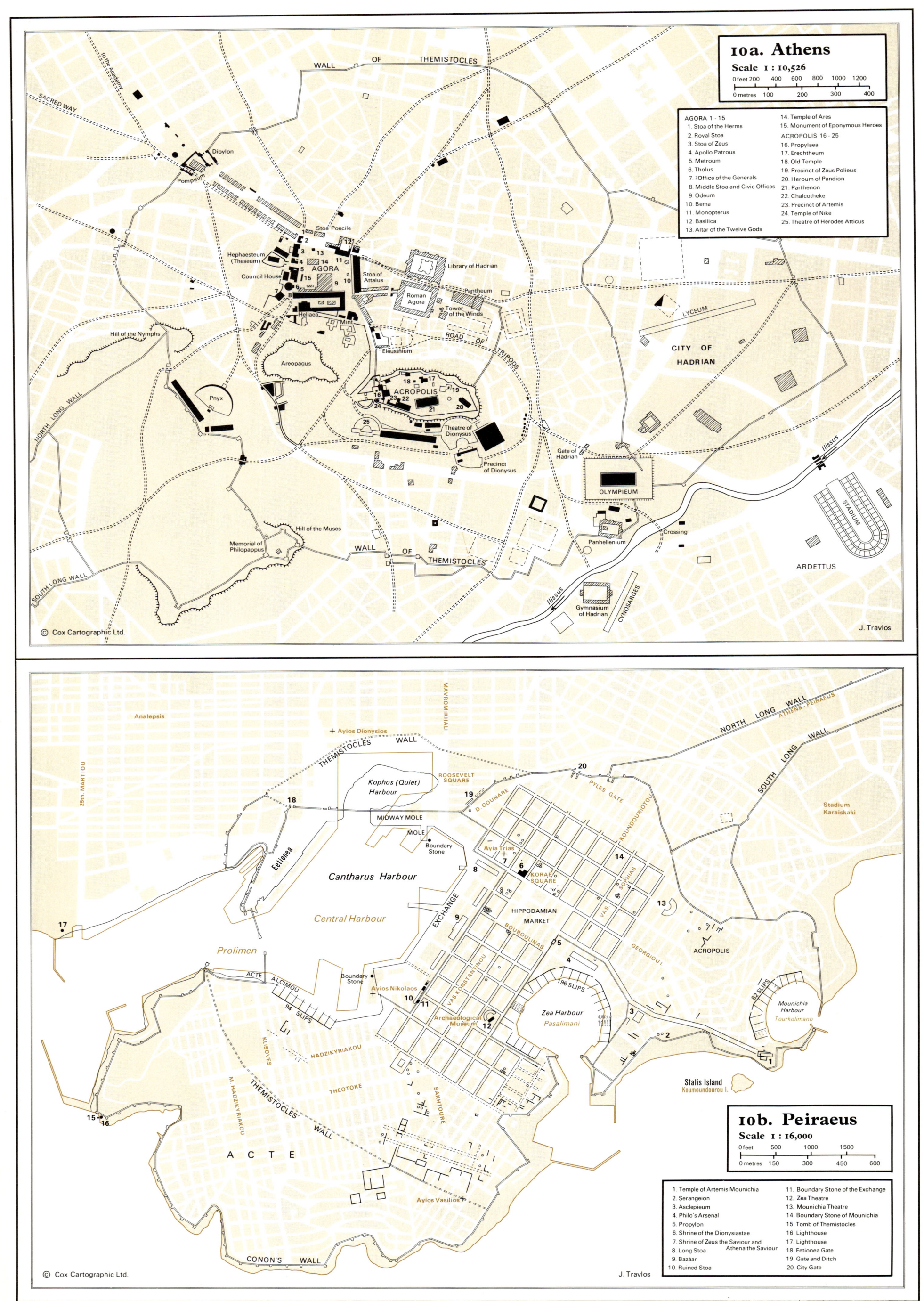

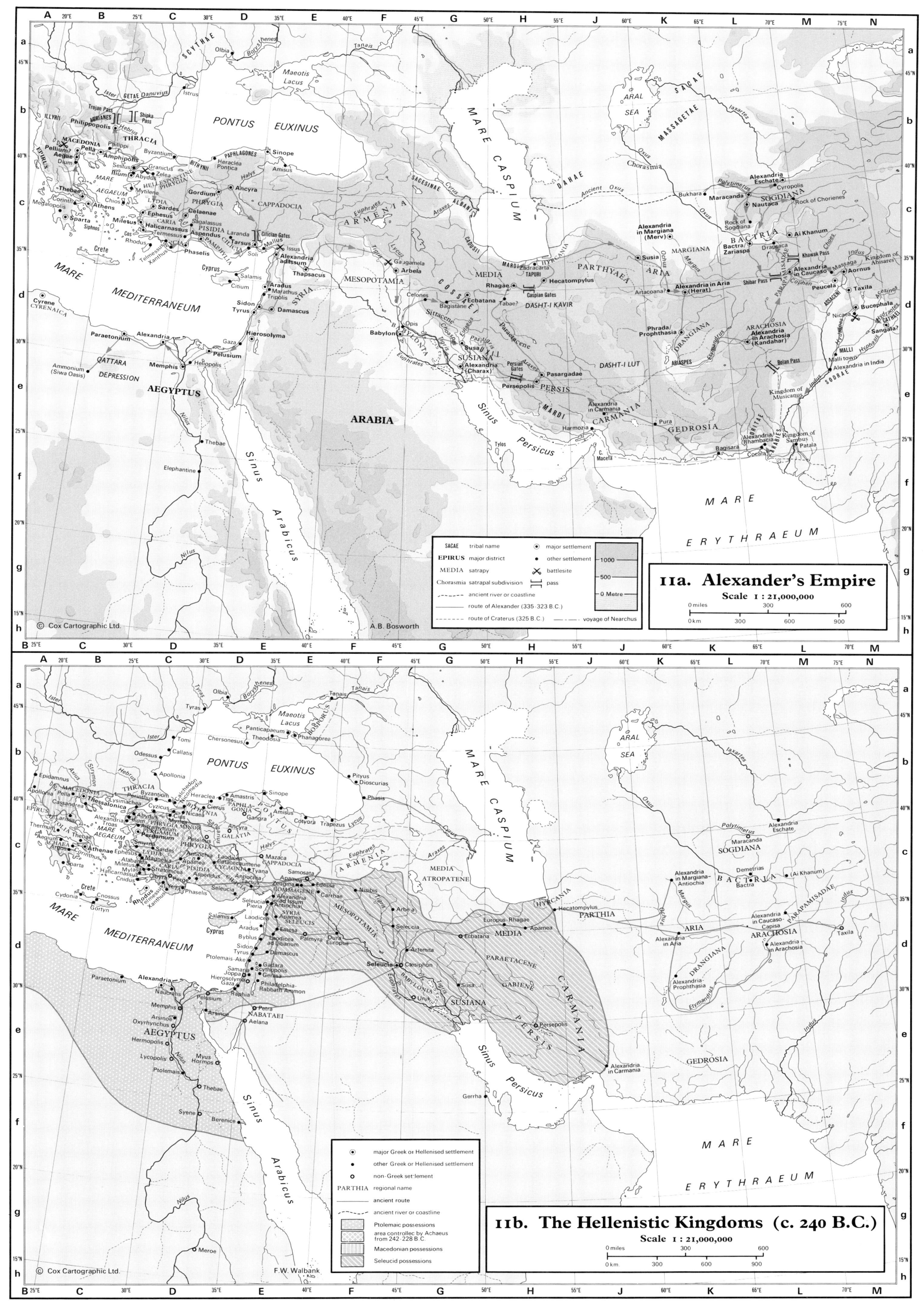

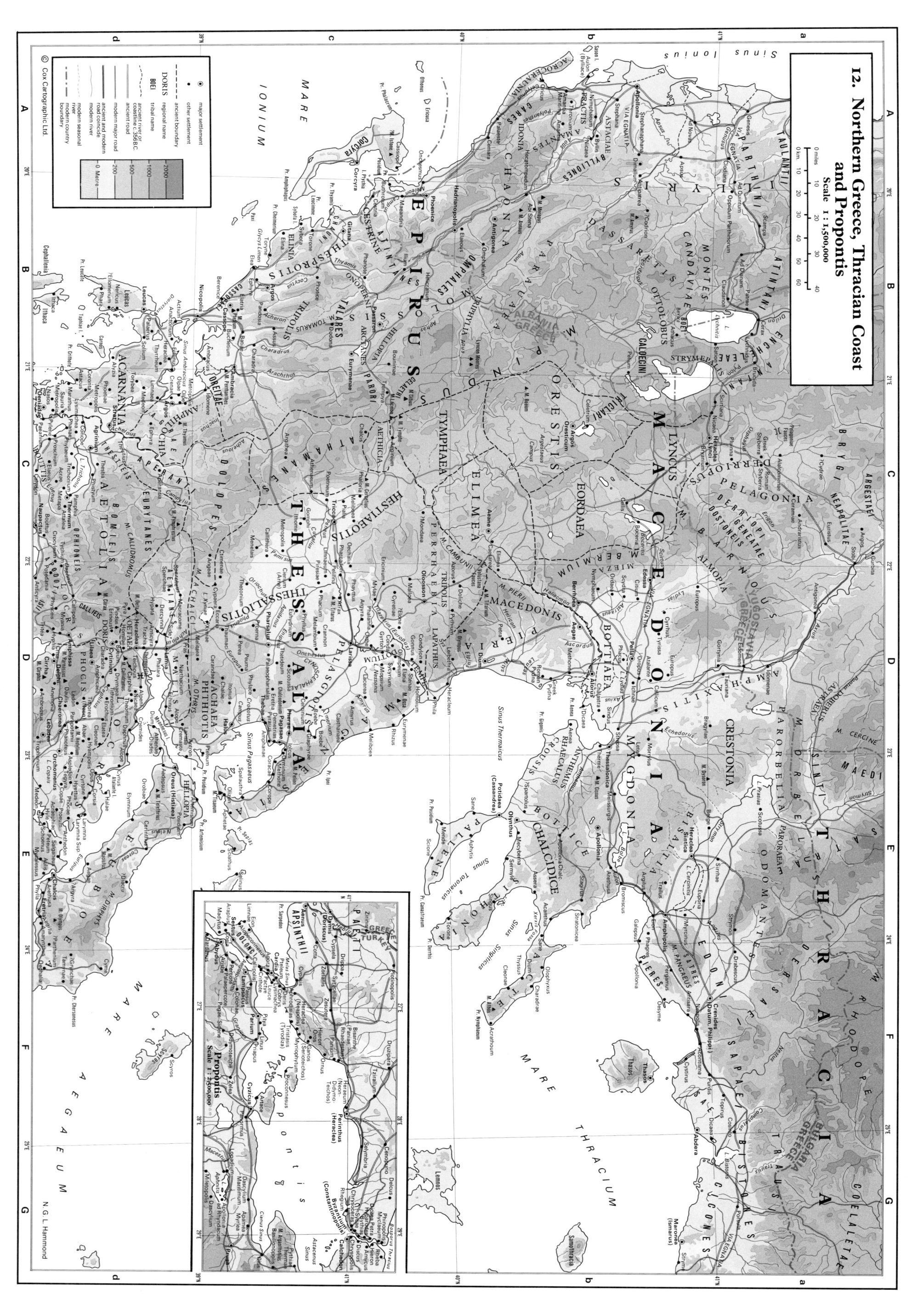

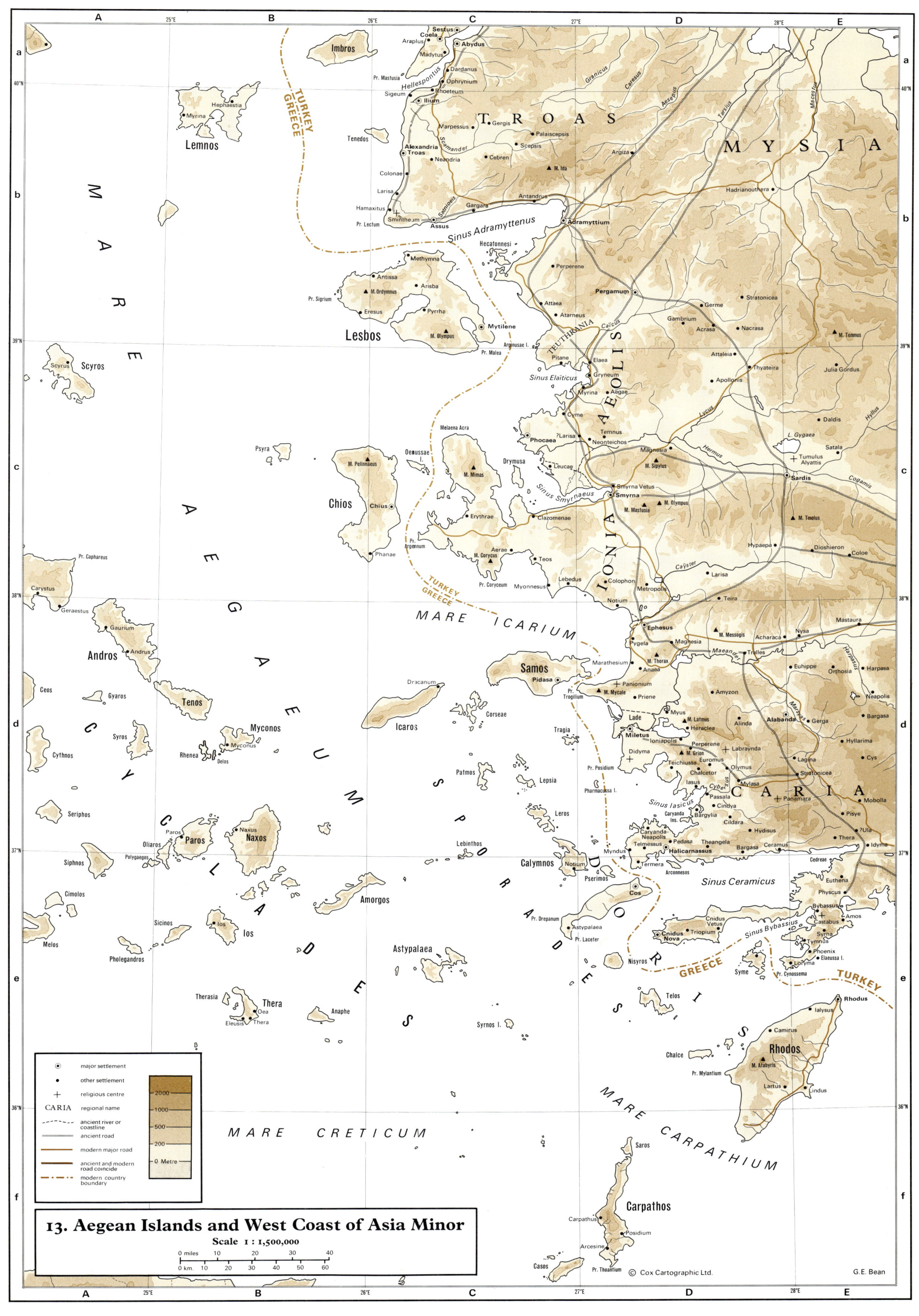

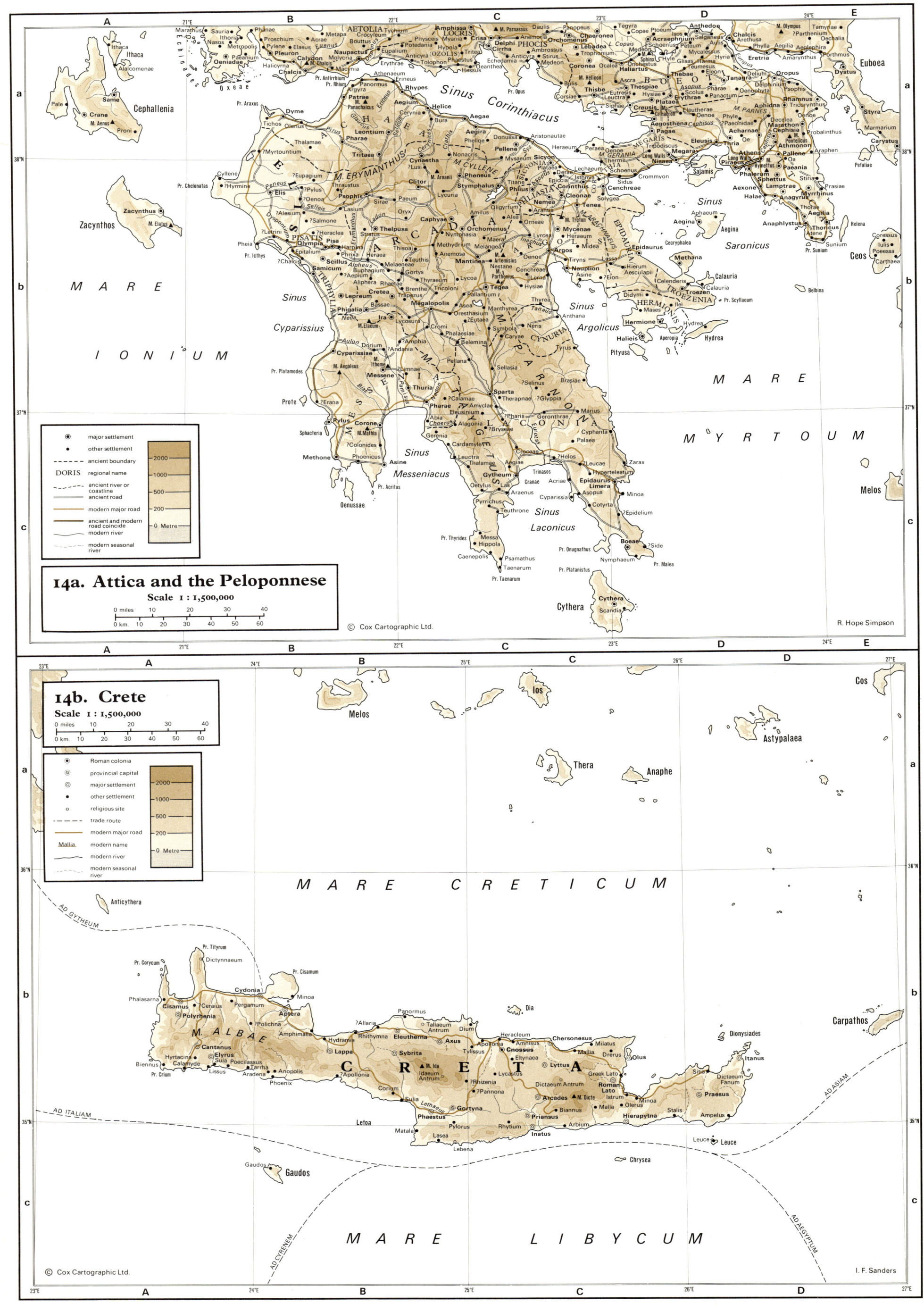

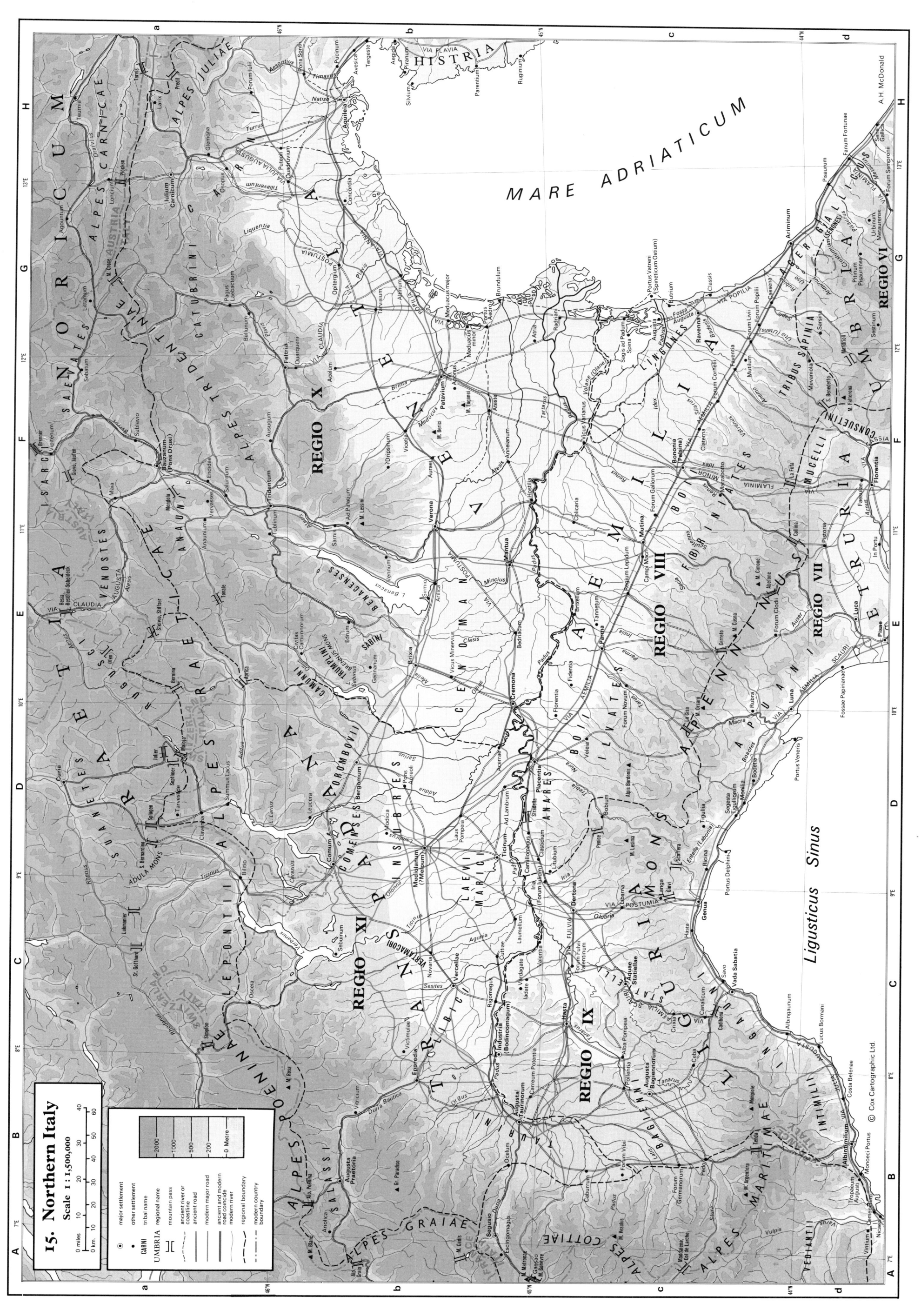

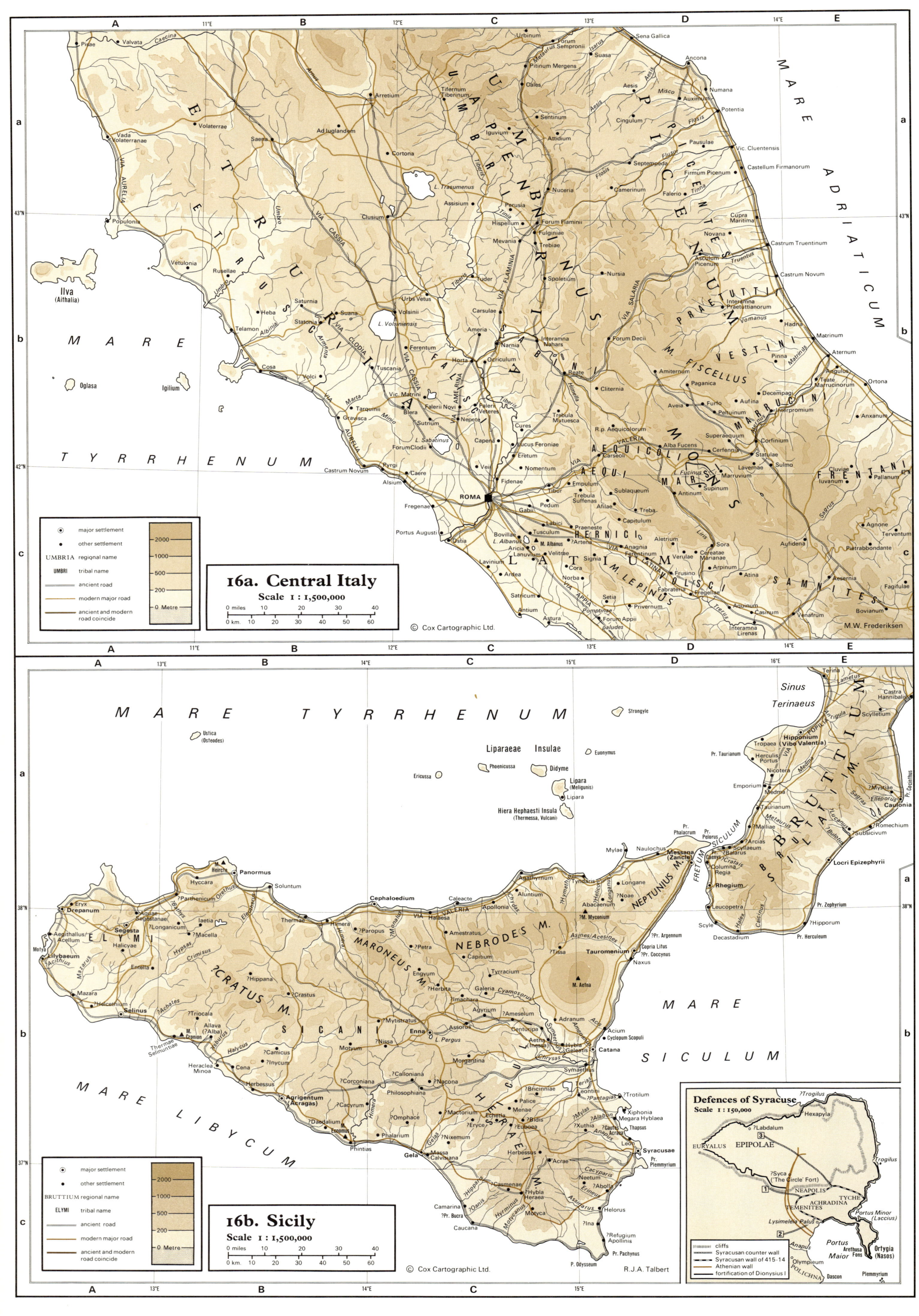

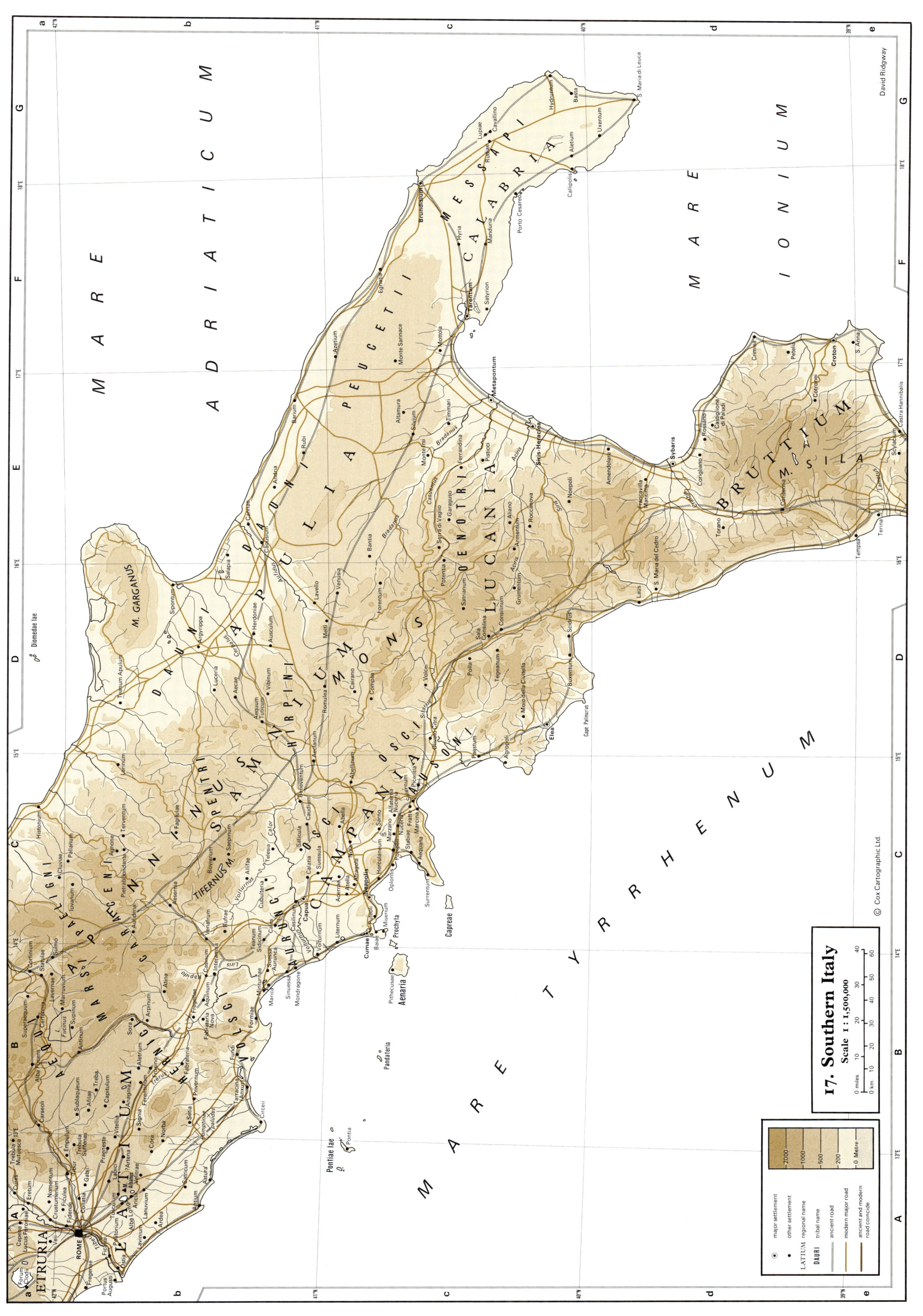

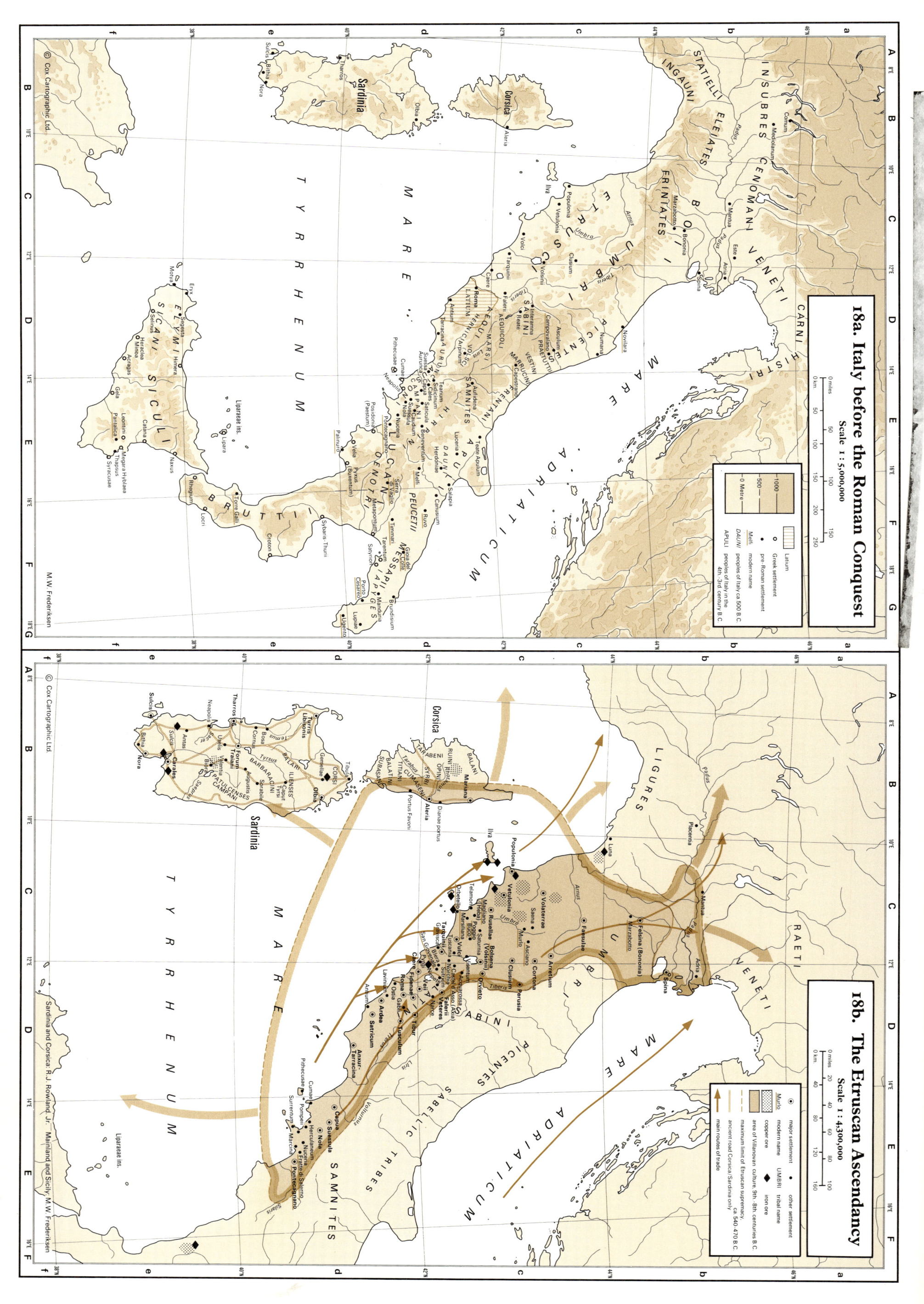

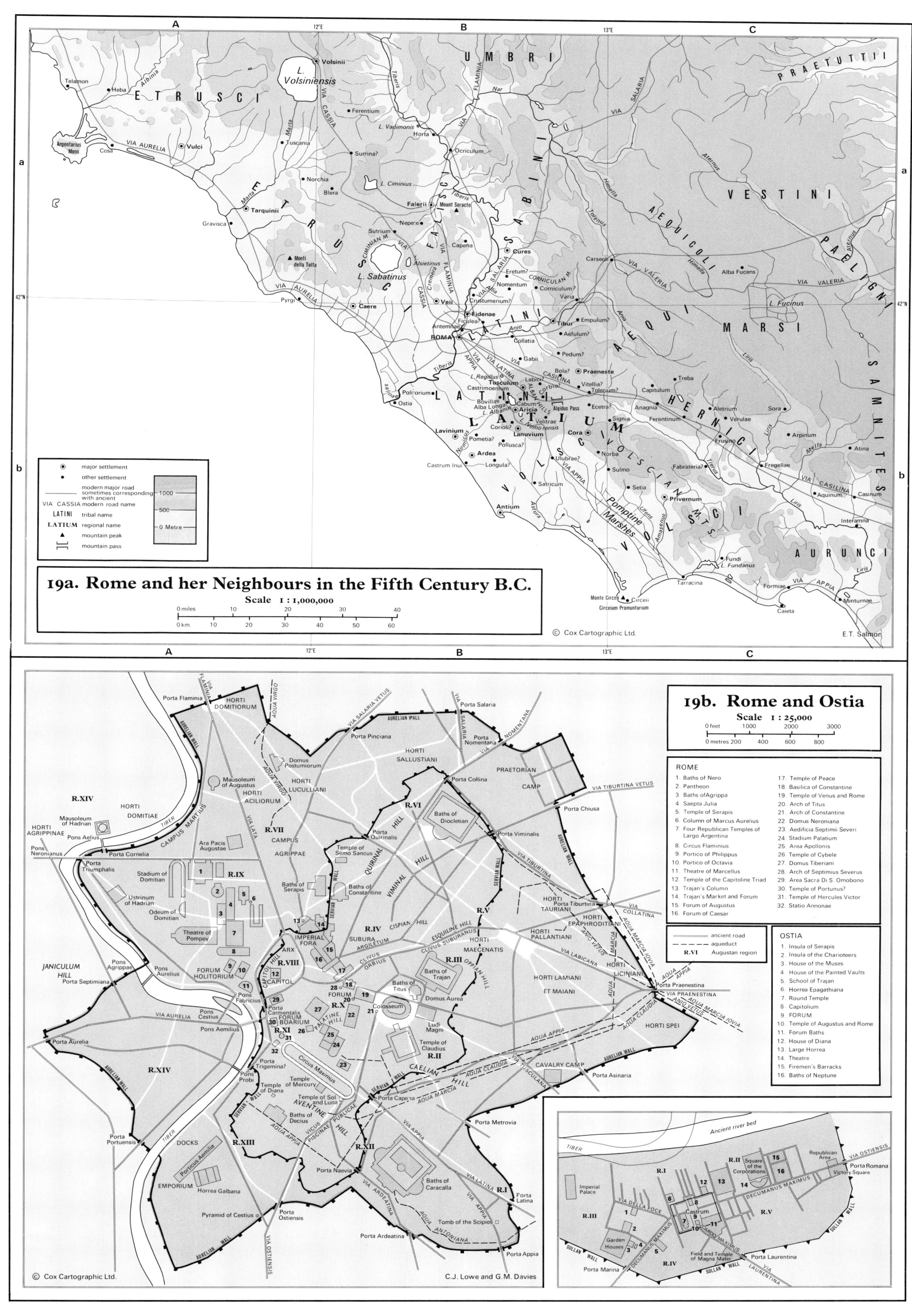

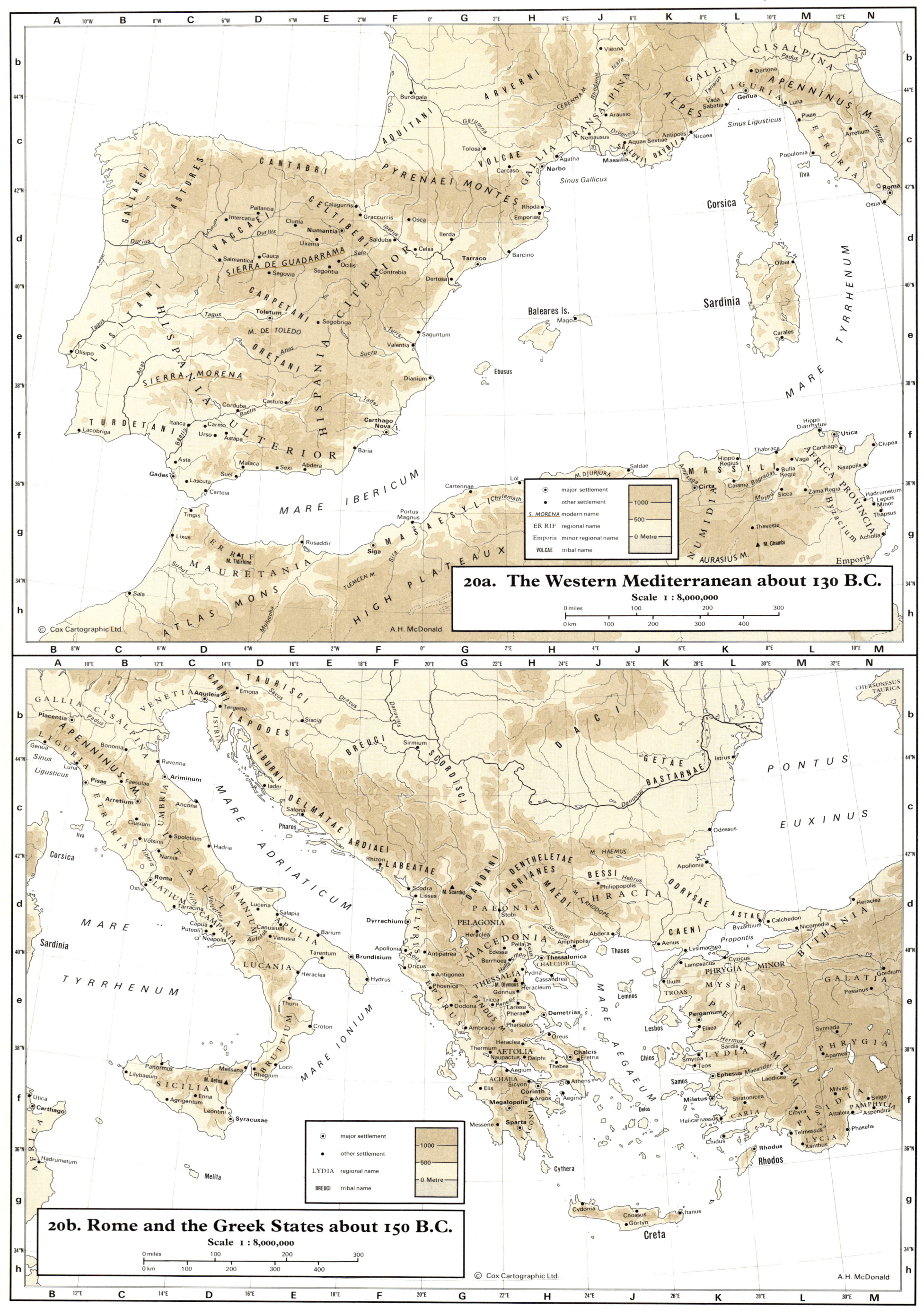

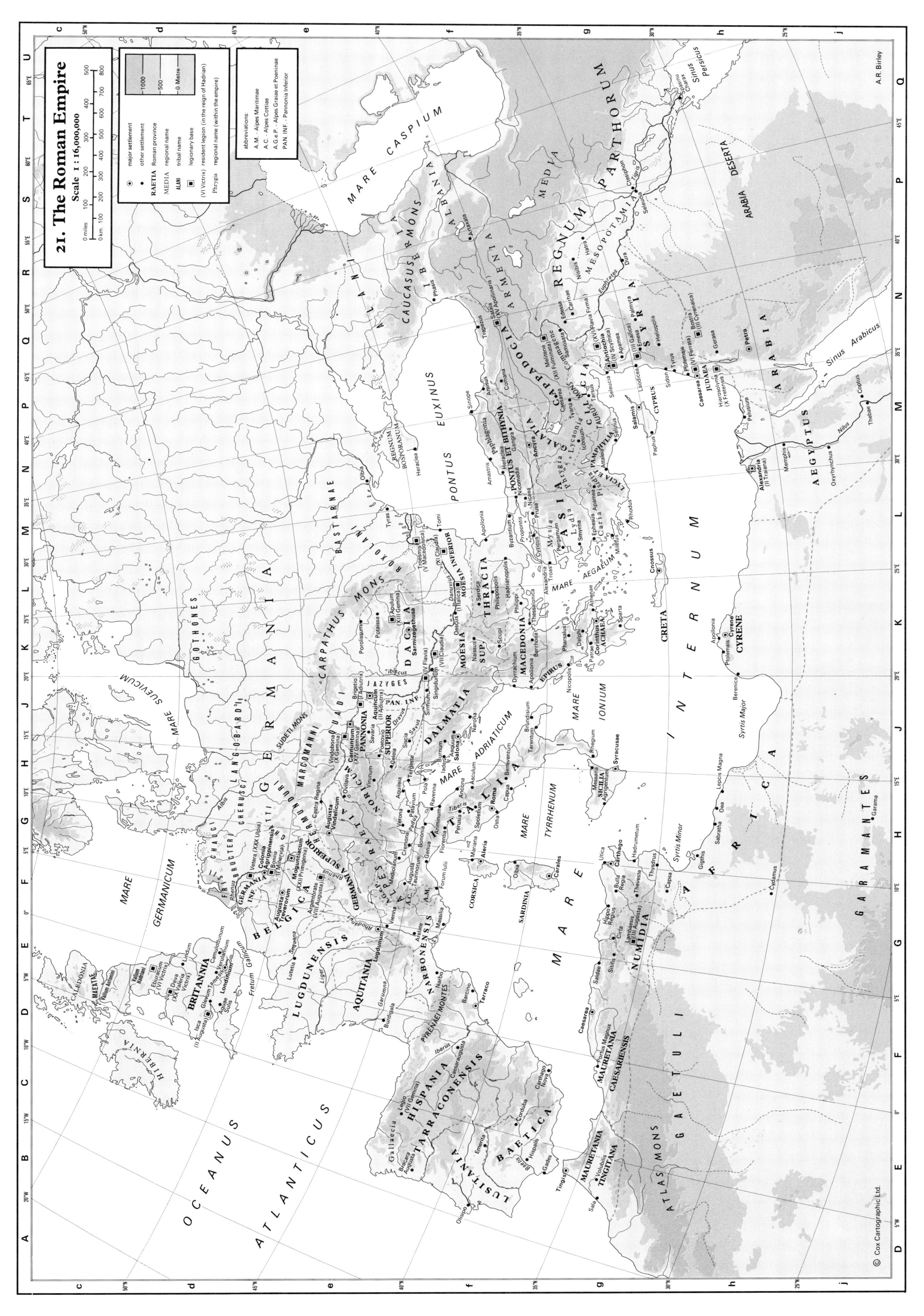

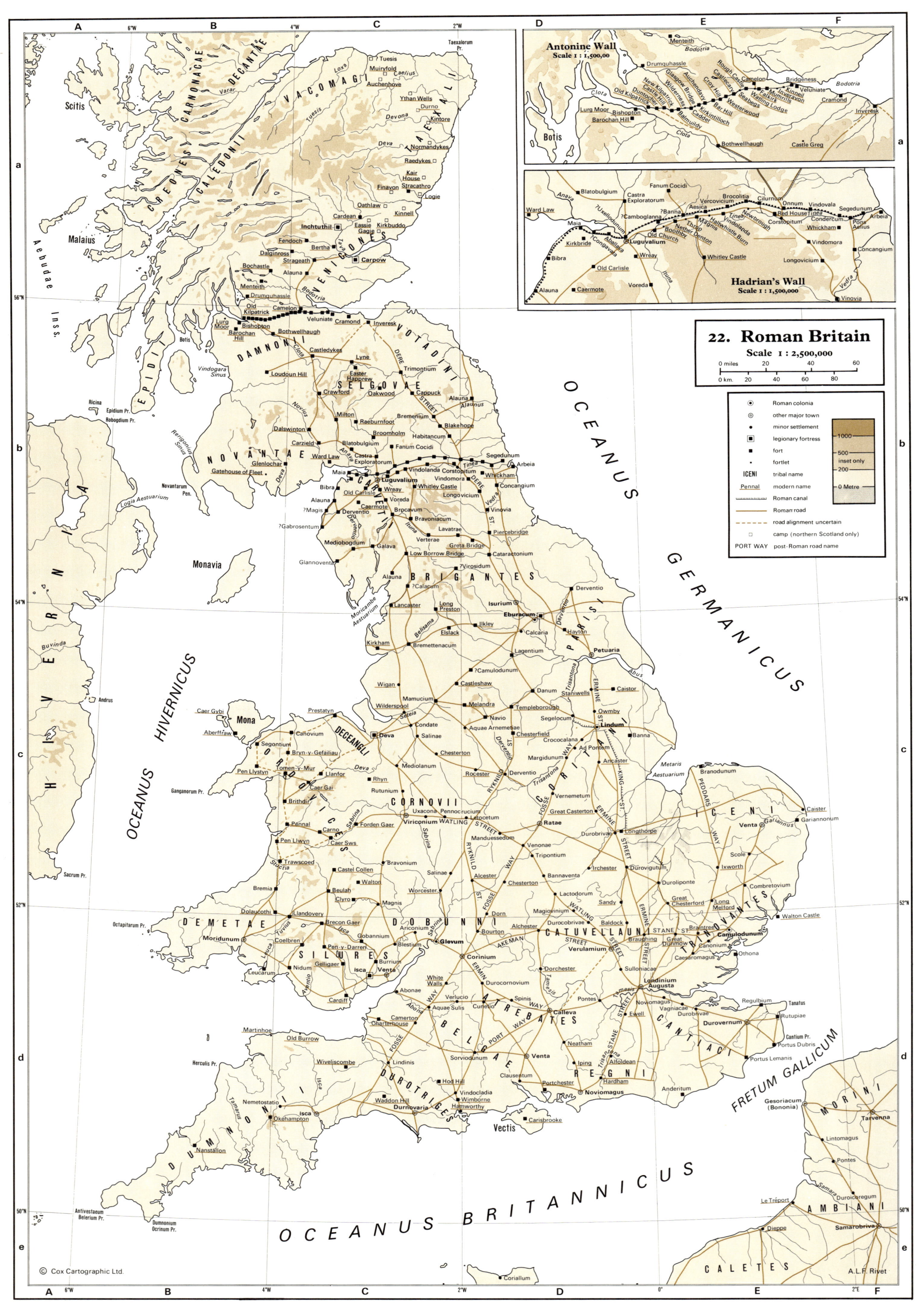

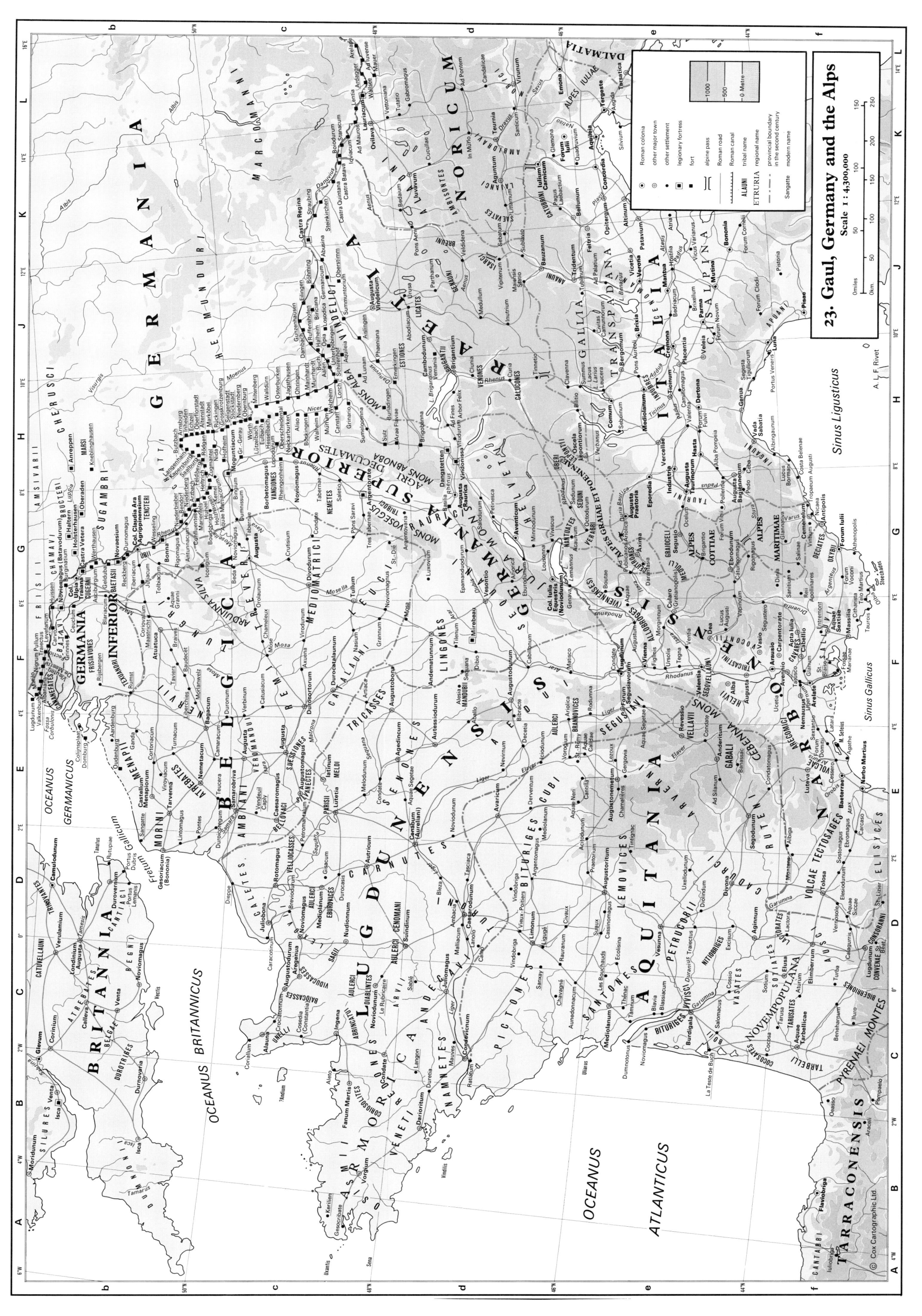

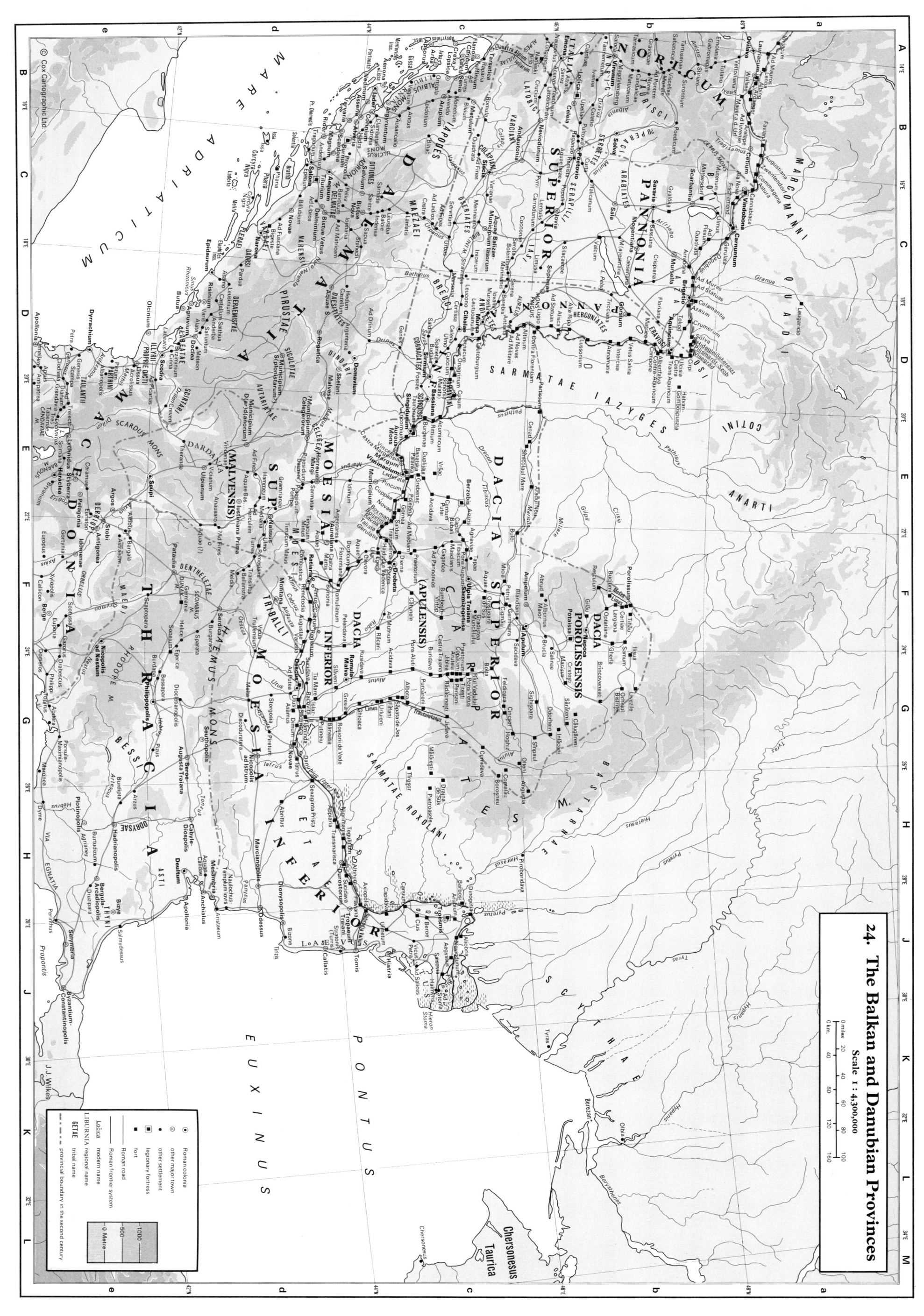

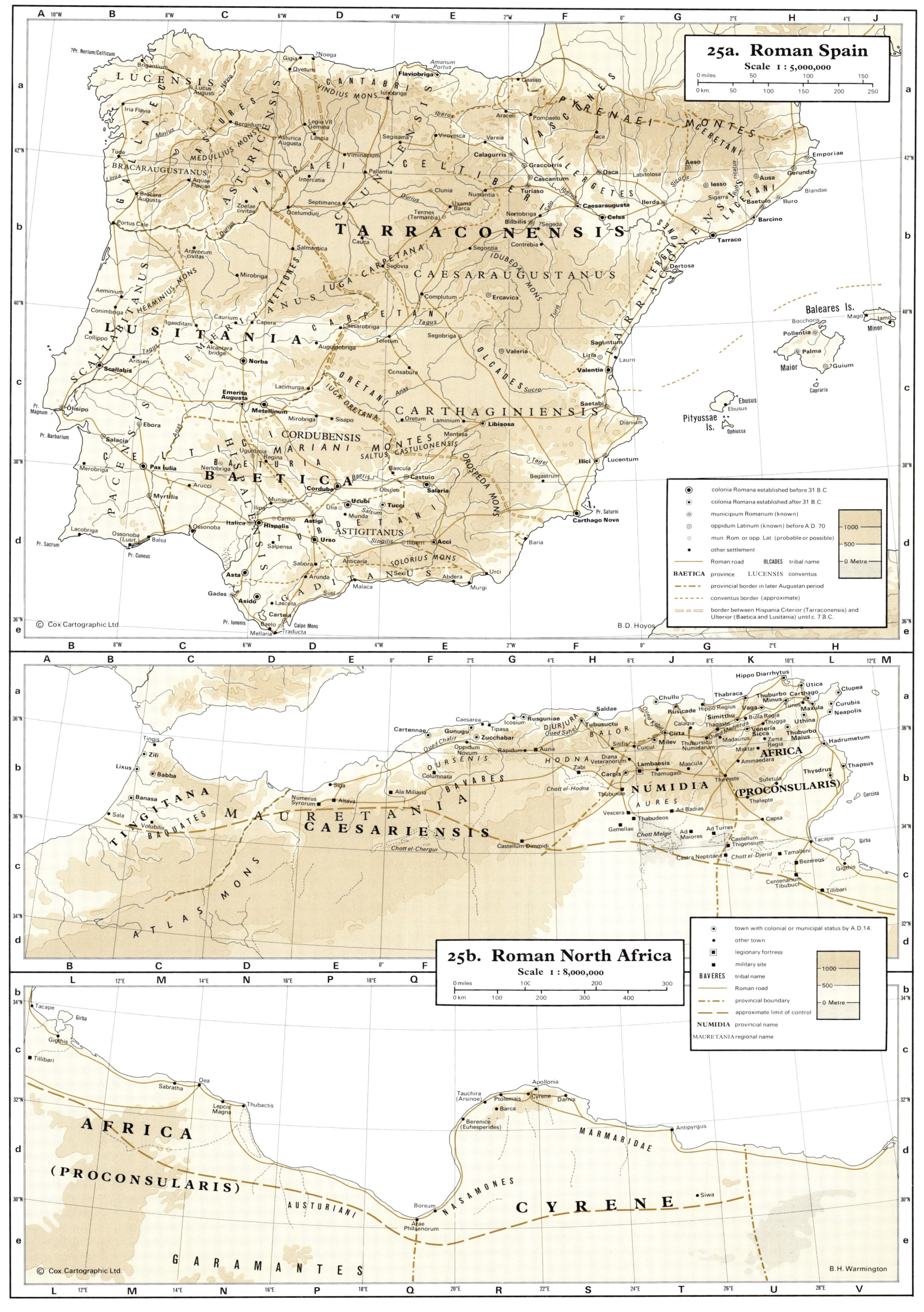

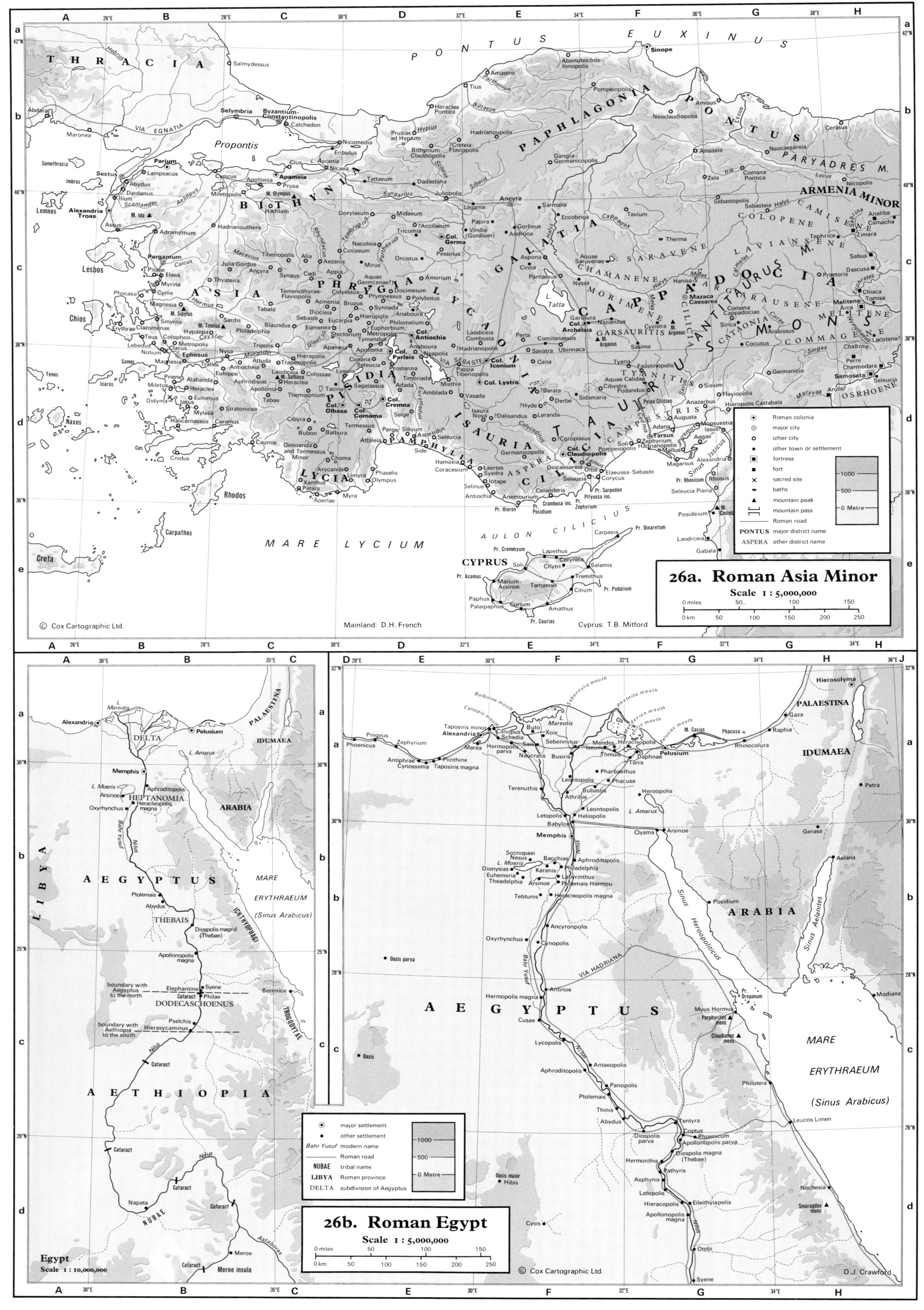

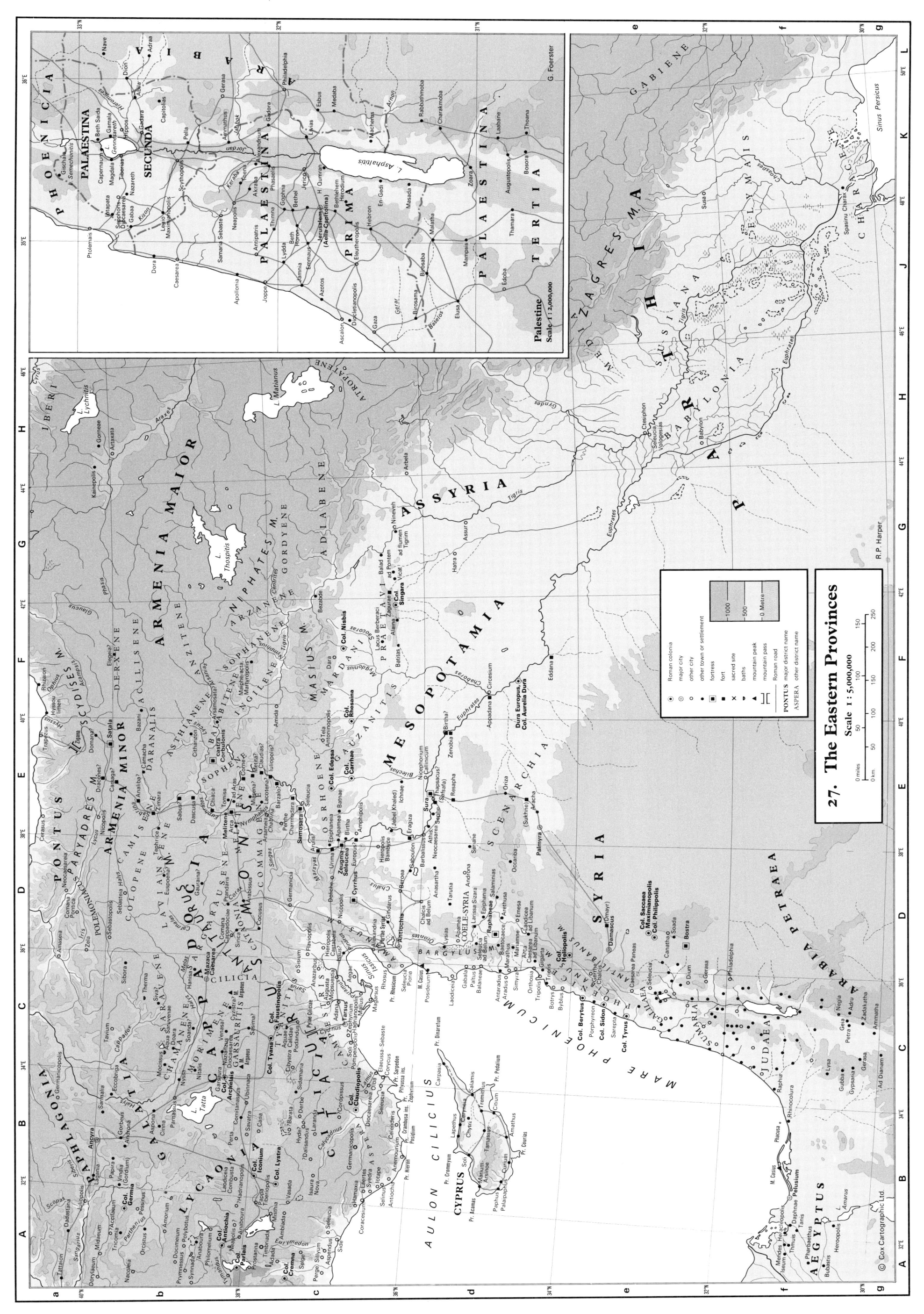

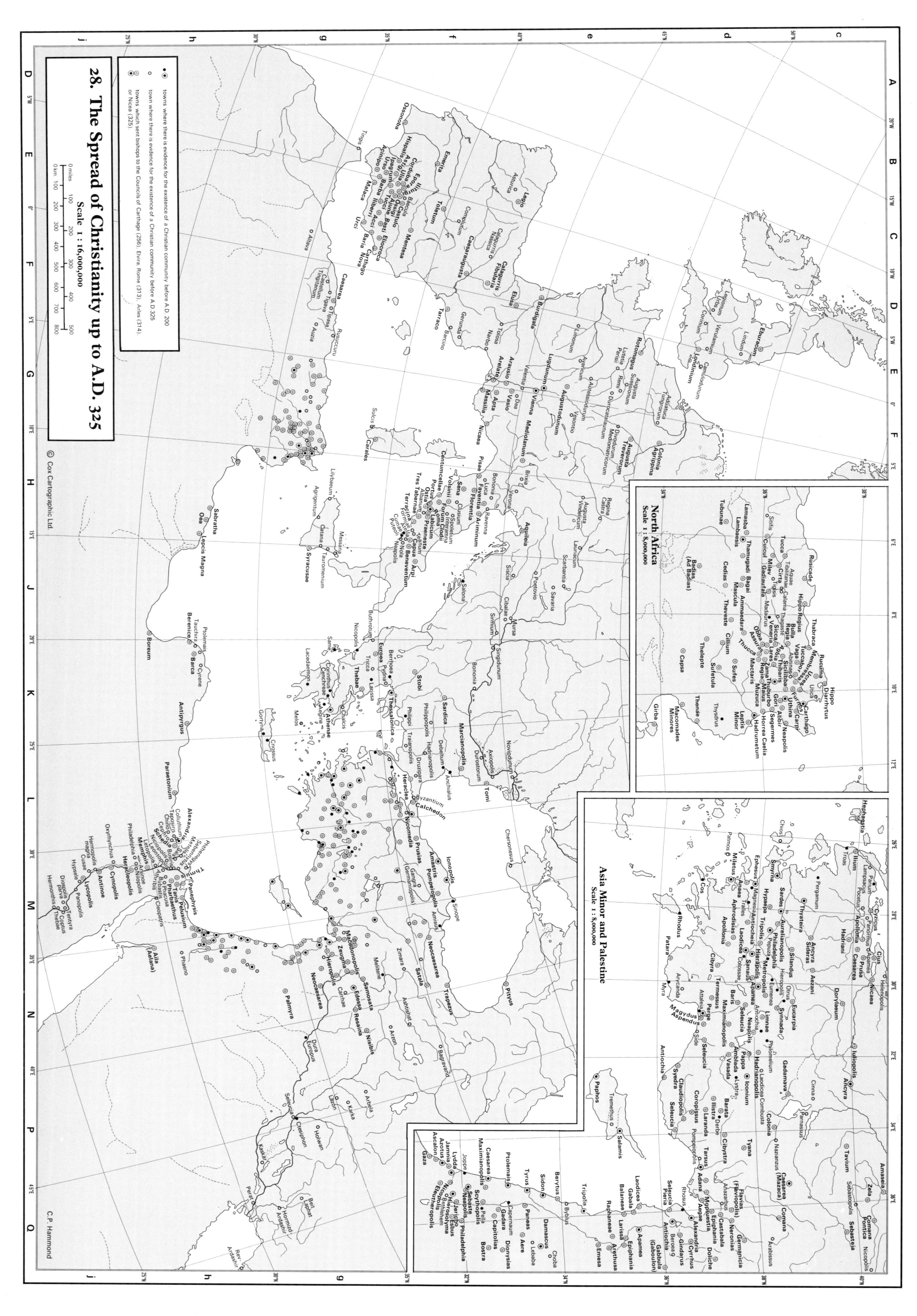

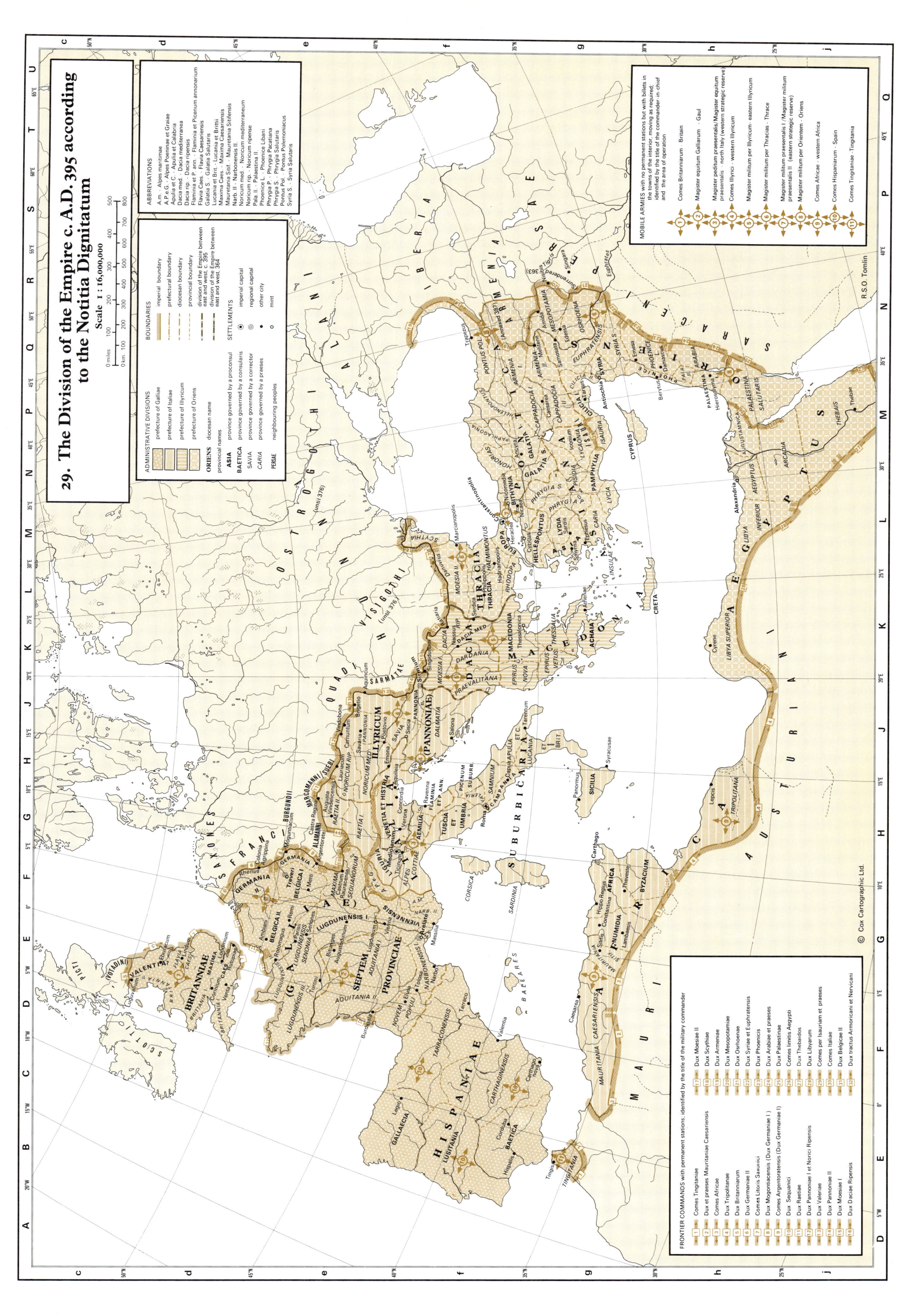

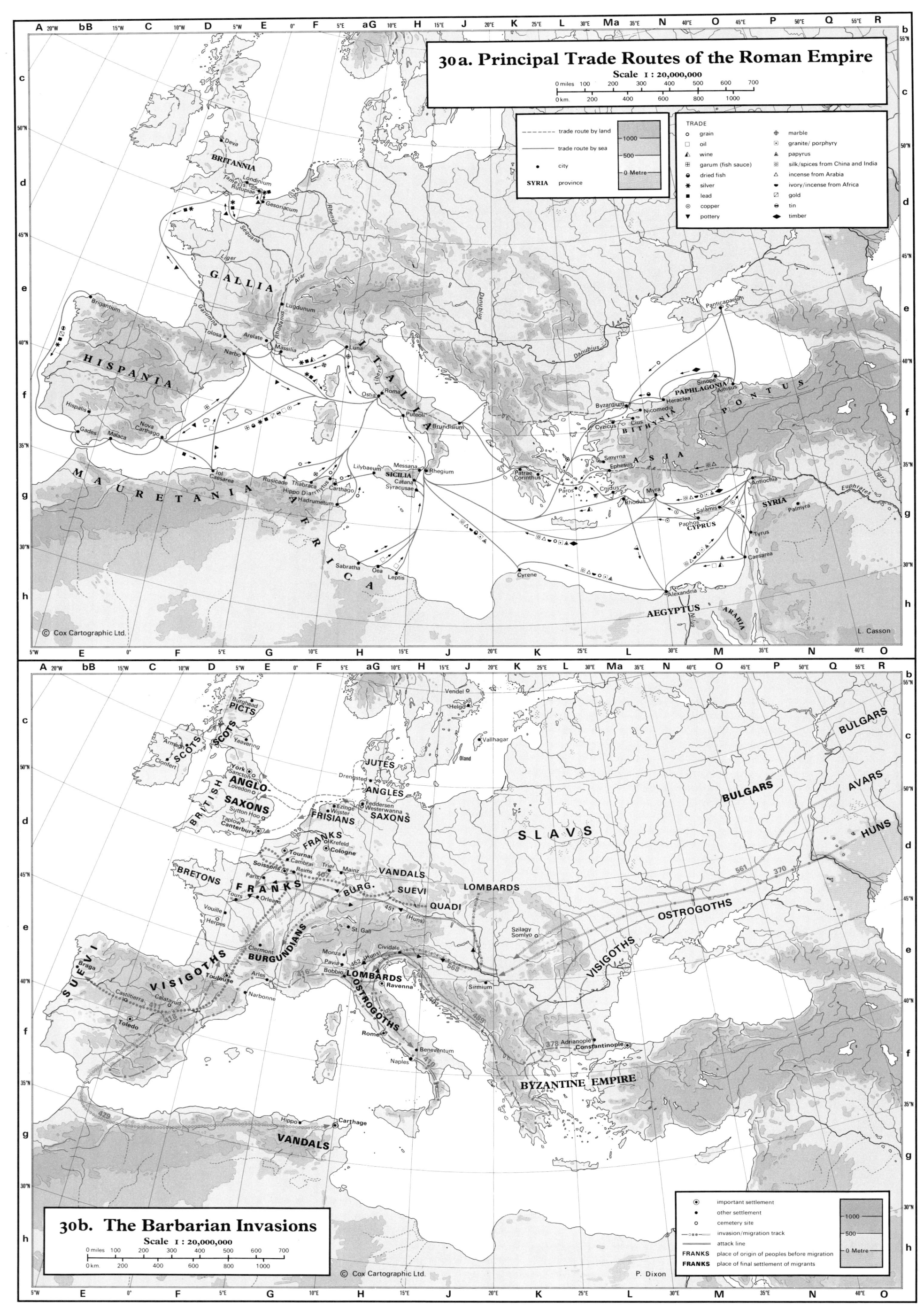

GAZETTEER

The bold face number refers to the map where the place may be found. The subsequent letter combination is a guide to the rectangle, formed on the map by the lines of latitude and longitude, where the place is located. In some cases the map number is followed by the Inset in which the place appears. When a place appears on several maps, they are listed in numerical order. Greek names beginning with Ayios and Ayia may be found either under these words or under the abbreviations A. and Ay. Italian names beginning with San and Santa will be found either under those words or under the abbreviation S.

NAME CLASSIFICATION

Where a place-name is not followed by an abbreviation in parentheses, the place is or was an inhabited centre, whether city, town or village. The following abbreviations are used in defining the nature of other place-names:

Aed.	Aedificium	Building
Ang.	Angustiae	Pass
Ba.	Balneae	Baths
Fa.	Fanum	Shrine
Fl.	Flumen	River
Fo.	Fons	Spring
Fr.	Fretum	Strait
Ho.	Horti	Gardens
In.	Insula	Island
Ins.	Insulae	Islands
La.	Lacus	Lake
Ma.	Mare	Ocean/Sea
Mo.	Mons	Mountain
Mu.	Munimentum	Fortified place
Pa.	Palus	Marsh
Po.	Populus	Tribe
Pr.	Promunturium	Promontory
Re.	Regio	Region
Si.	Sinus	Bay
Vi.	Vicus	Quarter/Ward
Via	Via	Road

A

Aalen (Mu) **23** Jc
A. Analipsis **4** Bd
Aardenburg **23** Eb
Abacaenum **16b** Da
Abae **12** Dd
Aballava (Mu) **22** Inset: Had. Wall
Aballo **23** Ed
Abbir **28** Inset: N. Africa
Abdera Hispaniae **6b** Bc
Abdera Hispaniae **20a** Ef
Abdera Hispaniae **25a** Ed
Abdera Thraciae **6b** Inset: N.Aeg.&Prop.
Abdera Thraciae **7b** Cb
Abdera Thraciae **8b** Ca
Abdera Thraciae **9b** Ea
Abdera Thraciae **12** Fb
Abdera Thraciae **20b** Jd
Abdera Thraciae **24** Ge
Abdera Thraciae **26a** Ab
Abella **17** Cc
Abellinum **17** Cc
Aberffraw (Mu) **22** Bc
Abetone (Ang) **15** Ec
Abia **14a** Cc
Abila **27** Inset
Abitinae **28** Inset: N. Africa
Abnoba (Mo) **23** GHcd
Abodiacum **23** Jd
Abolla **16b** Dc
Abona (Fl) **22** Cd
Abonae **22** Cd
Abonuteichos-Ionopolis **26a** Eb
Abrincatui (Po) **23** Cc
Abrittus (Mu) **24** Hd
Abrud (Mu) **24** Fb
Abus (Si) **22** Dc
Abusina (Mu) **23** Jc
Abydus Aegypti **26a** Bb
Abydus Aegypti **26b** Fc
Abydus Asiae **6b** Inset: N.Aeg.&Prop.
Abydus Asiae **7a** Jc
Abydus Asiae **7b** Db
Abydus Asiae **8b** Da
Abydus Asiae **9b** Fa
Abydus Asiae **11a** Cb
Abydus Asiae **11b** Cb
Abydus Asiae **12** Inset
Abydus Asiae **13** Ca
Acamas (Pr) **26a** Ea
Acamas (Pr) **27** Bd
Acampsis (Fl) **27** Fa
Acanthus **6b** Inset: N.Aeg.&Prop.
Acanthus **7b** Bb
Acanthus **8b** Ba
Acanthus **9b** Da
Acanthus **12** Eb
Acarnania (Re) **9b** Cb
Acarnania (Re) **12** Bcd
Acaunum **23** Gd
Acci **25a** Ed
Acci **28** Ef
Accilaeum **26a** Dc
Accilaeum **27** Ab
Acelum **15** Fb
Acerrae Campaniae **17** Cc
Acerrae Transpadanae **15** Db
Acervo **24** Bc
Acesines (Fl) **11a** MNd
Achaea (Re) **6b** Gc
Achaea (Re) **9b** CDb
Achaea (Re) **11b** Bc
Achaea (Re) **14a** BCa
Achaea (Re) **20b** GHe
Achaea (Re) **21** Kf

Achaea Phthiotis (Re) **12** Dc
Achaia (Achaea) (Re) **29** Kf
Achaici (Mo) **12** Dcd
Acharaca **13** Dd
Acharnae **9a** Ea
Acharnae **9b** Db
Acharnae **14a** Da
Achates (Fl) **16b** Bb
Achelous Maliacus (Fl) **12** Dd
Achelous Pindi (Fl) **4** Bd
Achelous Pindi (Fl) **5** Ec
Achelous Pindi (Fl) **6a** Cb
Achelous Pindi (Fl) **9b** Cb
Achelous Pindi (Fl) **12** Ccd
Acheron (Fl) **12** Bc
Achilleum **8b** Db
Acholla **20a** Mg
Achradina (Re) **16b** Inset
Acidava (Mu) **24** Gc
Acilisene (Re) **27** Fb
Acilorum (Ho) **19b** Rome
Acinipo **28** Df
Aciris (Fl) **17** DEc
Acis (Fl) **16b** Db
Acitodunum **23** Ed
Acium **16b** Db
Acmonia **26a** Cc
Acontisma **12** Fb
Acquarossa **18b** Dc
Acrae Aetolicae **12** Cd
Acrae Aetolicae **14a** Ba
Acraephiae **12** Ed
Acraephnium **14a** Da
Acrae Sicilicae **6b** Inset: Sic.&S.Italy
Acrae Sicilicae **16b** Cb
Acragas **6b** Inset: Sic.&S.Italy
Acragas **9b** Inset
Acragas **18a** Df
Acrasa **13** Db
Acrathoum **8b** Ca
Acrathoum **12** Fb
Acriae **14a** Cc
Acritas (Pr) **14a** Bc
Acroceraunia (Mo) **12** Ab
Acrolissus **24** De
Acropolis Athenarum (Vi) **9a** Inset
Acropolis Athenarum (Vi) **10a** Athens
Acropolis Peiraei (Vi) **10b** Peiraeus
Acte (Re) **9b** Ea
Acte (Re) **12** Fb
Acte Alcimou (Vi) **10b** Peiraeus
Acte Peiraei (Re) **9a** Eb
Acte Peiraei (Vi) **10b** Peiraeus
Actium **9b** Bc
Actium **12** Bd
Acumincum (Mu) **24** Ec
Adada **26a** Dd
Adada **27** Ac
Adana **26a** Fd
Adana **28** Inset: Asia etc
Ad Aras **27** Eb
Ad Badias (Mu) **25b** Jb
Ad Dianam in Arabia **27** Cf
Ad Dianam in Epiro **12** Ba
Ad Dianam in Macedonia **24** Ee
Ad Drinum **24** Dc
Ad Fines Colapianorum **24** Cc
Ad Fines Dardanorum **24** Ed
Ad Fines Dentheletarum **24** Fd
Ad Fines Helvetiorum **23** Hd
Ad Fines Maezaeorum **24** Cc
Ad Flexum (Mu) **24** Cb
Ad Flumen Tigrim **27** Gc
Ad Fusciana **24** Cd
Ad Herculem **24** Ed
Ad Iuglandem **16a** Ba
Ad Iuvense (Mu) **23** Lc
Ad Iuvense (Mu) **24** Ba

Ad Ladios **24** Cc
Ad Lambrum **15** Db
Ad Lunam (Mu) **23** Hc
Ad Libros **24** Cd
Ad Maiores **25b** Jb
Ad Matricem **24** Cd
Ad Mauros (Mu) **23** Lc
Ad Mauros (Mu) **24** Ba
Ad Mediam **24** Fc
Ad Militare (Mu) **24** Dc
Ad Mures (Mu) **24** Cb
Ad Mutrium **24** Fc
Ad Novas Danubii (Mu) **24** Dc
Ad Novas Illyridis **12** Ab
Ad Palatium Galliae Transpadanae **23** Je
Ad Palatium Venetiae **15** Fb
Ad Pannonios (Mu) **24** Fc
Ad Picarias **24** Dd
Ad Pontem Coritanorum **22** Dc
Ad Pontem Noricorum **23** Ld
Ad Pontem Noricorum **24** Bb
Ad Pontem Tigridis **27** Gc
Ad Publicanos **23** Ge
Ad Putea **24** Gd
Ad Quintum **12** Aa
Ad Salices **24** Jc
Ad Silanum **23** Ee
Ad Statuas Pannoniae Inferioris (Mu) **24** Db
Ad Statuas Pannoniae Superioris (Mu) **24** Cb
Ad Stoma **24** Jc
Ad Turres Liburniae **24** Bc
Ad Turres Numidiae (Mu) **25b** Jb
Addua (Fl) **15** Dab
Addua (Fl) **23** He
Adiabene (Re) **27** GHc
Adranum **16b** Cb
Adramyttium **7b** Dc
Adramyttium **11b** Cc
Adramyttium **13** Cb
Adramyttium **26a** Bc
Adria **7a** Fb
Adria **18b** Db
Adrianople **30b** Le
Adriaticum (Ma) **2** DEFGabc
Adriaticum (Ma) **3b** ABCbc
Adriaticum (Ma) **5** BCDab
Adriaticum (Ma) **7a** FGc
Adriaticum (Ma) **15** GHbc
Adriaticum (Ma) **16a** Eab
Adriaticum (Ma) **17** EFGb
Adriaticum (Ma) **18a** DEFbcd
Adriaticum (Ma) **18b** DEbc
Adriaticum (Ma) **20b** DEcd
Adriaticum (Ma) **21** HJe
Adriaticum (Ma) **24** BCDde
Adrion (Mo) **24** Ccd
Adru **27** Cf
Aduatuca Tungrorum **28** Gc
Adula (Mo) **15** Cda
Aeane **12** Cb
Aebudae (Ins) **22** Aab
Aecae **17** Db
Aeclanum **17** Cb
Aedepsus **12** Ed
Aedificia Septimii Severi (Aed) **19b** Rome
Aedui (Po) **23** EFd
Aefulum **19a** Bb
Aegae Achaeae **14a** Ca
Aegae Aeolidis **13** Dc
Aegae Ciliciae **26a** Fd
Aegae Ciliciae **27** Cc
Aegae Ciliciae **28** Inset: Asia etc
Aegae Euboeae **12** Ed
Aegae Macedoniae **11a** Bb
Aegae Macedoniae **12** Db
Aegaeum (Ma) **2** KLde

Aegaeum (Ma) **4** EFabc
Aegaeum (Ma) **5** Gcd
Aegaeum (Ma) **6b** GHc
Aegaeum (Ma) **7a** HJd
Aegaeum (Ma) **9b** EFbc
Aegaeum (Ma) **11a** BCc
Aegaeum (Ma) **11b** BCc
Aegaeum (Ma) **12** FGd
Aegaeum (Ma) **13** ABbcd
Aegaeum (Ma) **20b** Jef
Aegaeum (Ma) **21** KLf
Aegaleos (Mo) **8a** Ja
Aegaleos (Mo) **9a** Ea
Aegaleus (Mo) **14a** Bb
Aege **8b** Bb
Aegiae **1a** Cc
Aegida **15** Hb
Aegida **23** Ke
Aegilia Atticae **9a** Eb
Aegilia Atticae **14a** Db
Aegilia Euboeae **12** Ed
Aegilia Euboeae **14a** Da
Aegina **1a** Cc
Aegina **1b** Cc
Aegina **9a** Db
Aegina **14a** Db
Aegina **20b** Hf
Aegina **28** Kf
Aegina (In) **3b** Inset
Aegina (In) **5** Fd
Aegina (In) **7a** Hd
Aegina (In) **7b** Bd
Aegina (In) **8b** Bc
Aegina (In) **9a** DEb
Aegina (In) **9b** Dc
Aegina (In) **14a** Db
Aeginium **12** Cc
Aegira **14a** Ca
Aegithallus/Acellum **16b** Ab
Aegitium **9b** Db
Aegium **4** Cb
Aegium **5** Fc
Aegium **11b** Bc
Aegium **14a** Ca
Aegium **20b** He
Aeglephira **14a** Da
Aegospotami **12** Inset
Aegosthena **14a** Da
Aegyptus (Re) **7a** JKf
Aegyptus (Re) **11a** CDe
Aegyptus (Re) **11b** De
Aegyptus (Re) **21** LMh
Aegyptus (Re) **26b** ABb/EFGc
Aegyptus (Re) **27** ABf
Aegyptus (Re) **29** KLMgh
Aegyptus (Re) **29** LMg
Aegyptus (Re) **30a** LMgh
Aegyssus (Mu) **24** Jc
Aelana **26b** Hb
Aelanites (Si) **26b** Hb
Aelius, Pons **19b** Rome
Aemilia (Re) **15** EFGc
Aemilia (Re) **29** He
Aemilia (Via) **15** DEc
Aemilia (Via) **15** Fc
Aemilia, Porticus (Aed) **19b** Rome
Aemilia Scauri (Via) **15** Cc
Aemilia Scauri (Via) **15** DEcd
Aemilius, Pons **19b** Rome
Aeminium **29** He
Aenaria (In) **2** Dc
Aenaria (In) **17** Bc
Aenea **8b** Ba
Aenea **12** Db
Aenea (Pr) **12** Db
Aenianes **12** Dd
Aenona **24** Bc

Aen-Ano

Aenus 6b Inset: N.Aeg.&Prop.
Aenus 7a Jc
Aenus 8b Da
Aenus 12 Inset
Aenus 20b Kd
Aenus (Fl) 15 Ea
Aenus (Fl) 23 Jd
Aenus (Fl) 23 Kc
Aenus (Mo) 14a Aa
Aeolis (Re) 6b Hc
Aeolis (Re) 13 Dbc
Aepium 14a Bb
Aequana 17 Cc
Aequi (Po) 16a CDb
Aequi (Po) 17 Ba
Aequi (Po) 18a Dd
Aequi (Po) 19a Cb
Aequicoli (Po) 16a Db
Aequicoli (Po) 18a Dc
Aequicoli (Po) 19a Ca
Aequum 21 Je
Aequum 24 Cd
Aequum Tuticum 17 Db
Aerae 13 Cc
Aere 28 Inset: Asia etc
Aesepus (Fl) 13 Dab
Aesernia 16a Ec
Aesernia 17 Cb
Aesica (Mu) 22 Inset: Had. Wall
Aesis 16a Da
Aesis (Fl) 16a Da
Aeso 25a Ga
Aesontius (Fl) 15 Hab
Aesopus (Fl) 26a Bbc
Aethicia (Re) 12 Cc
Aethiopia (Re) 26b ABc
Aetna (Inessa) 16b Cb
Aetna (Mo) 16b Db
Aetna (Mo) 20b Df
Aetolia (Re) 7a Hd
Aetolia (Re) 9b Cb
Aetolia (Re) 11a Bb
Aetolia (Re) 12 CDd
Aetolia (Re) 14a Ba
Aetolia (Re) 20b GHe
Aetos 4 Ab
Aexone 9a Eb
Aexone 14a Db
Aezanis 28 Inset: Asia etc
Afilae 16a Dc
Afilae 17 Bb
A. Floros 4 Bc
Afragola 17 Cc
Africa (Re) 20b Bfg
Africa (Re) 21 GHJg
Africa (Re) 29 FGHfg
Africa (Re) 29 Gf
Africa (Re) 30a GHfg
Africa (Proconsularis) (Re) 25b KLMNbcd
Africa Provincia (Re) 20a LMfg
Agathe 6b Cb
Agathe 20a Hc
Agathe 23 Ef
Agathyrnum 16b Ca
Agbia 28 Inset: N.Africa
Agedincum 23 Ec
A. Gerasimos 28 Inset
Ager Gallicus (Senones) (Po) 15 Gcd
Aginnum 23 Ec
Agnaviae (Mu) 24 Fc
Agnone 16a Ec
Agnone 17 Cb
Agora Athenarum (Vi) 10a Athens
Agora Cherronesi 8b Da
Agora Cherronesi 12 Inset
Agountum 15 Ga
Agraei (Po) 12 Cd
Agrapidhia 4 Bd
Agrianes (Po) 11a Bb
Agrianes (Po) 20b Hc
Agrianes (Fl) 24 He
Agri Decumates (Re) 23 GHcd
Agrigentum 7a Fc
Agrigentum 20b Cf
Agrigentum 21 Hf
Agrigentum 28 Hf
Agrigentum (Acragas) 16b Bb
Agrilia 4 Ba
Agrilia 6a Cb
Agrilike (Mo) 8a Bb
Agrinium 12 Cd
Agrippa, Baths of (Ba) 19b Rome
Agrippae, Pons 19b Rome
Agrippinae (Ho) 19b Rome
Agropoli 17 Cc
Agunia (Fl) 15 Cb
Aguntum 23 Kd
Agyrium 16b Cb
Aietopetra 4 Inset
Ai Khanum 11a Lc
Ai Khanum 11b Lc
Aila (Aelana) 28 Nh
A. Ioannis 4 Ce
Aislingen (Mu) 23 Jc
Aizizis (Mu) 24 Ec
Ajune 28 Ef
Akeman Street (Via) 22 Dd
Akhladhia 3a Db
Akhouria 4 Cb
A. Kosmos 4 Dc
Akraba 27 Inset
Akropotamos 1a Da
Akroterion 4 Ac
Akrotiri 1b Dd
Akrotiri 3b Fe
Akrovitika 4 Cb
A. Kyriaki 4 Cb
Alabanda 11b Cc
Alabanda 13 DEd
Alabanda 26a Cd
Alabon (Fl) 16b Db
Alagonia 14a Cc
Alaina 27 Fc
Alalakh 3b Me
Alalcomenae 12 Cc
Alalcomenae 14a Aa
Alalia 6b Db
Alalia 7a Ec

Alamanni (Po) 29 Ghd
Ala Miliaria (Mu) 25b Fb
Alani (Po) 21 Pde
Alani (Po) 29 NPQd
Ala Nova (Mu) 24 Ca
Alata 24 Dd
Alauna Brigantum (Mu) 22 Cb
Alauna Carvetiorum (Mu) 22 Cb
Alauna Carvetiorum (Mu) 22 Inset: Had. Wall
Alauna Unellorum 23 Ec
Alauna Veniconum (Mu) 22 Ca
Alauna Votadinorum (Mu) 22 Db
Alauni (Po) 23 Kcd
Alaunus (Fl) 22 Db
Alba 23 Fe
Alba (Mo) 23 Ge
Alba Fucens 16a Db
Alba Fucens 17 Ba
Alba Fucens 19a Ca
Alba Longa 17 Ab
Alba Longa 19a Bb
Albae (Mo) 14b ABb
Alban Hills (Mo) 19a Bb
Albania 21 Qe
Albaniana (Mu) 23 Fa
Albanopolis 24 De
Albanta (Fl) 24 Bb
Albanus (Mo) 16a Cc
Albanus (Mo) 17 Ab
Albanus (La) 16a Cc
Albanus (La) 19a Bb
Alba Pompeia 15 Cc
Alba Pompeia 23 He
Albertfalva 24 Db
Albia (Fl) 7a Fa
Albiga 23 Ef
Albina (Fl) 16a Bb
Albina (Fl) 19a Aa
Albing (Mu) 24 Ba
Albingaunum 15 Cc
Albingaunum 23 He
Albintimilium 15 Bd
Albis (Fl) 21 Hc
Albis (Fl) 23 KLb
Albius (Mo) 24 Bc
Albota (Mu) 24 Gc
Alburnus Maior 24 Fb
Alcantara bridge 25a Cc
Alcester 22 Dc
Alchester 22 Dd
Alea 14a Cb
Aleria 18a Bc
Aleria 18b Bc
Aleria 21 Ge
Alesia 23 Fd
Alesium 14a Bb
Aletium 17 Gc
Aleto 23 Cc
Aletrium 16a Dc
Aletrium 17 Bb
Aletrium 19a Bc
Alexandria ad Issum 11a Ec
Alexandria ad Issum 11b Ec
Alexandria ad Issum 26a Gd
Alexandria ad Issum 27 Dc
Alexandria ad Issum 28 Inset: Asia etc
Alexandria Aegypti 11a Cd
Alexandria Aegypti 11b Cd
Alexandria Aegypti 21 Mg
Alexandria Aegypti 26b AEaa
Alexandria Aegypti 28 Lg
Alexandria Aegypti 29 Lg
Alexandria Aegypti 30a Mg
Alexandria (Charax) 11a Gd
Alexandria Eschate 11a Lb
Alexandria Eschate 11b Lb
Alexandria in Arachosia 11a Ld
Alexandria in Arachosia 11b Ld
Alexandria in Aria 11a Kd
Alexandria in Aria 11b Kd
Alexandria in Carmania 11a Je
Alexandria in Carmania 11b Je
Alexandria in Caucaso 11a Lc
Alexandria in Caucaso-Capisa 11b Lc
Alexandria in India 11a Me
Alexandria in Margiana 11a Kc
Alexandria in Margiana-Antiochia 11b Kc
Alexandria-Prophthasia 11b Kd
Alexandria Rhambacia 11a Le
Alexandria Troas 11b Cc
Alexandria Troas 13 Cb
Alexandria Troas 21 Lf
Alexandria Troas 24 Bc
Alexandria Troas 26a Bc
Alexandrium 27 Inset
Alfaterna Nuceria 17 Cc
Alfoldean 22 Dd
Algidus (Mo) 19a Bb
Alia 26a Cc
Aliano 17 Ec
Alifaki 4 Ca
Alinda 8b Dc
Alinda 13 Dd
Aliobrix (Mu) 24 Jc
Aliphera 14a Bb
Alisca (Mu) 24 Db
Aliso 23 Hc
Aliveri 4 Eb
Allaria 14b Bb
Allava (Alba) 16b Bb
Allia (Fl) 19a Ba
Allifae 17 Cb
Allobroges (Viennenses) (Po) 23 FGde
Al Mina 7a Ld
Almiros 6a Db
Almopia (Re) 12 CDab
Almus (Mu) 24 Fd
Almus (Fl) 24 Fd
Alope Locridis 12 Dd
Alope Malidis 12 Dd
Alopece 9a Inset
Alopeconnesus 6b Inset: N.Aeg.&Prop.
Alopeconnesus 8b Da
Alopeconnesus 12 Inset
Alorus 12 Db
Alpeni 12 Dd
Alpenoi 4 Cb

Alpes (Mo) 7a EFbc
Alpes (Mo) 20a Kb
Alpes (Mo) 21 Gd
Alpes Carnicae (Mo) 15 GHa
Alpes Cottiae (Re) 21 Ge
Alpes Cottiae (Re) 23 Ge
Alpes Cottiae (Re) 29 Ge
Alpes Cottiae (Mo) 15 ABc
Alpes Graiae (Mo) 15 ABb
Alpes Graiae Et Poeninae (Re) 21 Gd
Alpes Graiae Et Poeninae (Re) 23 GHde
Alpes Iuliae (Mo) 23 KLde
Alpes Iuliae (Mo) 24 Bc
Alpes Iuliae (Mo) 15 Ha
Alpes Maritimae (Re) 21 Ge
Alpes Maritimae (Re) 23 Ge
Alpes Maritimae (Re) 29 Ge
Alpes Maritimae (Mo) 15 ABc
Alpes Poeninae (Mo) 15 BCab
Alpes Poeninae Et Graiae (Re) 29 Gd
Alpes Raeticae (Mo) 15 DEFa
Alpes Tridentinae (Mo) 15 FGa
Alpheus (Fl) 4 Bc
Alpheus (Fl) 5 EFd
Alpheus (Fl) 14a Bb
Alpis Bardonis (Mo) 15 Dc
Alsietinus (La) 19a Ba
Alsium 16a Cc
Altamura 17 Ec
Alta Ripa (Mu) 24 Db
Altava 28 Eg
Altava 25b Eb
Altenstadt (Mu) 23 Hb
Altinum Moesiae Inferioris (Mu) 24 Hc
Altinum Pannoniae Inferioris (Mu) 24 Dc
Altinum Venetiae 15 Gb
Altinum Venetiae 23 Ke
Aluntium 16b Ca
Alutus (Fl) 24 Gc
Alveria 24 Bd
Alyki 4 Dc
Alyzia 5 Bd
Amantes (Po) 12 Ab
Amanthus 7b Inset
Amantia 12 Ab
Amantia Maritima 12 Ab
Amantini (Po) 24 DEc
Amanum Portus (Si) 25a Ea
Amanus (Mo) 27 Dc
Amarus (La) 26b BGaa
Amarus (La) 27 Bf
Amarynthus 12 Ed
Amarynthus 14a Da
Amaseia 26a Fb
Amaseia 27 Ca
Amaseia 28 Inset: Asia etc
Amasenus (Fl) 19a Cb
Amastris 11b Db
Amastris 21 Me
Amastris 26a Eb
Amastris 28 Me
Amathus 26a Ee
Amathus 27 Bd
Ambacia 23 Dd
Ambelaki 8a Hb
Ambiani 29 Fd
Ambiani (Po) 22 EFd
Ambiani (Po) 23 DEc
Ambidravi (Po) 23 Kd
Ambisontes (Po) 23 Kcd
Amblada 26a Dd
Amblada 28 Inset: Asia etc
Ambracia 6b Gc
Ambracia 7a Hd
Ambracia 7b Ac
Ambracia 9b Cb
Ambracia 12 Cc
Ambracia 20b Ge
Ambracus 12 Cc
Ambrossus 12 Dd
Ambrossus 14a Ca
Amenanus (Fl) 16b CDb
Amendolara 17 Ed
Ameria 16a Cb
Amerina (Via) 16a Cb
Ameselum 16b Cb
Amestratus 16b Cb
Amida 27 Fc
Amida 29 Pf
Amilus 14a Cb
Amisus 6b Kb
Amisus 7a Lc
Amisus 11a Eb
Amisus 11b Eb
Amisus 21 Ne
Amisus 26a Gb
Amisus 28 Ne
Amisus 30a Ne
Amiternum 16a Db
Ammaedara 25b Kb
Ammaedara 28 Inset: N.Africa
Amman 3b Lg
Ammatha 3b Cf
Ammonium 11a Ce
Ammouli 4 Bc
Amnisos 1a Dd
Amnisos 3a Db
Amnisus 14b Cb
Amorgos (In) 4 FGd
Amorgos (In) 5 GHd
Amorgos (In) 7b CDd
Amorgos (In) 8b CDc
Amorgos (In) 13 BCe
Amorium 26a Dc
Amorium 27 Ab
Amos 8b Dc
Amos 13 Ee
Ampelum 24 Fb
Ampelus 16a Db
Amphanae 12 Dc
Amphaxitis (Re) 12 Dab
Amphia 14a Cb
Amphiale (Pr) 8a Ha
Amphicaea (Fl) 12 Dd
Amphilochia (Re) 12 Ccd
Amphimalla 14b Bb

Amphiphagus (Pr) 12 Bc
Amphipolis 8b Ba
Amphipolis 9b Da
Amphipolis 11a Bb
Amphipolis 12 Eb
Amphipolis 20b Hd
Amphipolis 27 Ec
Amphissa 7b Bc
Amphissa 9b Db
Amphissa 12 Dd
Amphissa 14a Ca
Amphitrope 9a Eb
Ampsaga (Fl) 20a Kf
Amsivarii (Po) 23 GHa
Amyclae 5 Fd
Amyclae 14a Cb
Amycus 12 Inset
Amynanda 8b Dc
Amyrus 12 Dc
Amyrus (Mo) 12 Db
Amyrus (Fl) 12 Dc
Amyzon 8b Dc
Amyzon 13 Dd
Anaboura Phrygiae 26a Dc
Anaboura Phrygiae 27 Ab
Anaboura Pisidiae 26a Dc
Anaboura Pisidiae 27 Ab
Anactorium 9b Cb
Anactorium 12 Bd
Anaea 13 Dd
Anaea 28 Inset: Asia etc
Anagnia 16a Dc
Anagnia 17 Bb
Anagnia 19a Cb
Anagyrus 9a Eb
Anagyrus 14a Db
Analepsis (Aed) 10b Peiraeus
Analiba (Mu) 26a Hc
Analiba (Mu) 27 Eb
Analipsis 4 Cc
Anaphe (In) 8b Dc
Anaphe (In) 13 Be
Anaphe (In) 14b Ca
Anaphi (In) 4 Fd
Anaphlystus 9a Eb
Anaphlystus 14a Db
Anapus (Fl) 16b Inset
Anapus 16b Db
Anares (Po) 15 Dbc
Anas 20a Ef
Anas (Fl) 25a Ec
Anasartha 27 Dd
Anauni (Po) 15 EFa
Anauni (Po) 23 Ja
Anaunium 15 Fa
Anausaro 24 Fd
Anava (Mu) 22 Inset: Had. Wall
Anava (Fl) 22 Cb
Anazarbus 26a Fd
Anazarbus 27 Cc
Anazarbus 28 Inset: Asia etc
Ancaster 22 Dd
Anchialus 24 Hd
Anchialus 28 Le
Ancient Elis 4 Bc
Ancona 2 Db
Ancona 16a Da
Ancona 20b Cc
Ancona 21 He
Ancus 24 Bc
Ancyra 11a Dc
Ancyra 11b Dc
Ancyra 21 Mf
Ancyra 26a Ec
Ancyra 26a Ec
Ancyra 27 Bb
Ancyra 28 Inset: Asia etc
Ancyra 29 Me
Ancyra Sideras 28 Inset: Asia etc
Ancyronpolis 26b Fb
Andania 14a Bb
Andautonia 24 Cc
Andecavi (Po) 23 Cd
Andematunnum 23 Fd
Anderba 24 Fd
Anderitum Aquitaniae 23 Ee
Anderitum Britanniae 22 Ed
Andetrium 24 Cd
Andhroniani 4 Eb
Andium (In) 23 Bc
Andizetes (Po) 24 Dc
Andraristus 12 Ca
Andria 17 Eb
Androna Coele-Syriae 27 Dd
Androna Galatiae 26a Ec
Androna Galatiae 27 Bb
Andros (In) 2 Ke
Andros (In) 4 Ec
Andros (In) 5 Gd
Andros (In) 6b Gc
Andros (In) 7b Cd
Andros (In) 8b Cd
Andros (In) 9b Ec
Andros (In) 13 Ad
Andrus 13 Ad
Andrus (In) 22 Ac
Anemo (Fl) 15 Fc
Anemomylo 4 Cd
Anemoria 12 Dd
Anemoria 14a Ca
Anemosa 14a Cb
Anemourium 26a Ed
Anemourium 27 Bc
Angeae 12 Dc
Angele 9a Eb
Angites (Fl) 12 Eab
Angles (Po) 30b GHc
Anglo-Saxons (Po) 30b EFc
Angulus 16a Db
Angustia (Mu) 24 Hb
A. Nikolaos 4 Inset
Anio (Fl) 19a BCb
Anio Vetus 19b Rome
Anisus (Fl) 24 ABb
Annamatia 24 Db
Anneianum 15 Fb
Annia (Via) 15 Gb
Anopolis 14b Bb

Ano Viannos **3a** Cb
Anreppen (Mu) **23** Hb
Antaeopolis **26b** Fc
Antandrus **8b** Db
Antandrus **13** Cb
Antani (Po) **12** BCa
Antaradus **27** Cd
Antas **18b** Be
Antemnae **19a** Bb
Anthana **14a** Cb
Anthedon **4** Db
Anthedon **5** Fc
Anthedon **12** Ed
Anthedon **14a** Da
Anthemus (Re) **12** DEb
Anthemus (Fl) **12** Eb
Anthokhori **4** Ba
Anthokhori **5** Ec
Antiana **24** Dc
Anticaria **25a** Dd
Anticyra **14a** Ca
Anticyra Locridis **12** Dd
Anticyra Locridis **14a** Ca
Anticyra Oetaeae **12** Dd
Anticythera (Fl) **14b** Ab
Antigonea Chaoniae **12** Bb
Antigonea Chaoniae **20b** Gd
Antigonea Macedoniae **12** Da
Antigonea Macedoniae **24** Fe
Antigula (Fl) **16b** Ea
Antilibanus (Mo) **27** CDde
Antinoe **26b** Fc
Antinoe **28** Mh
Antinum **16a** Dc
Antinum **17** Bb
Antiocheia Cariae **26a** Cd
Antiocheia Cariae **28** Inset: Asia etc
Antiochia Cariae **28** Inset: Asia etc
Antiochia Ciliciae Asperae **26a** Ed
Antiochia Ciliciae Asperae **27** Bc
Antiochia Ciliciae Asperae **28** Inset: Asia etc
Antiochia Syriae **11b** Ec
Antiochia Syriae **21** Nf
Antiochia Syriae **27** Dc
Antiochia Syriae **28** Inset: Asia etc
Antiochia Syriae **29** Nf
Antiochia Syriae **30a** Nf
Antiochia-Tarsus **11b** Dc
Antiparos (In) **4** Fcd
Antiparos (Saligio) **1a** Dc
Antipatrea **12** Ab
Antipatrea **20b** Fd
Antipatrea **24** Ee
Antipatris **27** Inset
Antiphrae **26b** Ea
Antipolis **6b** Db
Antipolis **20a** Kc
Antipolis **23** Gf
Antipyrgus **25b** Td
Antipyrgus **28** Kg
Antirrhium (Pr) **14a** Ba
Antisara **12** Fb
Antissa **4** Ga
Antissa **5** Hc
Antissa **13** Cb
Antitaurus (Mo) **26a** FGc
Antitaurus (Mo) **27** CDb
Antium **16a** Cc
Antium **17** Ab
Antium **18a** Dd
Antium **18b** Dd
Antium **19a** Bb
Antivestaeum Belerium (Pr) **22** Bde
Antoniana, Aqua **19b** Rome
Antonini, Vallum **21** Eb
Antron **12** Dd
Antunnacum **23** Gb
Anxanum **16a** Eb
Anxur-Tarracina **18b** Dc
Anzitene (Re) **27** Fb
Aoi Stena (Ang) **12** Bb
Aornus **11a** Md
Aous (Fl) **6a** Ca
Aous (Fl) **12** ABb
Aous (Fl) **20b** Fd
Apamea Bithyniae **26a** Cb
Apamea Bithyniae **28** Inset: Asia etc
Apamea Bithyniae quondam Myrlea **12** Inset
Apamea Coele-Syriae **27** Dd
Apamea Coele-Syriae **28** Inset: Asia etc
Apamea Commagenes **11b** Ec
Apamea Commagenes **27** Dc
Apamea Mediae **11b** Hc
Apamea Phrygiae **11b** Dc
Apamea Phrygiae **20b** Me
Apamea Phrygiae **26a** Dc
Apamea Phrygiae **28** Inset: Asia etc
Apamea Pisidiae **21** Mf
Apamea Syriae **11b** Ec
Apamea Syriae **21** Nf
Apenninus (Mo) **2** BCDab
Apenninus (Mo) **15** CDEc
Apenninus (Mo) **16a** CDabc
Apenninus (Mo) **17** BCDbc
Apenninus (Mo) **20a** LMNbc
Apenninus (Mo) **20b** ABbc
Aperanti (Po) **12** Cd
Aperantia **12** Cd
Aperlae **26a** Cd
Aperopia (In) **14a** Db
Apesokari **3a** Bb
Aphaea, Temple of (Fa) **9a** Eb
Aphaeum **14a** Db
Aphas (Fl) **12** Bc
Aphetae **7b** Bc
Aphetae **12** Ec
Aphidna **1b** CDb
Aphidna **4** Db
Aphidna **9a** Ea
Aphidna **14a** Da
Aphiona **1a** Ab
Aphiona **1b** Ab
Aphnitis **12** Inset
Aphrata **3a** Ab
Aphrodisias Cariae **5** Jd
Aphrodisias Cariae **26a** Cd
Aphrodisias Cariae **28** Inset: Asia etc
Aphrodisias Thraciae **12** Inset
Aphroditopolis **26** Bb/Fb
Aphroditopolis **26b** Fc
Aphytis **8b** Ba
Aphytis **12** Eb
Apidanus **12** Dc
Apidia **4** Cd
Aplomata **4** Fc
Apodhoulou **3a** Bb
Apodoti (Po) **12** CDd
Apollo Patrous (Aed) **10a** Athens
Apollonia **20b** Kc
Apollonia ad Rhyndacum Bithyniae **12** Inset
Apollonia Bithyniae **26a** Cb
Apollonia Bithyniae **28** Inset: Asia etc
Apollonia Cariae **26a** Cd
Apollonia Chalcidices **12** Eb
Apollonia Cretica Notia **14b** Bb
Apollonia Cretica Septentrionalis **14b** Cb
Apollonia Cyrenaica **21** Kg
Apollonia Cyrenaica **25b** Rc
Apollonia Illyrica **6b** Fb
Apollonia Illyrica **9b** Ba
Apollonia Illyrica **11b** Ab
Apollonia Illyrica **12** Ab
Apollonia Illyrica **20b** Fd
Apollonia Illyrica **21** Jc
Apollonia Illyrica **24** De
Apollonia Mygdoniae **12** Eb
Apollonia Palaestinae **27** Inset
Apollonia Phrygiae **26a** Dc
Apollonia Phrygiae **28** Inset: Asia etc
Apollonia Pontica **6b** Hb
Apollonia Pontica **7a** Jc
Apollonia Pontica **8b** Inset
Apollonia Pontica **11b** Cb
Apollonia Pontica **21** Le
Apollonia Pontica **24** Hd
Apollonia Sicilica **16b** Ca
Apollonia Thraciae **12** Fb
Apollonis **13** Dc
Apollonopolis magna **26b** Bc/Gd
Apollonopolis parva **26b** Gd
Aponus **15** Fb
Appadana (Mu) **27** Fd
Appia **26a** Cc
Appia (Via) **16a** Cc
Appia (Via) **19a** BCb
Appia (Via) **19b** Rome
Appia, Aqua **19b** Rome
Appia, Porta **19b** Rome
Appiaria (Mu) **24** Hd
Aprica (Ang) **15** Ea
Apsinthii (Po) **12** Inset
Apsus **12** Ab
Apsus **24** De
Apsus (Fl) **12** Ab
Apsyrtides (Ins) **24** Bc
Apta Iulia **23** Ff
Apta Iulia **28** Ge
Aptera **14b** Bb
Apuani (Po) **15** DEc
Apuani (Po) **23** Jef
Apuli (Po) **18a** Ed
Apulia (Re) **17** DEbc
Apulia (Re) **20b** DEd
Apulia et Calabria (Re) **29** Je
Apulum (Mu) **21** Kd
Apulum (Mu) **24** Fb
Aquae ad Danubium (Mu) **24** Fc
Aquae Allobrogum **23** Fe
Aquae Arnemetiae **22** Dc
Aquae Balizae-Municipium Iasorum **24** Cc
Aquae Bas. . . . **24** Ed
Aquae Calidae Aquitaniae **23** Ed
Aquae Calidae Thraciae **24** Hd
Aquae Calidae Tyanitidis (Ba) **26a** Fd
Aquae Calidae Tyanitidis (Ba) **27** Cc
Aquae Daciae Superioris **24** Fc
Aquae Dardaniae (Mu) **24** Fd
Aquae Flaviae **25a** Cb
Aquae Germ(enae) (Ba) **26a** Dc
Aquae Granni **23** Gb
Aquae Iasae **24** Cb
Aquae Mattiacorum **23** Gb
Aquae Moesiae Superioris **24** Fd
Aquae Neri **23** Ed
Aquae Saruvenae (Ba) **26a** Fc
Aquae Saruvenae (Ba) **27** Cb
Aquae Segestanae **16b** Ab
Aquae Segetae Segusiavorum **23** Fe
Aquae Segetae Senonum **23** Ec
Aquae Sextiae **20a** Jc
Aquae Sextiae **23** Ff
Aquae Siccae **23** Df
Aquae S....... **24** Dd
Aquae Statiellae **15** Cc
Aquae Sulis (Ba) **21** Ec
Aquae Sulis (Ba) **22** Cd
Aquae Tarbellicae **23** Cf
Aquae Tibilitanae **28** Inset: N.Africa
Aquileia Venetiae **15** Hb
Aquileia Venetiae **20b** Cb
Aquileia Venetiae **21** Hd
Aquileia Venetiae **23** Ke
Aquileia Venetiae **28** Hd
Aquileia Venetiae **29** Hd
Aquileia Vindelicorum (Mu) **23** Jc
Aquincum **21** Jd
Aquincum **24** Db
Aquincum **29** Jd
Aquinum **16a** Dc
Aquinum **17** Bb
Aquinum **19a** Cb
Aquitani (Po) **20a** FGbc
Aquitania (Re) **21** EFd
Aquitania (Re) **23** CDEe
Aquitania I. (Re) **29** Fd
Aquitania II. (Re) **29** EFd
Arabia (Re) **11a** Fe
Arabia (Re) **21** MNh
Arabia (Re) **26b** Bb/GHb
Arabia (Re) **27** Inset
Arabia (Re) **29** Ng
Arabia (Re) **30a** Mh
Arabia Deserta **21** PQh
Arabia Petraea (Re) **27** CDf
Arabiates (Po) **24** Cb
Arabicus (Si) **11a** Eefg
Arabicus (Si) **11b** Eefg
Arabicus (Si) **21** MNh
Arabicus (Si) **26b** Bb/Hbc
Arabies (Po) **11a** Le
Arabissus **26a** Gc
Arabissus **27** Db
Arabissus **28** Inset: Asia etc
Araceli **23** Bf
Araceli **25a** Ea
Aracha **27** Ed
Arachnaeus (Mo) **14a** CDb
Arachosia (Re) **11a** Ld
Arachosia (Re) **11b** Ld
Arachthus (Fl) **12** BCc
Aradena **14b** Bb
Aradul Nou **24** Eb
Aradus **11a** Ed
Aradus **11b** Ed
Aradus **27** Cd
Arae Flaviae (Mu) **23** Hc
Araenus **14a** Cc
Arae Philaenorum **25b** Qd
Aral Sea (Ma) **11a** JKab
Aral Sea (Ma) **11b** JKab
Arantia **14a** Cb
Ara Pacis Augustae (Aed) **19b** Rome
Araphen **9a** Ea
Araphen **14a** Da
Arapi **1a** Cb
Arapi **8a** Ha
Araplus **12** Inset
Araplus **13** Ca
Arar (Fl) **23** Fd
Arar (Fl) **30a** Gd
Arauris (Fl) **23** Ef
Arausio **20a** Jb
Arausio **23** Fe
Arausio **28** Fe
Aravorum civitas **25b** Cb
Araxes Armeniae (Fl) **11a** Gc
Araxes Armeniae (Fl) **11b** Gc
Araxes Armeniae (Fl) **27** Hb
Araxes Persidis (Fl) **11a** Hd
Araxos **4** Bb
Araxus (Pr) **14a** Ba
Arba **24** Bc
Arba (In) **24** Bc
Arbeia (Mu) **22** Inset: Had. Wall
Arbela **11a** Fc
Arbela **11b** Fc
Arbela **27** Hc
Arbela **28** Pf
Arbium **14b** Cb
Arbor Felix **23** Hd
Arca Caesarea ad Libanum **27** Dd
Arcades **14b** Cb
Arcadia (Re) **9b** CDc
Arcadia (Re) **14a** BCb
Arcadia (Re) **29** LMh
Arca Melitenes **26a** Hc
Arca Melitenes **27** Eb
Arcesine **4** Fd
Arcesine **13** Df
Archaeological Museum (Aed) **10b** Peiraeus
Arcias **16b** Da
Arcidava (Mu) **24** Ec
Arconnesos (In) **13** De
Arctanes (Po) **12** Bc
Ardagger (Mu) **23** Lc
Ardagger (Mu) **24** Ba
Ardaxanos (Fl) **24** De
Ardea **16a** Cc
Ardea **17** Ab
Ardea **18b** Dd
Ardea **19a** Bb
Ardeatina (Via) **19b** Rome
Ardeatina, Porta **19b** Rome
Ardettus (Vi) **10a** Athens
Ardiaei (Po) **20b** EFc
Arduinna Silva (Mo) **23** FGbc
Area Apollonis (Vi) **19b** Rome
Area Sacra Di S. Omobono (Vi) **19b** Rome
Aregenua **23** Cc
Arelape (Mu) **23** Lc
Arelape (Mu) **24** Ba
Arelate **21** Fe
Arelate **23** Ff
Arelate **28** Fe
Arelate **29** Fe
Arelate **30a** Fe
Arene **5** Ed
Areopagus (Mo) **10a** Athens
Ares, Temple of (Fa) **10a** Athens
Arethusa Coele-Syriae **27** Dd
Arethusa Coele-Syriae **28** Inset: Asia etc
Arethusa Euboeae **12** Ed
Arethusa Euboeae **14a** Da
Arethusa Fons **16b** Inset
Arethusa Mygdoniae **12** Eb
Argaeus Garsauritidis (Mo) **26a** Fc
Argaeus Garsauritidis (Mo) **27** Cb
Argaeus Morimenes (Mo) **26a** Fc
Argaeus Morimenes (Mo) **27** Cb
Arganthonius (Mo) **12** Inset
Argennum Ioniae (Pr) **13** Cc
Argennum Siciliae (Pr) **16b** Db
Argentares **24** Fc
Argentaria **24** Dc
Argentarius (Mo) **19a** Aa
Argentera (Mo) **15** Bc
Argenteus (Fl) **23** Gf
Argentomagus **23** Dd
Argentorate **29** Gd
Argentorate (Mu) **21** Gd
Argentorate (Mu) **23** Gc
Argentovaria **23** Gc
Argestaei (Po) **12** Ca
Argestaeus Campus **12** Cb
Argiletum (Via) **19b** Rome
Argilus **6b** Inset: N.Aeg.&Prop.
Argilus **8b** Ba
Argilus **9b** Da
Argilus **12** Eb
Arginusae (Ins) **9b** Fb
Arginusae (Ins) **13** Cb
Argissa **1a** Cb
Argissa **1b** Cb
Argissa **4** Ca
Argissa **5** Fc
Argithea **12** Cc
Argiza **13** Db
Argolicus (Si) **14a** Cb
Argolis (Re) **9b** Dc
Argolis (Re) **14a** Cb
Argos Amphilochicum **12** Cd
Argos Argolidis **1b** Cc
Argos Argolidis **3b** Inset
Argos Argolidis **4** Cc
Argos Argolidis **4** Inset
Argos Argolidis **5** Fd
Argos Argolidis **7b** Bd
Argos Argolidis **9b** Dc
Argos Argolidis **11b** Bc
Argos Argolidis **14a** Cb
Argos Argolidis **20b** Hf
Argos Ippatum Thesprotidis **12** Bc
Argos Oresticum **12** Cb
Argos Pelagoniae **12** Ca
Argos Pelagoniae **24** Ee
Argyra Achaeae **14a** Ba
Argyra Euboeae **12** Ed
Argyra Thessaliae **12** Dc
Argyrippa **17** Db
Argyruntum **24** Bc
Aria **4** Inset
Aria (Re) **11a** Kc
Aria (Re) **11b** Kd
Ariaspes (Po) **11a** Kd
Aricia **16a** Cc
Aricia **17** Ab
Aricia **19a** Bb
Ariconium **22** Cd
Arilica **15** Eb
Ariminum **15** Gc
Ariminum **20b** Cb
Ariminum **21** He
Ariminum **28** He
Ariminus (Fl) **15** Gd
Ariolica Brannovicum **23** Fd
Ariolica Salassorum **15** Bb
Ariolica Salassorum **23** Ge
Ariorica **23** Gd
Arisba **13** Cb
Arisbe **8b** Da
Arisbe **12** Inset
Aristaeum **24** Hd
Aritium **25a** Bc
Arkalorkhori **3a** Cb
Arkhanes **3a** Cb
Arles **30b** Fe
Armagh **30b** Dc
Armenia (Re) **11a** Fc
Armenia (Re) **11b** Fc
Armenia (Re) **21** Pf
Armenia (Re) **29** Pf
Armenia I. (Re) **29** Nf
Armenia II. (Re) **29** Nf
Armenia Maior (Re) **27** FGHb
Armenia Minor (Re) **26a** GHbc
Armenia Minor (Re) **27** DEab
Armenium **12** Dc
Armenoi **3a** Bb
Armenokhori **1a** Ba
Armenokhori **1b** Ba
Armenta (Fl) **16a** Bb
Armentum **17** Ec
Armorica (Re) **23** ABCcd
Arne **6a** Cb
Arnisa **9b** Ca
Arnon (Fl) **27** Inset
Arnsburg (Mu) **23** Hb
Arnus (Fl) **15** Fd
Arnus (Fl) **16a** Ba
Arnus (Fl) **18a** Cc
Arnus (Fl) **18b** Cc
Aroanii (Mo) **14a** Cb
Arpi **28** Je
Arpinum **16a** Dc
Arpinum **17** Bb
Arpinum **18a** Dd
Arpinum **19a** Cb
Ar(r)abo (Fl) **24** Cb
Arrabona **24** Cb
Arretium **16a** Ba
Arretium **18b** Cc
Arretium **20a** Mc
Arretium **20b** Bc
Aristonautae **14a** Ca
Arsameia **27** Eb
Arsamosata **27** Eb
Arsanias **27** Fb
Arsinoe ad Sinum Heroopoliticum **26b** Gb
Arsinoe Aegypti **11b** De
Arsinoe Aegypti **26b** Bb/Fb
Arsinoe Aegypti **28** Mh
Arta **6a** Cb
Artace **8b** Da
Artace **12** Inset
Artacoana **11a** Kd
Artaeoteichos **8b** Ea
Artaxata **21** Pe
Artaxata **27** Hb
Artemis Brauronia, Temple of (Fa) **9a** Eb
Artemis Mounichia, Temple of (Fa) **10b** Peiraeus
Artemis, Precinct of **10a** Athens
Artemisium **12** Ec
Artemisium (Pr) **12** Ec
Artemisius (Mo) **14a** Cb
Artemita **11b** Gd
Artena **16a** Cc
Artena **17** Ab
Artescus (Fl) **7b** CDb
Artescus (Fl) **24** GHe
Artiaca **23** Fc
Arubium (Mu) **24** Jc
Arucci **25a** Cd
Arulis (Mu) **26a** Gd
Arulis (Mu) **27** Dc
Arunda **25a** Dd
Arupium **24** Bc
Arutela (Mu) **24** Gc
Arverni (Po) **20a** GHb
Arverni (Po) **23** Ee
Arvi **3a** Cc
Arvii (Po) **23** Ccd
Arx Capitol (Vi) **19b** Rome

Ary-Bed

Arycanda 26a Dd
Arycanda 28 Inset: Asia etc
Arzbach (Mu) 23 Gb
Arzon 28 Pf
Arzus 24 He
Asamo 24 Dd
Asamus (Mu) 24 Gd
Asamus (Fl) 24 Gd
Ascalon 3b Lh
Ascalon 27 Inset
Ascalon 28 Inset: Asia etc
Ascania (La) 26a Cb
Asciano 18b Cc
Asciburgium (Mu) 23 Gb
Asclepieum (Fa) 10b Peiraeus
Ascordus (Fl) 12 Db
Ascra 14a Da
Asculum 18a Dc
Asculum 21 He
Asculum Picenum 16a Db
Asea 1a Cc
Asea 1b Cc
Asea 4 Cc
Asea 14a Cb
Ashtishat 28 Pf
Asia (Re) 2 LMd
Asia (Re) 21 LMf
Asia (Re) 26a BCc
Asia (Re) 29 Lf
Asia (Re) 30a LMf
Asiana (Re) 29 LMf
Asido 25a Dd
Asinaria, Porta 19b Rome
Asine 14a Cb
Asine Argolidis 1b Cc
Asine Argolidis 3b Inset
Asine Argolidis 4 Cc
Asine Argolidis 4 Inset
Asine Argolidis 5 Fd
Asine Messeniae 9b Cc
Asine Messeniae 14a Bc
Asines/Acesines (Fl) 16b CDb
Askitario 1b CDc
Asnaus (Mo) 12 Bb
Asopus Laconiae 14a Cc
Asopus Boeotiae (Fl) 14a Da
Asopus Sicyoniae (Fl) 14a Cb
A. Sotiros 4 Dc
Aspendus 8b Fc
Aspendus 11a Dc
Aspendus 11b Dc
Aspendus 20b Mf
Aspendus 26a Dd
Aspendus 27 Ac
Aspendus 28 Inset: Asia etc
Aspera (Cilicia) (Re) 26a Ed
Aspera (Cilicia) (Re) 27 Bc
Asphaltitis (La) 27 Inset
Asphynis 26b Gd
Aspledon 12 Dd
Aspona 26a Ec
Aspona 27 Bb
Assaceni (Po) 11a Md
Assera 6b Inset: N.Aeg.&Prop.
Assera 8b Ba
Assera 12 Eb
Asseria 24 Bc
Assinarus (Fl) 9b Inset
Assinarus (Fl) 16b CDc
Assiros Toumba 5 Fb
Assisium 16a Ca
Assorus 16b Cb
Assur 27 Gd
Assuras 28 Inset: N.Africa
Assus Epiri 12 Bc
Assus Troadis 6b Inset: N.Aeg.&Prop.
Assus Troadis 8b Db
Assus Troadis 13 Cb
Assus Troadis 26a Bc
Assyria (Re) 27 Gcd
Asta 20a Cf
Asta 25a Cd
Astaboras (Fl) 26b BCd
Astacenus (Si) 12 Inset
Astaciae (Re) 12 Ab
Astacus Acarnaniae 9b Cb
Astacus Acarnaniae 12 Cd
Astacus Propontidis 6b Inset: N.Aeg.&Prop.
Astacus Propontidis 8b Ea
Astae (Po) 20b Ld
Astakos 1a Bb
Astakos 4 Bb
Astapa 20a Df
Asthianene (Re) 27 EFb
Asti (Po) 24 Hd
Astibus 24 Fe
Astigi 25a Dd
Astigi 28 Df
Astigitanus (Re) 25a DEd
Astraeum 24 Fe
Astraeus (Fl) 12 Db
Astros 4 Cc
Astura (Fl) 19a Bb
Astura Latii 16a Cc
Astura Latii 17 Ab
Astura Norici (Mu) 24 Ca
Astures (Po) 20a Cc
Astures (Po) 25a Ca
Asturica Augusta 25a Ca
Asturica Augusta 28 De
Asturicensis (Re) 25a CDab
Asty (Re) 9a Bb
Astypalaea 8b Dc
Astypalaea (In) 4 Gd
Astypalaea (In) 5 Hd
Astypalaea (In) 13 Ce
Astypalaea (In) 14b Da
Astypalaea Coi 13 Ce
Astyra Aeolidis 8b Db
Astyra Troica 8b Db
Asvotrypa Cave 1b Bb
Atabyris (Mo) 13 De
Atalante Macedoniae 12 Db
Atalante (Lipsokoutali) (In) 8a Jb
Atalante (off Locris) (In) 12 Ed
Atarneus 13 Cb
Atax (Fl) 23 Df
Atella 17 Cc
Atella 28 He

Atene 9a Eb
Atene 14a Db
Aternum 16a Eb
Aternus (Fl) 16a Db
Aternus (Fl) 19a Ca
Atesis (Fl) 15 Fb
Atesis (Fl) 23 Je
Ateste 15 Fb
Athacus 12 Bb
Athamanes (Po) 12 Cc
Athenae 1a Eb
Athenae 1b Cbc
Athenae 3b Inset
Athenae 4 Dc
Athenae 5 Fc
Athenae 6a Dc
Athenae 6b Gc
Athenae 7a Hd
Athenae 7b Bd
Athenae 8b Bc
Athenae 9a Eb
Athenae 9b Dc
Athenae 11a Bc
Athenae 11b Bc
Athenae 14a Db
Athenae 20b Hf
Athenae 21 Kf
Athenae 28 Kf
Athenae 29 Kf
Athenae Diades 8b Bb
Athene Diades 12 Dd
Athenaeum Achaeae 14a Ba
Athenaeum Athamaniae 12 Cc
Athenopolis 23 Gf
Athis, Neocaesarea 27 Ed
Athmonon 9a Ea
Athmonon 14a Da
Athos (Mo) 7b Cb
Athos (Mo) 9b Ea
Athos (Mo) 12 Fb
Athribis 26b Fa
Athribis 28 Mg
Atina 16a Dc
Atina 17 Bb
Atintanes (Po) 9b Cb
Atintanes (Po) 12 Bc
Atintani (Po) 12 Ba
Atlanticus, Oceanus (Ma) 7a ABcb
Atlanticus, Oceanus (Ma) 21 BCDd
Atlanticus, Oceanus (Ma) 23 ABe
Atlas (Mo) 20a DEgh
Atlas (Mo) 21 DEg
Atlas (Mo) 25b CDcd
Atrans 24 Bb
Atrax 12 Dc
Atrebates (Po) 22 Dd
Atrebates (Po) 23 Cb
Atrebates (Po) 23 Eb
Atria Galliae Cisalpinae 23 Je
Atria Italiae 15 Gb
Atria Italiae 18a Db
Atropatene (Re) 27 Hc
A. Tryphon 4 Dc
Atsipadhes 3a Bb
Attaea 3 Cb
Attaleia Aeolidis 13 Dc
Attaleia Aetoliae 12 Cd
Attaleia Pamphyliae 20b Mf
Attaleia Pamphyliae 21 Mf
Attaleia Pamphyliae 26a Dd
Attaleia Pamphyliae 28 Inset: Asia etc
Attalus, Stoa of (Aed) 10a Athens
Attica (Re) 7b Bc
Attica (Re) 8a JKa
Attica (Re) 14a DEab
Attidium 16a Ca
Attuda 26a Cd
Atuatuca 23 Fb
Aturum 23 Cf
Auchendavy 22 Inset Ant. Wall
Auchenhove 22 Ca
Aufidena 16a Ec
Aufidena 18a Ed
Aufidus (Fl) 17 DEb
Aufidus (Fl) 20b Dd
Aufina 16a Db
Augusta (Fl) 24 Fd
Augusta Bagiennorum 15 Bc
Augusta Bagiennorum 23 Ge
Augusta Ciliciae 26a Fd
Augusta, Fossa. (Fl) 15 Gc
Augusta Lingonum 15 Gc
Augustamnica (Re) 29 Mg
Augusta Mopsuestia 27 Cc
Augusta Praetoria 15 Bb
Augusta Praetoria 23 Ge
Augusta Raurica 23 Gd
Augusta Suessionum 23 Ec
Augusta Suessionum 28 Fd
Augusta Taurinorum 15 Bb
Augusta Taurinorum 21 Gd
Augusta Taurinorum 23 Ge
Augusta Treverorum 23 Fc
Augusta Treverorum 23 Gc
Augusta Treverorum 28 Gd
Augusta Tricastinorum 23 Fe
Augusta Veromanduorum 23 Ec
Augusta Vindelicensis 29 Hd
Augusta Vindelicum 21 Hd
Augusta Vindelicum 23 Jc
Augusta Vindelicum 28 Hd
Augustiana (Mu) 24 Ba
Augustis 18b Bd
Augustobona 23 Fc
Augustobriga 25a Dc
Augustodunum 23 Fd
Augustodunum 28 Fd
Augustodunum 29 Fd
Augustodurum 23 Cc
Augustomagus 23 Ec
Augustonemetum 23 Ee
Augustopolis 27 Inset
Augustoritum 23 De
Augustum 23 Fe
Augustus and Rome, Temple of (Fa) 19b Ostia
Augustus, Forum of (Vi) 19b Rome
Augustus, Mausoleum of (Aed) 19b Rome

Aulae 8b Ec
Aulerci Brannovices (Po) 23 EFd
Aulerci Cenomani (Po) 23 CDc
Aulerci Diablintes (Po) 23 Dc
Aulerci Eburovices (Po) 23 Dc
Aulis 4 Db
Aulis 5 Fc
Aulis 12 Ed
Aulis 14a Da
Aulon (Bylliace) 12 Ab
Aulon Messeniae (Fl) 14a Bb
Aulon Mygdoniae (Fl) 12 Eb
Aunedonnacum 23 Cd
Auraei 15 Fb
Aurasius, M. (Mo) 20a Kg
Aurea, Domus (Aed) 19b Rome
Aurelia (Via) 16b ABab
Aurelia (Via) 19a Aa
Aurelia (Via) 19b Rome
Aurelia, Porta 19b Rome
Aurelianopolis 28 Inset: Asia etc
Aurelian Wall 19b Rome
Aureliana 24 Fd
Aurelius, Pons 19b Rome
Aures (Po) 25b Jb
Aureus Mons Corsicae (Mo) 2 Bbc
Aureus Mons Moesiae Superioris 24 Ec
Aureus Mons Pannoniae Inferioris (Mo) 24 Dc
Aurunci (Po) 17 BCb
Aurunci (Po) 18a DEd
Aurunci (Po) 19a Cb
Ausa 25a Hb
Ausanacalio 24 Bc
Ausci (Po) 23 Df
Ausculum 17 Db
Ausones (Po) 17 CDc
Ausones (Po) 18a DEd
Austuriani (Po) 25b Pd
Austuriani (Po) 29 HJKgh
Ausugum 15 Fa
Autariatae (Po) 24 DEd
Autessiodurum 23 Ed
Autessiodurum 28 Fd
Autricum 23 Dc
Auximum 16a Da
Auzia (Mu) 25b Ga
Auzia 28 Ff
Avaricum 23 Ed
Avaricum 28 Fd
Avars (Po) 30b PQc
A. Vasilios 4 Cd
Avela 16a Db
Avendo 24 Bc
Avennio 23 Ff
Aventicum 23 Gd
Aventine Hill (Mo) 19b Rome
Aventio (Fl) 22 Cd
Avesica 15 Hb
Avetrana 5 Cb
Avisos 4 Bd
Avlonari 4 Eb
Axima 23 Ge
Axiokhori 5 Fb
Axiopolis (Mu) 24 Hc
Axiopolis 28 Le
Axius (Fl) 2 Jc
Axius (Fl) 5 Eb
Axius (Fl) 7b Bb
Axius (Fl) 9b Ca
Axius (Fl) 11b Bb
Axius (Fl) 12 Dab
Axius (Fl) 20b Hd
Axius (Fl) 24 EFe
Axuena 23 Fc
Axus 14b Bb
Ayia Eirene 1b Dc
Ayia Eirene 4 Ec
Ay.Elias 1a Bb
Ay.Mamas 1a Cb
Ay.Marina 1a Cb
Ayia Marina Boeotiae 1b Cb
Ayia Marina Cretae 3a Ab
Ayia Pelayia 3a Cb
Ay.Petros 1a Db
Ay.Photia Notiae Cretae 1a Dd
Ayia Photia Notiae Cretae 3a Cb
Ayia Photia Orientalis Cretae 3a Db
Ay.Triadha 1a Dd
Ayia Triadha 3a Bb
Ayia Trias (Aed) 10b Peiraeus
A.Yeoryios 4 Bc
Ayioryitika 1a Cc
Ayioryitika 1b Cc
Ayios Demetrios (Fa) 8a Bb
Ayios Dionysios (Aed) 10b Peiraeus
Ayios Gerasimos 1b Cbc
Ayios Ilias 4 Ca
Ayios Ilias 4 Bb
Ayios Ioannis (Papoulia) 1b Bc
Ayios Kosmas 1b Cc
Ayios Kyrillos 3a Bc
Ayios Mamas 5 Fb
Ayios Nikolaos (Aed) 10b Peiraeus
Ayios Onouphrios 3a Bb
Ayios Stephanos 1b Cc
Ayios Stephanos 3b Inset
Ayios Stephanos 4 Cd
Ayios Vasilios (Aed) 10b Peiraeus
Ayios Yeoryios, Epitalium 4 Ca
Azali (Po) 24 CDb
Azaum (Mu) 24 Db
Azeia 9b Da
Azetium 17 Fc
Azorus 12 Db
Azotus 27 Inset

B

Babba 25b Cb
Babylon 11a Fa
Babylon 26b Fa
Babylon 27 He
Babylonia (Re) 11a FGd
Babylonia (Re) 11b FGd
Babylonia (Re) 27 Hef
Bacchias 26b Fb
Bactra 11a Lc

Bactra 11b Lc
Bactria (Re) 11a Lc
Bactria (Re) 11b Lc
Badesis (Fl) 15 Gc
Badias (Ad Badias) 28 Inset N.Africa
Baecula 25a Ec
Baecula 28 Ef
Baelo 25a Dd
Baetasii (Po) 23 Gb
Baeterrae 23 Ef
Baetica (Re) 21 DEf
Baetica (Re) 25a CDcd
Baetica (Re) 29 DEf
Baetis (Fl) 6b Bc
Baetis (Fl) 7a BCd
Baetis (Fl) 20a CDf
Baetis (Fl) 21 Df
Baetis (Fl) 25a Dc
Baetocaece 27 Dd
Baeturia (Re) 25a CDc
Bagacum 23 Eb
Bagai 28 Inset: N.Africa
Bagienni (Po) 15 Bc
Bagisara 11a Ke
Bagistane 11a Gc
Bagradas, R. (Fl) 20a Lf
Bagravand 28 Pf
Baiae 17 Cc
Baiocasses (Po) 23 Cc
Balabitene (Re) 7 EFb
Balad 27 Gd
Balaneae 27 Cd
Balaneae 28 Inset: Asia etc
Balani (Po) 18b Bc
Balari (Po) 18b Bd
Balarus 16b Da
Balatini (Po) 18b Bd
Balbura 26a Cd
Baldock 22 Dd
Baleares (Re) 29 Ff
Baleares (Ins) 6b Cc
Baleares (Ins) 7a Dcd
Baleares (Ins) 20a Hd
Baleares (Ins) 25a HJbc
Ballanstra 24 Fd
Balmuildy (Mu) 22 Inset: Ant. Wall
Baloie 24 Cc
Balor (Re) 25b Ha
Balsa 25a Cd
Banasa 25b Bb
Banassac 23 Ee
Banatska (Mu) 24 Gd
Bănéasa 24 Gd
Banna Coritanorum (Mu) 22 Dc
Banna (Hadrian's Wall) (Mu) 22 Inset: Had. Wall
Bannaventa 22 Dc
Bantia 17 Ec
Baquates (Po) 25b Cbc
Barata 26a Ed
Barata 27 Bc
Barata 28 Inset: Asia etc
Barba 28 Ef
Barbalissus 27 Ed
Barbaracini (Po) 18b Bd
Barbarium (Pr) 25a Bc
Barbosi (Mu) 24 Jc
Barç 6a Ca
Barca 6b Gd
Barca 25b Rc
Barca 28 Kg
Barcino 20a Hd
Barcino 21 Fe
Barcino 25a Hb
Barcino 28 Fe
Bargala 24 Fe
Bargasa 13 Ed
Bargasa Maritima 13 Dd
Bargylia 8b Dc
Bargylia 13 Dd
Bargylus (Mo) 27 Dd
Bar Hill (Mu) 22 Inset: Ant. Wall
Baria 20a Ff
Baria 25a Fd
Baria 28 Ef
Bariduum 24 Cd
Baris 28 Inset: Asia etc
Barium 2 Cc
Barium 17 Eb
Barium 20b Ed
Barnous (Mo) 12 CDab
Barnous (Mo) 24 Ee
Barochan Hill (Mu) 22 Inset: Ant. Wall
Barzalo 27 Ec
Baselos (Fl) 27 Inset
Basilia (Mu) 23 Gc
Basilica (Aed) 10a Athens
Basilinopolis 12 Inset
Bassae 14a Bb
Bassiana Pannoniae Inferioris 24 Ec
Bassiana Pannoniae Superioris 24 Cb
Basta 17 Gc
Bastarnae (Po) 20b Kb
Bastarnae (Po) 21 LMd
Bastarnae (Po) 24 GHb
Basti 28 Ef
Batavi (Po) 23 Fb
Bate 9a Eb
Bathinus (Fl) 24 Dc
Bathys (Fl) 16b Bab
Batiae 12 Bc
Batitas 27 Fc
Batnae 27 Ec
Baudecet 23 Fb
Bauzanum 23 Jd
Bauzanum (pons Drusi) 15 Fa
Bavares (Po) 25b FGb
Bazaar, of Peiraeus (Vi) 10b Peiraeus
Bazani 27 Fb
Beda 23 Gc
Bedaium 23 Kd
Bedriacum 15 Eb

Bed-Cal

Bedriacum 23 Je
Begastrum 25a Fc
Bei 8a Ca
Beit Laphat 28 Qg
Belbina (In) 8b Bc
Belbina (In) 14a Db
Belemina 14a Cb
Belgae (Po) 22 CDd
Belgae (Po) 23 Cb
Belgica (Re) 21 FGcd
Belgica (Re) 23 EFGb
Belgica I (Re) 29 Gd
Belgica II (Re) 29 Fd
Belisama (Fl) 22 Cc
Bellovaci (Po) 23 Ec
Bellunum 15 Ga
Bellunum 23 Kd
Belmina 4 Cc
Bema, at Athens 10a Athens
Benacenses (Po) 15 Eb
Benacus (La) 15 Eb
Benacus (La) 23 Je
Bendorf (Mu) 23 Gb
Beneharnum 23 Cf
Beneventum 17 Cb
Beneventum 18a Ed
Beneventum 21 He
Beneventum 28 He
Beneventum 30b He
Berbati 1a Cc
Berbati 4 Cc
Berbati 4 Inset
Berebis 24 Dc
Berenice Aegypti 11b Ef
Berenice Aegypti 26b Cc
Berenice Cyrenaica 21 Kg
Berenice Cyrenaica 28 Kg
Berenice Cyrenaica (Euhesperides) 25b Rc
Berenice Epiri 12 Bc
Berezan 6b Ja
Berezan (Pr) 24 Kb
Berge 8b Ba
Berge 12 Ea
Berge 24 Fe
Bergidum 25a Ca
Bergomum 15 Db
Bergomum 23 He
Bergula-Arcadiopolis 24 He
Berici (Mo) 15 Fb
Bermium (Mo) 6a Da
Bermium (Mo) 12 CDb
Bernina (Ang) 15 Ea
Beroe (Mu) 24 Jc
Beroe-Augusta Traiana 24 Gd
Beroea Syriae 27 Dc
Beroea Syriae 28 Inset: Asia etc
Berrhoea 12 Db
Berrhoea 20b Hd
Berrhoea 21 Ke
Berrhoea 28 Ke
Bertha (Mu) 22 Ca
Berytis 8b Db
Berytus 28 Inset: Asia etc
Berytus 29 Ng
Berzobis (Mu) 24 Ec
Besa 9a Eb
Besbicus (In) 8b Ea
Bessapara 24 Gd
Bessi (Po) 20b Jc
Bessi (Po) 24 Ge
Bethel 27 Inset
Beth Horon 27 Inset
Bethlehem 27 Inset
Bethlehem 28 Inset: Asia etc
Beth Saida 27 Inset
Beulah (Mu) 22 Cc
Bevus (Fl) 12 Bb
Beycesultan 5 Jc
Bezabde 27 Gc
Bezereos (Mu) 25b Kc
Biannus 14b Cb
Bias (Fl) 14a Bb
Biblini (Mo) 24 Cc
Bibra (Mu) 22 Inset: Had. Wall
Bibracte 23 Fd
Bidis 16b Cb
Biennus 14b Ab
Bigerriones (Po) 23 Cf
Bigeste (Mu) 24 Cd
Bihac 8 Bc
Bilbilis 25a Fb
Bilechas (Fl) 27 Ec
Bilitio 15 Da
Bilitio 23 Hd
Billaeus (Fl) 26a Eb
Billubium 24 Cd
Bingium 23 Gc
Biora (Fl) 12 Bb
Biriciana (Mu) 23 Jc
Birosaba 27 Inset
Birosama 27 Inset
Birtha 27 Ec
Birtha (Mu) 27 Ed
Birziminium 24 Dd
Bisaltae (Po) 9b Da
Bisaltia (Re) 7b Bb
Bisaltia (Re) 12 Eb
Bisanthe 6b Inset: N.Aeg.&Prop.
Bisanthe 8b Da
Bisanthe (Paniae, Rhaedestus) 12 Inset
Bishopton (Mu) 22 Inset: Ant. Wall
Bistones (Po) 7b Cb
Bistones (Po) 12 Ga
Bistonis (La) 12 Ga
Bistue Nova 24 Cc
Bistue Vetus 24 Cd
Bithia 18a Be
Bithia 18b Be
Bithynia (Re) 11b Db
Bithynia (Re) 20b LMd
Bithynia (Re) 26a CDbc
Bithynia (Re) 30a LMef
Bithynii (Po) 11a Db
Bituriges 29 Fd
Bituriges Cubi (Po) 23 DEd
Bituriges Vivisci (Po) 23 Ce
Bivium 24 Bc

Bizone 24 Jd
Bizye 24 He
Blakehope (Mu) 22 Cb
Blanc (Mo) 15 Ab
Blandae 25a Hb
Blandiana 24 Fc
Blariacum 23 Gb
Blassiacum 23 Ce
Blatobulgium (Mu) 22 Inset. Wall
Blaundus 26a Cc
Blavia 23 Ce
Blera 16a Cb
Blera 18b Dc
Blera 19a Ba
Blestium 22 Cd
Bleza 23 Dd
Bobbio 30b Ge
Bobium 15 Dc
Bocchoris 25a Hc
Boceritis (La) 12 Cb
Bochastle (Mu) 22 Ba
Böckingen (Mu) 23 Hc
Bodetia 15 Dc
Bodotria (Fl) 22 Ca
Bodotria (Fl) 22 Ea
Boeae 14a Dc
Boebe 5 Fc
Boebe 12 Ec
Boebe (La) 12 Dc
Boei (Po) 12 Bb
Boeotia (Re) 7b Bc
Boeotia (Re) 9b Db
Boeotia (Re) 14a Da
Boeum 12 Dd
Boeum (Mo) 12 Cb
Böhming (Mu) 23 Jc
Boii Aquitaniae (Po) 23 Ce
Boii Italiae (Po) 15 Dc
Boii Italiae (Po) 18a Cb
Boii Pannoniae Superioris (Po) 24 Cb
Boiodurum (Mu) 23 Kc
Boion (Mo) 6a Ca
Boița (Mu) 24 Gc
Bola 19a Bb
Bolan (Ang) 11a Ld
Bolbe (La) 12 Eb
Bolbitine mouth (Si) 26b Fa
Bolentium 24 Cc
Bolgi 7b Inset
Boljetin (Mu) 24 Ec
Bolsena (Volsinii) 18b Cc
Bomieis (Po) 12 Cd
Bonna (Mu) 21 Gc
Bonna (Mu) 23 Gb
Bononia (Felsina) Italiae 15 Fc
Bononia Italiae 18a Bc
Bononia Italiae 20b Bb
Bononia Italiae 21 He
Bononia Italiae 23 Je
Bononia Italiae 28 He
Bononia (Malata) Pannoniae Inferioris (Mu) 24 Dc
Bononia Moesiae Superioris (Mu) 24 Fd
Bononia Moesiae Superioris 28 Ke
Boothby (Mu) 22 Inset: Had. Wall
Borbetomagus 23 Hc
Boreum 25b Qd
Boreum 28 Jg
Boroșneu (Mu) 24 Gc
Borysthenes (Fl) 7a Ka
Borysthenes (Fl) 11b Da
Borysthenes (Fl) 11a Da
Borysthenes (Fl) 24 Lb
Bosa 18b Bd
Bosman (Mu) 24 Dc
Bosnia (Re) 2 Ga
Bosora 27 Inset
Bosporanum, Regnum (Re) 21 Mde
Bosporus Cimmerius (Re) 11b Ea
Bosporus Thracius (Fr) 7b Eb
Bosporus Thracius (Fr) 12 Inset
Bostra (Mu) 21 Ng
Bostra 27 De
Bostra 28 Inset: Asia etc
Botrys 27 Cd
Bottiaea (Re) 7b Bb
Bottiaea (Re) 12 Db
Bottiaei (Po) 9b Da
Bottice (Re) 8b Ba
Bottice (Re) 12 Eb
Bouboulinas (Via) 10b Peiraeus
Boudobriga 23 Gb
Boudoron (Mu) 9a Db
Boundary Stone of the Mounichia 10b Peiraeus
Boundary Stone of the Exchange 10b Peiraeus
Bounimae 12 Bc
Bourton 22 Dd
Boutae 23 Ge
Boutheia 8b Db
Bouttis (Re) 12 Cd
Bouttus 12 Cd
Bouttus 14a Ba
Bovianum 16a Ec
Bovianum 17 Cb
Bovillae 16a Cc
Bovillae 19a Bb
Bracara Augusta 21 De
Bracara Augusta 25a Bb
Bracaraugustanus (Re) 25a Bcb
Bradanus (Fl) 17 Ec
Braga 30b Gc
Bragylae 12 Da
Braintree 22 Ed
Braives 23 Fb
Branodunum 22 Ec
Brasiae 14a Cb
Brattia (In) 24 Cd
Braughing 22 Dd
Brauron 1b CDc
Brauron 4 Dc
Brauron 9a Eb
Bravoniacum 22 Cb
Bravonium 22 Cc
Brea 8b Ba
Brecon Gaer (Mu) 22 Cd
Bremenium (Mu) 22 Cb

Bremettenacum fort (Mu) 22 Cc
Bremia (Mu) 22 BCc
Brenner (Ang) 15 Fa
Brennus (Mo) 15 Eb
Brenthe 14a Cb
Bretons (Po) 30b Ed
Breuci (Po) 20b EFb
Breuni (Po) 23 Jd
Breviodurum 23 Dc
Brexisa (Pa) 8a Cb
Bricinniae 16b Cc
Bridgeness (Mu) 22 Inset: Ant. Wall
Brigantes (Po) 22 CDb
Brigantii (Po) 23 HJd
Brigantinus (La) 23 Hd
Brigantio 23 Ge
Brigantium Hispaniae 25a Ba
Brigantium Hispaniae 30a De
Brigantium Raetiae 23 Hd
Brigetio (Mu) 21 Jd
Brigetio (Mu) 24 Db
Brigetio 29 Jd
Brigobanna (Mu) 23 Hd
Brincovenesti (Mu) 24 Gb
Brindisi 5 Db
Brinta (Fl) 15 Fb
Britannia (Re) 7a CDa
Britannia (Re) 21 EFc
Britannia (Re) 23 BCDb
Britannia (Re) 30a EFc
Britannia (Re) 30a EFc
Britannia I. (Re) 29 Ec
Britannia II. (Re) 29 Ec
Britanniae (Re) 23 EFc
Britannicus, Oceanus (Ma) 22 CDde
Britannicus, Oceanus (Ma) 23 BCbc
Brithdir (Mu) 22 Cc
British (Po) 30b Ec
Brixellum 15 Ec
Brixellum 23 Je
Brixia 15 Eb
Brixia 23 Hd
Brixia 28 Hd
Brocavum (Mu) 22 Cb
Broceria 12 Cb
Brocolitia (Mu) 22 Inset: Had. Wall
Bromiscus 8b Ba
Bromiscus 12 Eb
Broomholm (Mu) 22 Cb
Brucla 24 Fb
Brucida 24 Ee
Bructeri (Po) 21 Gc
Bructeri (Po) 23 GHb
Brucla 24 Fb
Brundisium 2 Fc
Brundisium 17 Fc
Brundisium 18a Fd
Brundisium 20b Ed
Brundisium 21 Je
Brundisium 30a He
Brundulum 15 Gb
Bruttii (Po) 16b DEa
Bruttii (Po) 18a EFe
Bruttium (Re) 16b DEa
Bruttium (Re) 17 Ed
Bruttium (Re) 20b DEe
Bruzus 26a Dc
Bryanium 12 Cb
Bryanium 24 Ee
Brycus 8b Dd
Brygi (Po) 12 Ca
Brygindara 8b Ec
Bryllium 8b Ea
Bryseae 14a Cc
Bubastis 26b Fa
Bubastis 27 Af
Bubastis 28 Mg
Bubon 26a Cd
Bucephala 11a Md
Buch (Mu) 23 Jc
Buchetium 12 Bc
Buciumi (Mu) 24 Fb
Bucra (Pr) 16b Cc
Budalia 24 Dc
Bukhara 11a Kc
Bukri 1b Ba
Bulci (Mu) 24 Ec
Bulgars (Po) 30b NOQRc
Bulis 14a Ca
Bulla Regia 20a Lf
Bulla Regia 21 Gf
Bulla Regia 25b Ka
Bulla Regia 28 Inset: N.Africa
Bulotus (Fl) 16b Ea
Bumbești-Vîrtop (Mu) 24 Fc
Buphagium 14a Bb
Bura 14a Ca
Burdapa 24 Gd
Burdigala 20a Fb
Burdigala 21 Ee
Burdigala 23 Ce
Burdigala 28 Ee
Burdigala 29 Ee
Burdipta 24 He
Burdur 5 Jd
Burgaraca 24 Fd
Burgerae (Mu) 24 Ec
Burghead 30a Eb
Burginatium (Mu) 23 Gb
Burgundians (Po) 30b GHd
Burgundians (Po) 30b FGde
Burgundii (Po) 29 Hc
Buridava (Mu) 24 Gc
Burladingen (Mu) 23 Hc
Burnum 21 Je
Burnum (Mu) 24 Cd
Burrium (Mu) 22 Cd
Burtudizum 24 He
Busiris 26b Fa
Busiris 28 Mg
Butadae 9a Inset
Buthrotum 12 Bc
Buthrotum 28 Kf
Buto 26b Fa
Butrium 15 Gc
Butua 24 Dd
Butzbach (Mu) 23 Hb
Buvinda (Fl) 22 Ac

Buxentum 17 Dc
Bybassius (Si) 13 De
Bybassius 13 Ee
Byblus 3b Lf
Byblus 6b Kd
Byblus 7a Le
Byblus 11b Ed
Byblus 27 Cc
Byblus 28 Inset: Asia etc
Bylliones (Po) 12 Ab
Byllis 12 Ab
Byrrus (Fl) 15 Fa
Bythias 12 Inset
Byzacium (Re) 20a LMg
Byzacium (Re) 29 GHfg
Byzantine Empire (Re) 30b KLf
Byzantium 2 Mc
Byzantium 6b Inset: N.Aeg. &Prop.
Byzantium 7a Jc
Byzantium 7b Eb
Byzantium 8b Ea
Byzantium 9b Ga
Byzantium 11a Cb
Byzantium 11b Cb
Byzantium 12 Inset
Byzantium 20b Ld
Byzantium 21 Le
Byzantium 28 Le
Byzantium 30a Le
Byzantium-Constantinopolis 24 Je
Byzantium-Constantinopolis 26a Cb

C

Cabellio 23 Ff
Cabibona (Ang) 15 Cc
Cabillonum 23 Fd
Cabum 19a Bb
Caburrum 15 Bc
Cabyle-Diospolis 24 Hd
Cacyparis (Fl) 16b Dc
Cacyrum 16b Bb
Cadder (Mu) 22 Inset: Ant. Wall
Cadi 26a Cc
Cadurci (Po) 23 De
Cadusii (Po) 11a Gc
Caecina (Fl) 16a Aa
Caelian Hill (Mo) 19b Rome
Caelius (Fl) 22 Ca
Caenepolis Iberorum 27 Ha
Caenepolis Taenari 14a Cc
Caeni (Po) 20b Kd
Caenys (Pr) 16b Da
Caere 7a Fc
Caere 16a Cb
Caere 18a Dc
Caere 18b Dc
Caere 19a Bb
Caer Gai (Mu) 22 Cc
Caer Gybi 22 Bc
Caermote (Mu) 22 Inset: Had. Wall
Caer Sws (Mu) 22 Cc
Caesena 15 Gc
Caesaraugusta 21 Ee
Caesaraugusta 25a Fb
Caesaraugusta 28 Ee
Caesaraugustanus (Re) 25a EFb
Caesarea Bithyniae 28 Inset: Asia etc
Caesarea Cappadociae 21 Nf
Caesarea Cappadociae 29 Nf
Caesarea (Mazaca) Cappadociae 28 Inset: Asia etc
Caesarea Elimeae 12 Cb
Caesarea Mauretaniae 21 Ff
Caesarea Mauretaniae 25b Ga
Caesarea Mauretaniae 28 Ff
Caesarea Mauretaniae 29 Ff
Caesarea Mauretaniae 30a Ff
Caesarea Palaestinae 21 Ng
Caesarea Palaestinae 27 Inset
Caesarea Palaestinae 28 Inset: Asia etc
Caesarea Palaestinae 30a Mg
Caesarea Paneas Antilibani 27 Ce
Caesar, Forum of (Vi) 19b Rome
Caesariana 24 Db
Caesariensis (Re) 25b EFGb
Caesarobriga 25a Dc
Caesarodunum 23 Dd
Caesaromagus Belgicae 23 Ec
Caesaromagus Britanniae 22 Ed
Caicinus (Fl) 16b Dab
Caicus (Fl) 7b Dc
Caicus (Fl) 13 Db
Caicus (Fl) 26a Bc
Caieta 19a Cb
Caino 23 Dd
Cairano 17 Db
Caister 22 Ec
Caistor (Mu) 22 Dc
Cakran 1a Aa
Calabria (Re) 17 FGc
Calacum (Mu) 22 Cb
Calagurris Aquitaniae 23 Df
Calagurris Fibularia Hispaniae 28 Ee
Calagurris Hispaniae 20a Fc
Calagurris Hispaniae 25a Ea
Calagurris Nassica Hispaniae 28 Ee
Calama 20a Kf
Calama 25b Ja
Calama 28 Inset: N.Africa
Calamae 14a Cb
Calamyde 14b Ab
Calatayud 30b Ee
Calatia 17 Cb
Calauria 14a Db
Calauria (In) 9b Db
Calauria (In) 14a Db
Calcaria 22 Dc
Calchedon 2 Mc

Cal-Cer

Calchedon 6b Inset: N.Aeg.&Prop.
Calchedon 7b Eb
Calchedon 8b Ea
Calchedon 9b Ga
Calchedon 11b Cb
Calchedon 12 Inset
Calchedon 20b Ld
Calchedon 26a Cb
Calchedon 28 Le
Caleacte 16b Ca
Caledonia (Re) 21 DEb
Caledonii (Po) 22 Ba
Cales 16a Ca
Cales 17 Cb
Cales 18a Ed
Caletes (Po) 22 Ee
Caletes (Po) 23 Dc
Callatis 6b Hb
Callatis 11b Cb
Callatis 24 Jd
Calleva 22 Dd
Calleva 23 Cb
Callicon 24 Fe
Callicum 12 Db
Callidromus (Mo) 12 Db
Callidromus (Mo) 12 Cd
Callieis (Po) 12 Dd
Callipolis Calabriae 6b Inset: Sic.&S.Italy
Callipolis Calabriae 17 Gc
Callipolis Cherronesi 12 Inset
Callipolis Locridis 12 Dd
Callipolis Propontidis 8b Ea
Callithera 12 Cc
Calloniana 16b Cb
Caloecini (Po) 12 Bb
Calor (Fl) 17 Cb
Calpe (Mo) 25a Dd
Calucones (Po) 23 Hd
Călugăreni (Mu) 24 Gb
Calycadnus (Fl) 26a Ed
Calycadnus (Fl) 27 Bc
Calydnae (Ins) 5 Hd
Calydon 4 Bb
Calydon 5 Ec
Calydon 12 Cd
Calydon 14a Ba
Calymnos (In) 4 Gd
Calymnos (In) 5 Hd
Calymnos (In) 8b Dc
Calymnos (In) 13 Ce
Calynda 8b Ec
Camacha 26a He
Camacha 26a Hc
Camacha 27 Eb
Camaracum 23 Eb
Camarina 6b Inset: Sic.&S.Italy
Camarina 9b Inset
Camarina 16b Cc
Cambodunum 23 Jd
Camboglanna (Mu) 22 Inset: Had. Wall
Cambrai 30b Fc
Cambunii (Mo) 12 CDbc
Camelon (Mu) 22 Inset: Ant. Wall
Camerinum 16a Da
Camerton 22 Ed
Camicus 16b Bb
Camillomagus 15 Db
Camillomagus 23 He
Camirus 5 Hd
Camirus 7a Jd
Camirus 8b Dc
Camirus 13 De
Camisene (Re) 26a GHc
Camisene (Re) 27 DEb
Campani (Po) 18a Ed
Campania (Re) 17 Cbc
Campania (Re) 20b Dd
Campania (Re) 29 He
Campestris (Re) 26a Fd
Campestris (Re) 27 Cc
Campi Macri 15 Ec
Campona (Mu) 24 Db
Campovalano 18a Dc
Campus Agrippae (Vi) 19b Rome
Campus Martius (Vi) 19b Rome
Campylus (Fl) 12 Cd
Camulodunum Brigantum (Mu) 22 Dc
Camulodunum Trinovantum 21 Fc
Camulodunum Trinovantum 22 Ed
Camulodunum Trinovantum 23 Db
Camulodunum Trinovantum 28 Fc
Camunni (Po) 15 Eb
Cana 26a Ed
Cana 27 Bc
Canalicum 15 Cc
Cananefates (Po) 23 Fb
Canastraeum (Pr) 12 Ec
Canatha 27 De
Candalicae 23 Ld
Candalicae 24 Bb
Candaviae (Mo) 24 Ee
Cannabiaca (Mu) 24 Ca
Cannae 17 Eb
Canopic mouth (Si) 26a Fa
Canopus 26b Fa
Canonium 22 Ed
Canovium (Mu) 22 Cc
Canstatt (Mu) 23 Hc
Cantabri (Po) 20a DEc
Cantabri (Po) 23 ABf
Cantabri (Po) 25a DEa
Cantanus 14b Ab
Canterbury 30b Fc
Cantharus Harbour (Si) 10b Peiraeus
Cantiaci (Po) 22 Ed
Cantiaci (Po) 23 Db
Cantilla 23 Ed
Cantium (Pr) 22 Ed
Canusium 17 Eb
Canusium 18a Fd
Canusium 20b Ed
Capena 16a Cb
Capena 17 Aa
Capena 19a Ba
Capena, Porta 19b Rome
Capera 25a Cc
Capernaum 27 Inset
Capernaum 28 Inset: Asia etc
Capestrano 18a Dc

Caphareus (Pr) 13 Ac
Caphyae 4 Cc
Caphyae 14a Cb
Capidava (Mu) 24 Jc
Capitium 16b Cb
Capitol Hill (Mo) 19b Rome
Capitolias 27 Inset
Capitolias 28 Inset: Asia etc
Capitoline Triad, Temple of the (Fa) 19b Rome
Capitolium (Aed) 19b Ostia
Capitulum 16a Dc
Capitulum 17 Bb
Capitulum 19a Cb
Cappadocia (Re) 11a DEc
Cappadocia (Re) 11b Ec
Cappadocia (Re) 21 MNf
Cappadocia (Re) 26a EFGHc
Cappadocia (Re) 27 BCDEb
Cappadocia I. (Re) 29 MNf
Cappadocia II. (Re) 29 MNf
Cappadox (Fl) 26a Fc
Cappadox (Fl) 27 Cb
Cappuck (Mu) 22 Cb
Capraria (In) 25a Hc
Capreae (In) 2 Ec
Capreae (In) 17 Cc
Capsa 21 Gg
Capsa 25b Kb
Capsa 28 Inset: N.Africa
Capua 2 Ec
Capua 17 Cb
Capua 18a Ed
Capua 18b Ed
Capua 20b Dd
Capua 21 He
Capua 28 He
Capua 29 He
Caput Bubali 24 Fc
Caput Tyrsi 18b Bd
Caracalla, Baths of (Ba) 19b Rome
Caraceni (Po) 17 BCb
Caracotinum 23 Dc
Carales 6b Dc
Carales 7a Ed
Carales 18b Be
Carales 20a Le
Carales 21 Gf
Carales 28 Gf
Carandae 12 Dc
Carbasyanda 8b Ec
Carcaso 20a Hc
Carcaso 23 Df
Carcine 8b Inset
Cardamyle 4 Cd
Cardamyle 5 Fd
Cardamyle 14a Cb
Cardean (Mu) 22 Ca
Cardia 6b Inset: N.Aeg.&Prop.
Cardia 7a Jc
Cardia 12 Inset
Cardo Maximus (Via) 19b Ostia
Carene 8b Bc
Cares (Po) 12 Ab
Caresus (Fl) 13 Da
Caria (Re) 7a Jd
Caria (Re) 7b DEd
Caria (Re) 9b FGc
Caria (Re) 11a Cc
Caria (Re) 11b Cc
Caria (Re) 13 DEd
Caria (Re) 20b KLf
Caria (Re) 21 Lf
Caria (Re) 29 Lf
Carisbrooke (Mu) 22 Dd
Carmalas (Fl) 26a Gc
Carmalas (Fl) 27 Db
Carmania (Re) 11a Je
Carmania (Re) 11b HJde
Carmentalis, Porta 19b Rome
Carmo 20a Df
Carmo 25a Dd
Carni (Po) 15 GHa
Carni (Po) 18a Da
Carni (Po) 20b CDab
Carnium 14a Bb
Carno (Mu) 22 Cc
Carnonacae (Po) 22 Ba
Carnos (In) 12 Bd
Carnuntum 21 Jd
Carnuntum 24 Ca
Carnuntum 29 Jd
Carnutes (Po) 23 Dcd
Carovigno 5 Cb
Carpasia 26a Fe
Carpasia 27 Cd
Carpates (Mo) 24 FGHbc
Carpathium (Ma) 13 Def
Carpathos (In) 2 Lf
Carpathos (In) 3b Gf
Carpathos (In) 4 He
Carpathos (In) 5 He
Carpathos (In) 8b Dd
Carpathos (In) 9b Fd
Carpathos (In) 13 Df
Carpathos (In) 14b Db
Carpathos (In) 26a Be
Carpathus 13 Df
Carpathus (Mo) 7a HJb
Carpathus (Mo) 21 JKLd
Carpentana, Iuga (Mo) 25a DEb
Carpentorate 23 Fe
Carpetani (Po) 20a DEde
Carpetani (Po) 25a DEbc
Carphia 12 Bd
Carpi 28 Inset: N.Africa
Carpis 25b Hb
Carpow (Mu) 22 Ca
Carreum Potentia 15 Bb
Carrhae 11b Ec
Carrhae 21 Nf
Carrhae 28 Nf
Carrodunum 24 Cc
Carsaga (Mu) 27 Eb
Carseoli 16a Db
Carseoli 17 Ba
Carseoli 19a Ca
Carsium (Mu) 24 Jc
Carsulae 16a Cb

Carteia 20a Df
Carteia 25a Dd
Cartennae 20a Gf
Cartennae 25b Fa
Carthaea 14a Eb
Carthage 30b Hf
Carthaginensis (Re) 29 Ef
Carthaginiensis (Re) 25a EFc
Carthago 6b Ec
Carthago 7a Fd
Carthago 20a Mf
Carthago 20b Bf
Carthago 21 Hf
Carthago 25b La
Carthago 28 Inset: N.Africa
Carthago 29 Hf
Carthago 30a Hf
Carthago Nova 20a Ff
Carthago Nova 21 Ef
Carthago Nova 25a Ec
Carthago Nova 28 Ef
Carthago Nova 29 Ef
Carusa 8b Inset
Carvo (Mu) 23 Fb
Carya 25a Fb
Caryae 14a Cb
Caryanda (In) 8b Dc
Caryanda (In) 13 Dd
Caryanda-Neapolis 13 Dd
Carystus 7b Cc
Carystus 8b Cb
Carystus 9b Eb
Carystus 13 Ac
Carystus 14a Ea
Carzfield (Mu) 22 Cb
Cascantum 25a Fb
Casilina (Via) 19a BCb
Casilinum 17 Cb
Casinum 16a Bc
Casinum 17 Bb
Casinum 19a Ab
Casius Aegypti (Mo) 26b Ga
Casius Aegypti (Mo) 27 Bf
Casius Syriae (Mo) 26a Fe
Casius Syriae (Mo) 27 Cd
Casmenae 6b Inset: Sic.&S.Italy
Casmenae 9b Inset
Casmenae 16b Cc
Casolaba 8b Dc
Casos (In) 4 Ge
Casos (In) 5 He
Casos (In) 6a Fd
Casos (In) 9b Fd
Casos (In) 13 Cf
Casossus 8b Dc
Caspian Gates (Ang) 11a Hc
Caspium (Ma) 11a GHabc
Caspium (Ma) 21 QRef
Caspium (Ma) 11b GHbc
Cassandrea 11b Bb
Cassandrea 20b Hd
Cassia (Via) 15 Fd
Cassia (Via) 16a BCab
Cassia (Via) 19a Ba
Cassinomagus 23 De
Cassiope 12 Ac
Cassopaei (Po) 12 Bc
Cassope 12 Bc
Castabola (Hieropolis) 28 Inset: Asia etc
Castabus 13 Ee
Castel Collen (Mu) 22 Cc
Castel d'Asso (Axia) 18b Dc
Castellum Dimmidi (Mu) 25b Gb
Castellum Firmanorum 16a Da
Castellum Menapiorum 23 Eb
Castellum Salthua 24 Dd
Castellum Thigensium (Mu) 25b Kc
Castellum Tingitanum 28 Ff
Casthanaea 7b Bc
Casthanaea 12 Dc
Castiglione di Paludi 17 Ad
Castillierra 30b Ee
Castlecary (Mu) 22 Inset: Ant. Wall
Castledykes (Mu) 22 Cb
Castle Greg (Mu) 22 Inset: Ant. Wall
Castle Hill (Mu) 22 Inset: Ant. Wall
Castleshaw (Mu) 22 Cc
Castra 24 Ec
Castra Batava (Mu) 23 Kc
Castra Corbulonis (Mu) 27 Eb
Castra Exploratorum (Mu) 22 Inset: Had. Wall
Castra Hannibalis 16b Ea
Castra Hannibalis 17 Ee
Castra Margensia 24 Ec
Castra Martis (Mu) 24 Fd
Castra Neptitana (Mu) 25b Jc
Castra Quintana (Mu) 23 Kc
Castra Regina 21 Hd
Castra Regina 29 Hd
Castra Regina (Mu) 23 Kc
Castra Traiana (Mu) 24 Gc
Castra Vetera (Mu) 23 Gb
Castrimoenium 19a Bb
Castrum Inui 19a Bb
Castrum Novum Etruriae 16a Bb
Castrum Novum Piceni 16a Db
Castrum Rauracense 29 Gd
Castrum Truentinum 16a Db
Castulo 20a Ee
Castulo 25a Ec
Castulo 28 Ef
Castulonensis, Saltus (Mo) 25a DEc
Casuentus (Fl) 17 Ec
Catalauni (Po) 23 Fc
Catana 6b Inset: Sic.&S.Italy
Catana 9b Inset
Catana 16b Dc
Catana 18a Ef
Catana 28 Jf
Catana 30a Jf
Catania 5 Bd
Cataonia (Re) 26a Gc
Cataractonium (Mu) 22 Db
Cathaei (Po) 11a MNd
Catubrini (Po) 15 Ga
Catubrini (Po) 23 Kd
Cătunele (Mu) 24 Fc
Caturigomagus 23 Ge
Catusiacum 23 Fc

Catuvellauni (Po) 22 Dd
Catuvellauni (Po) 23 Cb
Cauca 20a Dd
Cauca 25a Db
Caucana 16b Cc
Caucasus (Mo) 21 PQe
Caudium 17 Cb
Caudium 18a Ed
Caulonia 6b Inset: Sic.&S.Italy
Caulonia 16b Ea
Caunus 7b Ed
Caunus 8b Ec
Caunus 26a Cd
Caurium 25a Cc
Cautes Acraea (Mo) 16b Db
Cavallino 17 Gc
Cavalry Camp (Vi) 19b Rome
Cavares (Po) 23 Ff
Cayster (Fl) 5 Hc
Cayster (Fl) 7b Dc
Cayster (Fl) 13 Dc
Cayster (Fl) 26a BCc
Cea 8b Cc
Ceba 15 Cc
Ceba 23 He
Cebenna (Mo) 20a HJb
Cebenna (Mo) 23 EFe
Cebren 8b Db
Cebren 13 Cb
Cebrus (Mu) 24 Fd
Cebrus (Fl) 24 Fd
Cecryphalea (In) 14a Db
Cedias 28 Inset: N.Africa
Cedreae 8b Ec
Cedreae (In) 13 Ee
Celaenae 11a Dc
Celaethi (Po) 12 Cc
Celamantia (Mu) 24 Db
Celegeri (Po) 24 Ed
Celeia 21 Hd
Celeia 24 Bb
Celena 24 Dc
Celenderis Ciliciae 6b Jc
Celenderis Ciliciae 26a Ed
Celenderis Ciliciae 27 Bc
Celenderis Troezeniae 14a Db
Celetrum 12 Cb
Cellis 12 Cb
Celones 11a Gd
Celsa 20a Fd
Celsa 25a Fb
Celtiberi (Po) 20a EFcd
Celtiberi (Po) 25a EFab
Celtici (Po) 25a BCDc
Celydnus (Fl) 12 Ab
Cemara 12 Ab
Cemenelum 15 Bd
Cemenelum 23 Gf
Cena 16b Bb
Cenabum (Aureliani) 23 Ed
Cenad (Mu) 24 Eb
Cenchreae 9b Dc
Cenchreae 14a Cb
Cenchreae 28 Kf
Cenis (Mo) 15 Ab
Cenomani (Po) 15 DEb
Cenomani (Po) 18a BCb
Cenomani (Po) 23 Je
Cenopurio 12 Inset
Centenarium Tibuci (Mu) 25b Kc
Central Harbour (Si) 10b Peiraeus
Centrites (Fl) 27 Gc
Centumcellae 28 He
Centum Putei (Mu) 24 Ec
Centuripa 9b Inset
Centuripa 16b Cb
Ceos (Kephala) 1a Dc
Ceos (In) 2 Ke
Ceos (In) 7b Cd
Ceos (In) 9b Ec
Ceos 13 Ad
Ceos (In) 14a Eb
Cephale 9a Eb
Cephallenia (In) 2 Hd
Cephallenia (In) 4 Ab
Cephallenia (In) 5 Ec
Cephallenia (In) 6a Cb
Cephallenia (In) 7a GHd
Cephallenia (In) 9b Cb
Cephallenia (In) 12 Bd
Cephallenia (In) 14a Aa
Cephaloedium 16b Ca
Cephisia 9a Ea
Cephisia 14a Da
Cephisus Athenarum (Fl) 9a Ea
Cephisus Athenarum (Fl) 14a Da
Cephisus Eleusinos (Fl) 9a DEa
Cephisus Eleusinos (Fl) 14a Da
Cephisus Phocidis (Fl) 4 Cb
Cephisus Phocidis (Fl) 12 Dd
Cephro 28 Lg
Ceraius 14b Ab
Cerameis 9a Inset
Ceramiae 12 Ca
Ceramiae 24 Ee
Ceramicus (Si) 13 De
Ceramus 8b Dc
Ceramus 13 Dd
Ceramus 26a Cd
Cerasus 6b Kb
Cerasus 8b Inset
Cerasus 26a He
Cerasus 27 Ea
Cerax 12 Ba
Cerbalus (Fl) 17 Db
Cercetius (Mo) 12 Cc
Cercina (In) 25b Lb
Cercine (Mo) 12 Da
Cercinitis (La) 12 Eb
Cercinium 12 Dc
Cereatae Marianae 16a Dc
Ceresius (La) 15 CDab
Ceretani (Po) 25a Ga
Cerfennia 16a Dc
Cerfennia 17 Ba
Ceria (In) 8b Cc
Ceriadae 9a Inset
Cerinthus 5 Fc
Cerinthus 12 Ed

Cerkes Sultaniye 5 Hc
Cerreto (Ang) 15 Ec
Certiae (Mu) 24 Fb
Certissa 24 Dc
Ceryneia 26a Ee
Cerynia 27 Bd
Cerynia 14a Ca
Cerynites (Fl) 14a Ca
Cessero 23 Ef
Cestius, Pons. 19b Rome
Cestius, Pyramid of (Aed) 19b Rome
Cestria 12 Bc
Cestrine (Re) 12 Bc
Cetium 24 Ba
Cetius (Mo) 24 Bb
Ceuclum (Mu) 23 Fb
Ceutrones (Po) 23 Ge
Chabaslar 4 Ca
Chabina (Fl) 26a Hd
Chabina (Fl) 27 Ec
Chaboras (Fl) 27 Fd
Chaeronea 1a Cb
Chaeronea 6a Db
Chaeronea 9b Dd
Chaeronea 12 Dd
Chaeronea 14a Ca
Chalae 12 Dc
Chalandriani 1b Dc
Chalastra 12 Db
Chalce (In) 4 Hd
Chalce (In) 8b Dc
Chalce (In) 13 De
Chalcetor 8b Dc
Chalcetor 13 Dd
Chalcidice (Re) 12 Eb
Chalcidice (Re) 20b Hd
Chalcis (Mo) 14a Ba
Chalcis ad Belum 27 Dd
Chalcis Aetoliae 5 Ec
Chalcis Aetoliae 9b Cb
Chalcis Aetoliae 14a Ba
Chalcis Athamanum 12 Cc
Chalcis Elidis 14a Bb
Chalcis Euboeae 2 Jd
Chalcis Euboeae 3b Inset
Chalcis Euboeae 5 Fc
Chalcis Euboeae 6b Gc
Chalcis Euboeae 7a Hd
Chalcis Euboeae 7b Bc
Chalcis Euboeae 8b Bb
Chalcis Euboeae 9b Db
Chalcis Euboeae 12 Ed
Chalcis Euboeae 14a Da
Chalcis Euboeae 20b He
Chalcis Euboeae 28 Kf
Chalcodonium (Mo) 12 Dc
Chalcotheke (Aed) 10a Athens
Chalif, Oued. (Fl) 25b Fa
Chalus (Fl) 27 Dc
Chamalières 23 Ee
Chamanene (Re) 26a Fc
Chamanene (Re) 27 Cb
Chamavi (Po) 23 Gb
Chambi (Mo) 20a Kg
Chameleux 23 Fc
Chaones (Po) 9b BCa
Chaonia (Re) 12 ABb
Characene (Re) 27 JKf
Charadra Epiri 12 Bc
Charadra Marathonis (Fl) 8a Ca
Charadra Phocidis 12 Dd
Charadrae 12 Fb
Charadrus (Fl) 12 Bc
Charakmoba 27 Inset
Charioteers, Insula of the (Aed) 19b Ostia
Charmodara (Mu) 26a Hd
Charmodara (Mu) 27 Ec
Charterhouse (Mu) 22 Cd
Chatti (Po) 21 GHc
Chatti (Po) 23 Hb
Chauci (Po) 21 Gc
Chauni (Po) 12 Bc
Chavagné 23 Cd
Cheimerium 9b Cb
Cheimerium (Pr) 12 Bc
Chelonatas (Pr) 14a Bb
Cherronesus Cariae (Re) 8b DEc
Cherronesus Hellespontia (Re) 8b Da
Chersonesus Cretae 14b Cb
Chersonesus Euxini 6b Jb
Chersonesus Euxini 11b Db
Chersonesus Euxini 28 Me
Chersonesus Euxini 24 Lc
Chersonesus Hellespontia (Pr) 7b Db
Chersonesus (Pr) 12 Fd
Chersonesus Taurica (La) 24 Lc
Chersonesus Taurica (Re) 20b Nb
Chersonesus Taurica (Re) 24 Lc
Cherusci (Po) 21 GHc
Cherusci (Po) 23 HJb
Chesterfield (Mu) 22 Dc
Chesterton Cotnoviorum 22 Cc
Chesterton on the Fosse Way 22 Dc
Chiaca (Mu) 26a Hc
Chiaca (Mu) 27 Eb
Chino 28 Lg
Chios 6b Hc
Chios 7a Jd
Chios 8b Db
Chios 9b Fb
Chios 11a Cc
Chios 28 Inset: Asia etc
Chios (In) 2 KLd
Chios (In) 3b FGd
Chios (In) 4 Fb
Chios (In) 5 GHc
Chios (In) 7b CDc
Chios (In) 9b Fb
Chios (In) 13 Bc
Chios (In) 20b JKe
Chios (In) 26a ABc
Chios (Ay.Gala) 1a DEb
Chios Cariae 8b CDb
Chisius 13 Cc
Chiusa, Porta 19b Rome
Choaspes (Fl) 11a Gd
Choaspes (Fl) 27 Kf
Choba 28 Inset: Asia etc
Choerus (Fl) 14a Cc

Choes (Fl) 11a Mc
Cholargus 9a Ea
Cholleidae 9a Ea
Choma 26a Cd
Chorasmia (Re) 11a JKb
Chott el-Chergiu (Pa) 25b Fb
Chott el-Djerid (Pa) 25b Kc
Chott el-Hodna (Pa) 25b Hb
Chrysas (Fl) 16b Cb
Chrysea (In) 14b Cc
Chrysoceras 12 Inset
Chrysopolis 12 Inset
Chullu 25a Ja
Chydas (Fl) 16b Ca
Chylemath (Fl) 20a GHf
Chytri 26a Ee
Chytri 27 Bd
Cianus (Si) 12 Inset
Cibalae 24 Dc
Cibalae 28 Jd
Cibyra 11b Cc
Cibyra 20b Lf
Cibyra 26a Cd
Cibyra 28 Inset: Asia etc
Cibystra 26a Fd
Cibystra 27 Cc
Cibystra 28 Inset: Asia Minor etc
Cicones (Po) 7b CDb
Cicones (Po) 12 Gab
Cidyessus 26a Dc
Cierium (Arne) 12 Dc
Cierus 11b Db
Cigmău (Mu) 24 Fc
Cildara 8b Dc
Cildara 13 Dd
Cilicia (Re) 7a Kd
Cilicia (Re) 11a Dc
Cilicia (Re) 11b Ec
Cilicia (Re) 21 MNf
Cilicia (Re) 26a EFd
Cilicia (Re) 26a Fc
Cilicia (Re) 27 BCc
Cilicia (Re) 27 Cb
Cilicia I. (Re) 29 MNf
Cilicia II. (Re) 29 Nf
Ciliciae Pylae (Ang) 26a Fd
Cilicia Pylae (Ang) 27 Cc
Cilician Gates (Ang) 11a DEc
Cilicius Aulon (Ma) 26a EFe
Cilicius Aulon (Ma) 27 ABCd
Cillium 28 Inset: N. Africa
Cilurnum (Mu) 22 Inset: Had. Wall
Ciminian (Mo) 19a Ba
Ciminius (La) 19a Ba
Cimmerium 8b Inset
Cimolos (In) 4 Ed
Cimolos (In) 8b Cc
Cimolos (In) 13 Ae
Cimone (Mo) 15 Ec
Cincșor (Mu) 24 Gc
Cindya 8b Dc
Cindya 13 Dd
Cingulum 16a Da
Cinna Galatiae 26a Ec
Cinna Galatiae 28 Inset: Asia etc
Cinna Galatiae 27 Bb
Cinna Labeatum 24 Dd
Circeii 17 Bb
Circeii 19a Cb
Circeium Promunturium (Pr) 19a Cb
Circeo (Mo) 19a Cb
Circesium 27 Fd
Circus Flaminius (Aed) 19b Rome
Circus Maximus (Aed) 19b Rome
Cirphis (Mo) 12 Dd
Cirpi (Mu) 24 Db
Cirrha 1b Cb
Cirrha 6a Db
Cirrha 12 Dd
Cirrha 14a Ca
Cirta 21 Gf
Cirta 25b Ja
Cirta 28 Inset: N.Africa
Cisalpina (Re) 23 Je
Cisamum (Pr) 14b Bb
Cisamus 14b Ab
Cispian Hill (Mo) 19b Rome
Cissus (Mo) 12 Eb
Citharista 23 Ff
Citharizon 27 Eb
Cithaeron (Mo) 14a Da
Cithnos (In) 7b Cd
Citium 5 Inset
Citium 6a Inset
Citium 7a Ke
Citium 7b Inset
Citium 11a Dd
Citium 12 Db
Citium 26a Ee
Citium 27 Bd
Citius (Mo) 12 Cc
City Gate 10b Peiraeus
Cius 12 Inset
Cius 28 Inset: Asia etc
Cius Moesiae Inferioris (Mu) 24 Jc
Cius Propontidis 7b Eb
Cius Propontidis 8b Ea
Cius Propontidis 11b Cb
Cius Propontidis 26a Cb
Cius Propontidis 30a Le
Civaux 23 Dd
Cividale 30b Hd
Civitas Camunnorum 15 Eb
Civitas Camunnorum 23 Je
Clambetae 24 Bc
Clarus 26a Bd
Classis 15 Gc
Clastidium 15 Db
Claterna 15 Fc
Claudanon 12 Ba
Claudia, Aqua 19b Rome
Claudia Augusta (Via) 15 Ea
Claudianus (Mo) 26b Gc
Claudias (Mu) 27 Eb
Claudia (Via) 15 FGb
Claudiopolis 28 Inset: Asia etc

Claudius, Temple of (Fa) 19b Rome
Clausentum 22 Dd
Claustra Alpium Iuliarum (Mu) 24 Bc
Clavenna 15 Da
Clavenna 23 Hd
Clazomenae 4 Gb
Clazomenae 6b Hc
Clazomenae 7b Dc
Clazomenae 8b Db
Clazomenae 9b Fb
Clazomenae 13 Cc
Clazomenae 26a Bc
Cleides (In) 7b Inset
Cleonae Chalcidices 6b Inset: N.Aeg.&Prop.
Cleonae Chalcidices 8b Ca
Cleonae Chalcidices 12 Dd
Cleonae Chalcidices 12 Fb
Cleonae Peloponnesi 5 Fd
Cleonae Peloponnesi 14a Cb
Cleopatris 28 Mh
Clermont 30b Fd
Clesis (In) 15 Eb
Clevora 24 Fc
Cliternia 16a Db
Clitor 14a Cb
Clodia (Via) 16a Bb
Clodiana 12 Aa
Clodiana 24 De
Clonfert 30b Dc
Clota (Fl) 22 Inset: Ant. Wall
Clota 22 Cb
Clunia Hispaniae 20a Ed
Clunia Hispaniae 25a Eb
Clunia Venonum 23 Hd
Cluniensis (Re) 25a DEab
Clupea 20a Mf
Clupea 25b La
Clusium 16a Ba
Clusium 18a Cc
Clusium 18b Cc
Clusium 20b Bc
Clusium 28 He
Cluviae 16a Eb
Cluviae 17 Ca
Clyro (Mu) 22 Cc
Clysma 26b Gc
Cnidus 4 Hd
Cnidus 5 Hd
Cnidus 6a Kc
Cnidus 6b Hc
Cnidus 8b Dc
Cnidus 9b Fc
Cnidus 11b Cc
Cnidus 20b Lf
Cnidus 26a Bd
Cnidus 30a Lf
Cnidus Nova 13 De
Cnossus 1a Dd
Cnossus 2 Kf
Cnossus 3a Cb
Cnossus 5 Ge
Cnossus 7a Jd
Cnossus 11c Cd
Cnossus 14b Cb
Cnossus 20b Jg
Cnossus 21 Lf
Cnossus 28 Lf
Cobrys 12 Inset
Coccanae 24 Cc
Coccynus (Pr) 16b Db
Cocinthus (Pr) 16b Ea
Cocosa 23 Cf
Cocosates (Po) 23 Cef
Cocusus 26a Gc
Cocusus 27 Db
Cocytus (Fl) 12 Bc
Codrion 12 Dc
Coela 13 Ca
Coela 14a Ca
Coelaletae (Po) 12 Ga
Coelbren (Mu) 22 Cd
Coele (Mu) 24 Cc
Coele 9a Inset
Coele-Syria (Re) 27 Dd
Cogamis (Fl) 13 Ec
Colapiani (Po) 24 BCc
Colapis (Fl) 24 Bc
Colatio 24 Bb
Colias (Pr) 9a Eb
Colicaria 15 Fc
Colijnplaat 23 Eb
Collatia 17 Ab
Collatia 19a Bb
Collatina (Via) 19b Rome
Collina (Ang) 15 Ec
Collina, Porta 19b Rome
Collippo 25a Bc
Colluthium 28 Lg
Collytus 9a Inset
Coloe 13 Ec
Cologne 30b Gc
Colonae Hellespontiacae 6b Inset: N.Aeg.&Prop.
Colonae Hellespontiacae 8b Da
Colonae Hellespontiacae 8b Db
Colonae Hellespontiacae 9a Ea
Colonae Hellespontiacae 12 Inset
Colonae Troadis 13 Cb
Colonia 28 Inset: Asia etc
Colonia Agrippina 28 Gc
Colonia Agrippina 29 Gc
Colonia Agrippinensis 21 Gc
Col. Antiochia 26a Dc
Col. Antiochia 27 Ab
Col. Archelais 26a Ec
Col. Archelais 27 Bb
Col. Berytus 27 Ce
Col. Carrhae 27 Ec
Col. Claudia Ara Agrippinensium 23 Gb
Col. Claudiopolis 26a Ed
Col. Claudiopolis 27 Bc
Col. Comama 26a Dd
Col. Cremna 26a Dd
Col. Cremna 27 Ac
Col. Edessa 27 Ec
Col. Faustinopolis 27 Cc
Col. Germa 26a Dc
Col. Germia 27 Ab
Col. Heliopolis 27 Dd

Col. Iconium 26a Ed
Col. Iconium 27 Bc
Col. Iulia Equestris (Noviodunum) 23 Gd
Col. Lystra 26a Ed
Col. Lystra 27 Bc
Col. Nisbis 27 Fc
Col. Olbasa 26a Dd
Col. Parlais 26a Dc
Col. Parlais 27 Ab
Col. Philippolis 27 De
Col. Rhesaina 27 Ec
Col. Saccaea Maximianopolis 27 De
Col. Sidon 27 Ce
Col. Singara 27 Fc
Col. Tyana 27 Cc
Col. Tyrus 27 Ce
Col. Ulpia Traiana 23 Gb
Colonides 14a Bc
Colonus 9a Eb
Colopene (Re) 26a Gc
Colopene (Re) 27 Db
Colophon 4 Hb
Colophon 5 Hc
Colophon 6b Hc
Colophon 8b Db
Colophon 13 Dc
Colophon 26a Bc
Colossae 26a Cd
Colossae 28 Inset: Asia etc
Colosseum (Aed) 19b Rome
Columna Regia 16b Da
Comalau (Mu) 24 Gc
Comana Cappadociae 21 Ne
Comana Cappadociae 26a Gc
Comana Cappadociae 27 Db
Comana Cappadociae 28 Inset: Asia etc
Comana Pontica 26a Gb
Comana Pontica 27 Da
Comana Pontica 28 Inset: Asia etc
Combretovium 22 Ec
Combustica 24 Fd
Comenses (Po) 15 Db
Comitanassus 26a Ec
Comitanassus 27 Bb
Commagena (Mu) 24 Ca
Commagene (Re) 11b Ec
Commagene (Re) 21 Nf
Commagene (Re) 26a GHc
Commagene (Re) 27 DEb
Complutum 25a Eb
Complutum 28 Ee
Compsa 17 Dc
Compsatus (Fl) 12 Fa
Comum 15 Db
Comum 18a Bb
Comum 23 He
Conana 26a Dd
Concangium (Mu) 22 Inset: Had. Wall
Concordia 15 Gb
Concordia 23 Ke
Concordia 29 Hd
Conda 28 Inset
Condate Britanniae 22 Cc
Condate Lugdunensis 23 Fe
Condate Mediomatricorum 23 Gc
Condate Redonum 23 Cc
Condate Senonum 23 Ec
Condate Vellaviorum 23 Ee
Condatomagus 23 Ee
Condercum (Mu) 22 Inset: Had. Wall
Condevicnum 23 Cd
Condylon 12 Dc
Confluentes 23 Gb
Congavata 22 Inset: Had. Wall
Conimbriga 25a Bb
Conon's Wall 10b Peiraeus
Conope 12 Cd
Consabura 25a Ec
Consentia 17 Ed
Consilinum 17 Dc
Consoranni (Po) 23 Df
Constantia 29 Gf
Constantine, Arch of (Aed) 19b Rome
Constantine, Basilica of (Aed) 19b Rome
Constantine, Baths of (Ba) 19b Rome
Constantinople 30b Le
Constantinopolis 29 Le
Consuetini (Po) 15 Fd
Conthyle 9a Eb
Contra-Aquincum (Mu) 24 Db
Contra-Florentiam (Mu) 24 Db
Contrebia 20a Fd
Contrebia 25a Fb
Convenae (Po) 23 Df
Copae 12 Dd
Copae 14a Da
Copaceni (Mu) 24 Gc
Copais (La) 2 Jd
Copais (La) 12 Ed
Copais (La) 14a Da
Cophen (Fl) 11a LMd
Copria Litus 16b Db
Coprus 9a Ea
Coptus 21 Mh
Coptus 26b Gd
Coptus 28 Mh
Cora 16a Cc
Cora 17 Ab
Cora 19a Bb
Coracae 12 Ec
Coracesium 26a Ed
Corax (Fl) 26a Gc
Corax (Fl) 27 Db
Corax (Mo) 12 Dd
Corbio 19a Bb
Corbulonis, Fossa (Fl) 23 Fb
Corconiana 16b Bb
Corcyra 6b Fc
Corcyra 9b Bb

Cor-Den

Corcyra 12 Ac
Corcyra (In) 2 Gd
Corcyra (In) 6a Bb
Corcyra (In) 7a Gd
Corcyra (In) 9a Bb
Corcyra (In) 12 Ac
Corcyra Nigra 24 Cd
Corcyra Nigra (In) 24 Cd
Corduba 20a Df
Corduba 21 Ef
Corduba 25a Dd
Corduba 28 Ef
Corduba 29 Ef
Cordubensis (Re) 25a Dc
Coreas (Fl) 12 Ed
Coresia 8b Cc
Coressus 14a Eb
Corfinium 16a Db
Corfinium 17 Ba
Coriallum 22 De
Coriallum 23 Cc
Corigliano 17 Ed
Corinium Britanniae 22 CDd
Corinium Britanniae 23 Bb
Corinium Britanniae 28 Ec
Corinium Britanniae 29 Ec
Corinium Dalmatiae 24 Bc
Corinth 1a Cc
Corinth 1b Cc
Corinth 7b Bd
Corinth 9b Dc
Corinth 11a Bc
Corinth 20b Hf
Corinth, Gulf of (Si) 6a Db
Corinthia (Re) 14a CDb
Corinthus 5 Fd
Corinthus 6b Gc
Corinthus 7a Hd
Corinthus 11b Bc
Corinthus 14a Cb
Corinthus 21 Kf
Corinthus 28 Kf
Corinthus 30a Kf
Corioli 19a Bb
Coriosolites (Po) 23 Bc
Coriovallum 23 Gb
Corium 14b Bb
Cornacates (Po) 24 Dc
Cornacum (Mu) 24 Dc
Corne (Mu) 27 Eb
Cornelia, Porta 19b Rome
Corniculan (Mo) 19a Ba
Corniculum 19a Ba
Cornovii (Po) 22 Cc
Cornus 18b Bd
Corone 14a Bc
Coronea 6a Db
Coronea 14a Ca
Coroneia (Pr) 9a Fb
Coronta 12 Ec
Corope 12 Ec
Coropissus 26a Ed
Coropissus 27 Bc
Coropissus 28 Inset: Asia etc
Corporations, Square of the (Vi) 19b Ostia
Corseae (In) 13 Cd
Corsi (Po) 18b Bd
Corsia 12 Ed
Corsiae 14a Ca
Corsica (In) 2 Bbc
Corsica (In) 7a Ec
Corsica (In) 18a Bc
Corsica (In) 18b Bcd
Corsica (In) 20a Lcd
Corsica (In) 20b Acd
Corsica (Re) 21 Ge
Corsica (In) 29 Ge
Corstopitum 22 Inset: Had. Wall
Corstopitum 22 Cb
Cortona 16a Ba
Cortoriacum 23 Eb
Corycum (Pr) 13 Cc
Corycian Cave 1a Cb
Corycum (Pr) 14b Ab
Corycus 26a Fd
Corycus 27 Cc
Corycus (Mo) 13 Cc
Corydallus 9a Eb
Corydallus (Mo) 8a Ja
Cos 13 De
Cos 4 Hd
Cos 28 Inset: Asia etc
Cos (In) 2 Le
Cos (In) 3b Ge
Cos (In) 4 Hd
Cos (In) 5 Hd
Cos (In) 6a Fc
Cos (In) 7b Cd
Cos (In) 8b Dc
Cos (In) 9b Ec
Cos (In) 11a Cc
Cos (In) 14b Da
Cos (In) 26a Bd
Cosa 16a Bb
Cosa 19a Aa
Cosedia (Constantia) 23 Cc
Cosinto 12 Fa
Cossaei (Po) 11a Gcd
Cossio 23 Ce
Costa Belenae 15 Bd
Costa Belenae 23 Gf
Cothocidae 9a Ea
Cotiaeum 26a Cc
Cotini (Po) 24 Ea
Cotronei 17 Ed
Cotta 12 Inset
Cotyora 6a Kb
Cotyora 11b Eb
Cotyrta 14a Cc
Council House (Aed) 10a Athens
Courias (Pr) 26a Ee
Courias (Pr) 27 Bd
Crambusa (In) 26a Ed
Crambusa (In) 27 Bc
Cramond (Mu) 22 Inset: Ant. Wall
Cranae 5 Fd
Cranae (In) 14a Cc
Crane 14a Aa
Crannon 4 Ca
Crannon 12 Dc

Crastus 16b Bb
Cratais (Fl) 16b Da
Crathis Achaeae (Fl) 14a Ca
Crathis Italiae (Fl) 17 Ed
Cratus (Mo) 16b Bb
Crawford (Mu) 22 Cb
Cremera (Fl) 19a Ba
Cremona 15 Bd
Cremona 21 Gd
Cremona 23 He
Crenae 12 Cd
Crenides (Datum, Philippi) 12 Fb
Creones (Po) 22 Ba
Crestonia (Re) 12 DEa
Creta 29 KLfg
Creta Et Cyrene (Re) 21 Kfg
Crete (In) 2 Kf
Crete (In) 3b Ff
Crete (In) 4 DEe
Crete (In) 5 Ge
Crete (In) 6a DEFd
Crete (In) 6b GHcd
Crete (In) 7a HJd
Crete (In) 9b Ed
Crete (In) 11a BCc
Crete (In) 11b BCc
Crete (In) 20b Jg
Crete (In) 26a Ae
Cretaea 14a Bb
Creteia-Flaviopolis 26a Db
Creticum (Ma) 3a BCbc
Creticum (Ma) 4 DEFGc
Creticum (Ma) 6b GHc
Creticum (Ma) 9b DEcd
Creticum (Ma) 13 BCf
Creticum (Ma) 14b BCb
Creusis 14a Da
Creveni 24 Ed
Crexa 14a Bc
Crimisa 17 Fd
Crimisus (Fl) 16b Bb
Crisa 1b Cb
Crisa 4 Cb
Crisa 5 Fc
Crisa 12 Dd
Crisa 14a Ca
Crisia (Fl) 24 Eb
Crispiana 24 Cb
Cristesti (Mu) 24 Gb
Crithote 12 Inset
Crithote (Pr) 12 Bd
Crium (Pr) 14b Ab
Crixia 15 Cc
Crnobuki 1b Ba
Croce (Mo) 15 Ga
Croceae 14a Cc
Crociatonnum 23 Cc
Crocotus Campus 12 Dc
Crocyleum 12 Cd
Crocyleum 14a Ba
Cromi 14a Cb
Crommyon 6a Dc
Crommyon 14a Db
Crommyum (Pr) 26a Ee
Crommyum (Pr) 27 Bd
Cronion 16b Bb
Cropidae 9a Ea
Croton 6b Inset: Sic.&S. Italy
Croton 7a Gd
Croton 17 Fd
Croton 18a Fe
Croton 20b Ee
Crousis (Re) 8b Ba
Crousis (Re) 12 DEb
Croy Hill (Mu) 22 Inset: Ant. Wall
Crucium 24 Bc
Crumerum (Mu) 24 Db
Crusa 8b Dc
Crustumerium 17 Aa
Crustumerium 19a Ba
Crutisium 23 Gc
Crya 8b Ec
Cserna (Re) 2 Ja
Ctesiphon 11b Fd
Ctesiphon 21 Pg
Ctesiphon 27 He
Ctesiphon 28 Pg
Ctimenae 12 Dc
Cubulteria 17 Cb
Cuccium (Mu) 24 Dc
Cucullae 23 Kd
Cugerni (Po) 23 Gb
Cuicul 25b Ha
Cuicul 28 Inset: N.Africa
Cularo (Gratianopolis) 23 Fe
Culumnata (Mu) 25b Fb
Cumae 7a Fc
Cumae 17 Cc
Cumae 18b Ed
Cumae 28 He
Cumaseni (Po) 18b Bcd
Cumidava (Mu) 24 Gc
Cunetio 22 Dd
Cuneus (Pr) 25a Cd
Cuppae (Mu) 24 Ec
Cures 16a Cb
Cures 17 Aa
Cures 19a Ba
Curia 15 Da
Curia 23 Hd
Curicta (In) 24 Bc
Curicum 24 Bc
Curium 5 Inset
Curium 6a Inset
Curium 7a Ke
Curium 7b Inset
Curium 26a Ee
Curium 27 Bd
Curta 24 Cb
Curubis 25b La
Cusae 26b Fc
Cusae 28 Mh
Cusum (Mu) 24 Dc
Cuttiae 15 Cb

Cyamosorus (Fl) 16b Cb
Cybele, Temple of (Fa) 19b Rome
Cybersus (Fl) 13 Dd
Cybistra 28 Inset: Asia etc
Cyclades (Ins) 7a Jd
Cyclades (Ins) 13 ABCde
Cyclopum Scopuli (In) 16b Db
Cydae 8b Dc
Cydamus 21 Gg
Cyantidae 9a Eb
Cydathenaeon 9a Inset
Cydnus (Fl) 26a Fd
Cydnus (Fl) 27 Cc
Cydonia 11b Bc
Cydonia 14b Bb
Cydonia 20b Hg
Cydrae 12 Ca
Cyllandus 8b Ec
Cyllene 9b Cc
Cyllene 14a Bb
Cyllene (Mo) 14a Cb
Cyme Aeolidis 6a Fb
Cyme Aeolidis 6b Hc
Cyme Aeolidis 7b Dc
Cyme Aeolidis 8b Db
Cyme Aeolidis 9b Fb
Cyme Aeolidis 13 Cc
Cyme Aeolidis 26a Bc
Cyme Euboeae 12 Fd
Cyme Italiae 6b Inset: Sic.&S.Italy
Cynaetha 14a Ca
Cynopolis 26b Fb
Cynopolis 28 Mh
Cynosarges (Aed) 10a Athens
Cynoscephalae (Mo) 12 Dc
Cynosoura Atticae (Pr) 8a Fb
Cynosoura Salaminos (Pr) 8a Jb
Cynossema 16b Ea
Cynossema (Pr) 13 DEe
Cynosura Atticae (Pr) 9a Fa
Cynosura Salaminos (Pr) 9a Eb
Cynuria (Re) 14a Cb
Cynus 5 Gc
Cynus 12 Ed
Cypaera 12 Dc
Cyparisseeis 5 Ed
Cyparissia 4 Bc
Cyparissia 14a Bb
Cyparissius (Si) 14a Bb
Cypasis 12 Inset
Cyphanta 14a Cc
Cyprus (In) 3b KLf
Cyprus (In) 7a Ke
Cyprus (In) 7b Inset
Cyprus (In) 11a Dcd
Cyprus (In) 11b Dcd
Cyprus (In) 21 Mg
Cyprus (In) 26a Ee
Cyprus (In) 27 Bd
Cyprus (In) 29 Mfg
Cyprus (In) 30a Mfg
Cypsela 12 Inset
Cyrbissus 8b Ec
Cyrenaica (Re) 11a Bd
Cyrene 6b Gd
Cyrene 7a He
Cyrene 11a Bd
Cyrene 21 Kg
Cyrene 25b Rc
Cyrene 28 Kg
Cyrene 29 Kg
Cyrene 30a Kg
Cyrene (Re) 25b RSTd
Cyretiae 12 Dc
Cyropolis 11a Lc
Cyrrhus Macedoniae 12 Db
Cyrrhus Syriae (Mu) 27 Dc
Cyrrhus Syriae 28 Inset: Asia etc
Cyrtone 12 Ed
Cyrus (Fl) 11a Gb
Cyrus (Fl) 11b Gb
Cyrus (Fl) 27 Ha
Cys 13 Ed
Cysis 26b Fd
Cystirus 8b Ca
Cystirus 12 Fb
Cythera 8b Bc
Cythera 9b Dc
Cythera 14a Dc
Cythera (In) 3b Inset
Cythera (In) 4 Dd
Cythera (In) 5 Fd
Cythera (In) 7a Hd
Cythera (In) 7b Bd
Cythera (In) 9b Dc
Cythera (In) 14a CDc
Cythera (In) 20b Hf
Cytherus 9a Eb
Cythnos (In) 4 Ec
Cythnos (In) 5 Gd
Cythnos (In) 8b Cc
Cythnos (In) 9b Ec
Cythnos (In) 13 Ad
Cytinium 9b Db
Cytinium 12 Dd
Cyzicus 6b Inset: N.Aeg.&Prop.
Cyzicus 7a Jc
Cyzicus 8b Ca
Cyzicus 9b Fa
Cyzicus 11b Cb
Cyzicus 12 Inset
Cyzicus 20b Kd
Cyzicus 21 Le
Cyzicus 26a Bb
Cyzicus 28 Inset: Asia etc
Cyzicus 29 Le
Cyzicus 30a Le
Cyzistra 26a Fc
Cyzistra 27 Cb

D

Daci (Po) 20b HJb
Dacia (Re) 21 Kd

Dacia (Re) 29 JKe
Dacia Inferior (Re) 24 FGcd
Dacia Mediterranea (Re) 29 Ke
Dacia Porolissensis (Re) 24 FGb
Dacia Ripensis (Re) 29 Ke
Dacia Superior (Apulensis) (Re) 24 EFGc
Dadastana 26a Db
Dadastana 27 Aa
Daedalidae 9a Inset
Daedalium 16b Bb
Daesitiates (Po) 24 Dd
Dahae (Po) 11a HJb
Daldis 13 Ec
Dalginross (Mu) 22 Ca
Dalisandus 26a Ed
Dalisandus 27 Bc
Dalmatia (Re) 2 EFGab
Dalmatia (Re) 21 Je
Dalmatia (Re) 23 Ld
Dalmatia (Re) 24 CDcd
Dalmatia (Re) 29 Je
Dalswinton (Mu) 22 Cb
Damascus 11a Ed
Damascus 11b Ed
Damascus 27 De
Damascus 28 Inset: Asia etc
Damascus 29 Ng
Dambach (Mu) 23 Jc
Damnonii (Po) 22 BCb
Dandace 8b Inset
Dangstetten (Mu) 23 Hd
Danubius (Ister) (Fl) 24 ABCDEFGHJ/abcd
Danubius (Fl) 30a JKLde
Danum (Mu) 22 Bb
Danuvius (Fl) 2 Ga
Danuvius (Fl) 20b FGHJKL/abc
Danuvius (Fl) 21 KLe
Danuvius (Fl) 23 HJKLc
Danuvius (Fl) 29 Le
Daorsi (Po) 24 CDd
Daphnae 26b Ga
Daphnae 27 Bf
Daphnus 12 Dd
Daphnus (Fl) 12 Dd
Daphnus (Fl) 14a Ba
Dara 2 Fc
Daranalis (Re) 27 EFb
Darantasia 23 Ge
Dardani (Po) 20b Gcd
Dardania (Re) 24 Ed
Dardania (Re) 29 Ke
Dardanus 8b Da
Dardanus 12 Inset
Dardanus 13 Ca
Dardanus 26a Bb
Dareum 8b Ea
Dariorituum 23 Bd
Darnis 25b Sc
Dascon (Pr) 16b Inset
Dascusa (Mu) 27 Eb
Dascusa (Mu) 26a Hc
Dascylium 8b Ea
Dascylium 12 Inset
Dascylium Maritimum 12 Inset
Dasht-I Kavir 11a HJd
Dasht-I Lut 11a Jd
Dassaretis (Re) 12 Bb
Daulis 4 Cb
Daulis 12 Dd
Daulis 14a Ca
Dauni (Po) 17 DEb
Dauni (Po) 18a Ke
Daunioteichos 8b Ea
Dea 23 Fe
Dea 28 Ge
Debeltum 28 Le
Debla 3a Ab
Decantae (Po) 22 Ba
Decastadium 16b Db
Deceangli (Po) 22 Cc
Decelea 4 Db
Decelea (Mu) 9a Ea
Decelea 9b Db
Decelea 14a Da
Decempagi 16a Db
Decetia 23 Ed
Deciates (Po) 23 Gf
Decius, Baths of (Ba) 19b Rome
Decumanus Maximus (Via) 19b Ostia
Deiradiotae 9a Fb
Delcus 12 Inset
Delium 9b Db
Delium 14a Da
Della Foce (Via) 19b Ostia
Delmatae (Po) 20b Ec
Delmatae (Po) 24 Cd
Delminium 24 Cd
Delos (In) 3b Fe
Delos (In) 4 Fc
Delos (In) 5 Gd
Delos (In) 7b Cd
Delos (In) 8b Cc
Delos (In) 9b Ec
Delos (In) 13 Bd
Delos (In) 20b Jf
Delphi 3b Inset
Delphi 4 Cb
Delphi 6a Db
Delphi 7b Bc
Delphi 9b Db
Delphi 12 Dd
Delphi 14a Ca
Delphi 20b He
Delphi 21 Kf
Delphinium 9a Ea
Delphinium 14a Ca
Delta (Re) 26b Ba
Demetae (Po) 22 Bd
Demeter, Temple of (Fa) 9a Ea
Demetrias Bactriae 11b Lc
Demetrias Thessaliae 1a Cb
Demetrias Thessaliae 12 Dc
Demetrias Thessaliae 20b He
Demir Kapu 6a Da
Dendra 3b Inset
Dentheletae (Po) 20b Hc

Dentheletae (Po) 24 Fd
Deraemistae (Po) 24 Dd
Derbe 26a Ed
Derbe 27 Bc
Derbe 28 Inset: Asia etc
Dercynna 12 Dd
Derea 14a Cb
Derengli 4 Ca
Dere Street (Via) 22 CDb
Deris 8b Da
Deris 12 Inset
Derrhis (Pr) 12 Ec
Derriopi (Po) 24 EFe
Derriopi (Po) 12 Ca
Derriopus (Re) 12 Cab
Dersaei (Po) 7b BCab
Dersaei (Po) 12 Fa
Dertona 15 Cc
Dertona 20a Lb
Dertona 23 He
Dertosa 20a Gd
Dertosa 25a Gb
Derveni 4 Cb
Derventio apud Brigantes (Fl) 22 Dbc
Derventio apud Carvetios (Fl) 22 Cb
Derventio apud Coritanos (Fl) 22 Dc
Derventio Brigantum (Mu) 22 Db
Derventio Carvetiorum (Mu) 22 Cb
Derventio Coritanorum 22 Dc
Derventum 23 Ed
Derxene (Re) 27 Fb
Deultum 24 Hd
Deva apud Deceanglos (Fl) 22 Cc
Deva apud Novantas (Fl) 22 Bb
Deva apud Taexalos (Fl) 22 Ca
Deva Deceanglorum (Mu) 21 Ec
Deva Deceanglorum (Mu) 22 Cc
Deva Deceanglorum 30a Ec
Devona (Fl) 22 Ca
D. Gounare Street (Via) 10b Peiraeus
Dhamania 3a Cb
Dhemenagaki 1b Dc
Dhenia 3b Kf
Dhimini 1a Cb
Dhimini 1b Cb
Dia (In) 1a Dd
Dia (In) 3a Cb
Dia (In) 14b Cb
Diacria Euboeae 8b Bb
Diacria Euboeae 8b Bb
Diacria Rhodi (Re) 8b DEc
Diacrii Euboeae 12 Ed
Dianae portus 18b Bc
Dianium 20a Ge
Dianium 25a Gc
Diana, House of (Aed) 19b Ostia
Diana, Temple of (Fa) 19b Rome
Diana Veteranorum 25b Hb
Dibio 23 Fd
Dicaea Macedoniae 8b Ba
Dicaea Macedoniae 12 Db
Dicaea Macedoniae 12 Dg
Dicaea Petra 12 Inset
Dicaearchia 6b Inset: Sic.&S.Italy
Dicaea Thraciae 8b Ca
Dicaea Thraciae 12 Gb
Dictaeum Antrum 14b Cb
Dictaeum Fanum 14b Db
Dicte (Mo) 14b Cb
Dictynnaeum 14b Ab
Didyma 13 Dd
Didyma 26a Bd
Didyme (In) 16b Ca
Didymi 14a Db
Didymoteiche 12 Inset
Didymoteichos 8b Da
Dieppe 22 Ee
Dieppe 23 Dc
Dierna (Mu) 24 Fc
Dikili Tash 1a Da
Dikili Tash 1b Db
Dimaina 4 Inset
Dimallum 12 Ab
Dimallum 24 De
Dimum (Mu) 24 Gd
Dinaretum (Pr) 26a Fe
Dinaretum (Pr) 27 Cd
Dindari (Po) 24 Dcd
Dinia 23 Ge
Dinogetia (Mu) 24 Jc
Diocaesarea 27 Inset
Diocaesareia 26a Ed
Diocaesareia 27 Bc
Diocleia 26a Cc
Diocletian, Baths of (Ba) 19b Rome
Diocletianopolis Palaestinae 27 Inset
Diocletianopolis Thraciae 24 Gd
Diolindum 23 De
Diomeia 9a Inset
Diomedae (Ins) 17 Da
Diomedis (Pr) 24 Bd
Dion 27 Inset
Dionysiades (In) 14b Db
Dionysias Aegypti 26b Fb
Dionysias Palaestinae 28 Inset: Asia etc
Dionysiastae, Shrine of the (Fa) 10b Peiraeus
Dionysopolis 24 Jd
Dionysus, Precinct of (Aed) 10a Athens
Dionysus, Theatre of (Aed) 10a Athens
Dioryctus (Si) 12 Bd
Dioscurias 6b Lb
Dioscurias 11b Fb
Dioshieron Ioniae 8b Dc
Dioshieron Lydiae 13 Ec
Diospolis magna (Thebae) 26b BGbd
Diospolis parva 26b Gc
Diospolis parva 28 Mh
Dipylon (Aed) 10a Athens
Dirphys (Mo) 12 Ed
Discoduratera 24 Gd
Discus 12 Inset
Dispelio 1a Ba
Ditiones (Po) 24 Cc
Dium 9b Da
Dium Chalcidices 8b Ca
Dium Chalcidices 12 Fb
Dium Cretae 14b Cb
Dium Euboeae 8b Bb
Dium Euboeae 12 Dd

Dium Macedoniae 11a Bb
Dium Macedoniae 12 Db
Dium Palaestinae 27 Ce
Divodurum Mediomatricorum 23 Gc
Divodurum Mediomatricorum 28 Gd
Divona 23 De
Djurjura (Mo) 20a HJf
Djurjura (Mo) 25b GHa
Dmayr (Mu) 27 De
Doara 27 Cb
Doberes (Po) 7b Bb
Doberus (Astraea) (Re) 12 Da
Dobrudja Vallum (Mu) 24 Jc
Dobunni (Po) 22 CDd
Docimeium 26a Dc
Docimeium 27 Ab
Doclea 24 Dd
Docks at Rome (Vi) 19b Rome
Dodekaneson (Via) 10b Peiraeus
Dodona 1b Bb
Dodona 4 Aa
Dodona 5 Ec
Dodona 6a Cb
Dodona 9b Cb
Dodona 12 Bc
Dodona 20b Ge
Dolaucothi (Mu) 22 BCc
Doliche Perrhaebiae 12 Db
Doliche Syriae 27 Dc
Doliche Syriae 28 Inset: Asia etc
Dolonci (Po) 12 Inset
Dolopes (Po) 12 Cc
Domana 27 Ea
Domavium 24 Dc
Domburg (Mu) 23 Eb
Domeros 24 Fe
Domitiae (Ho) 19b Rome
Domitian, Odeum of (Aed) 19b Rome
Domitian, Stadium of (Aed) 19b Rome
Domitiorum (Ho) 19b Rome
Donussa 14a Ca
Dora 27 Inset
Dorchester 22 Dd
Doris (Re) 9b Db
Doris (Re) 12 Dd
Doris (Re) 13 De
Doriscus 7b Db
Doriscus 12 Inset
Dorium 5 Ed
Dorium 14a Bb
Dorn 22 Dc
Dorticum (Mu) 24 Fc
Dorylaeum 27 Ab
Dorylaeum 28 Inset: Asia etc
Dorylaeum 26a Dc
Dostoneis (Po) 12 Ca
Dotium (Po) 12 Dc
Drabescus 12 Fa
Drabescus 24 Ge
Dracanum 13 Cd
Dracones (Mu) 27 Ea
Drajna de Sus (Mu) 24 Hc
Drakhmani 1b Cb
Drakhmani 4 Cb
Drakonera (Mo) 8a Ea
Drakonera (La) 8a Ea
Dramesi 1b Cb
Drangiana (Re) 11a Kd
Drangiana (Re) 11b KLd
Drapsaca 11a Lc
Dra(v)us (Fl) 15 Ha
Dravus (Fl) 20b Eab
Dravus (Fl) 21 Jd
Dravus (Fl) 23 Kd
Dravus (Fl) 24 Bb
Drecon (Fl) 24 Ec
Drengsted 30b Gc
Drepanum 16b Aa
Drepanum Aegypti 26b Gc
Drepanum Coi (Pr) 13 Ce
Drerus 14b Cb
Drilon (Fl) 12 Ba
Drilon (Fl) 24 Ede
Drinus (Fl) 24 Dc
Drippa 12 Inset
Dripsinum 15 Fb
Drizipara 24 He
Drobeta 24 Fc
Drumquhassle (Mu) 22 Inset: Ant. Wall
Druzipara 12 Inset
Druzipara 28 Le
Drymaea 12 Dd
Drymusa (In) 13 Cc
Drys 8b Ca
Dubis (Fl) 23 Ff
Dumnissum 23 Gc
Dumnonii (Po) 22 BCd
Dumnonii (Po) 23 ABbb
Dumnonium Ocrinum (Pr) 22 Be
Dumnotonus 23 Ce
Dunavec 1a Ba
Dunax (Mo) 24 Fd
Duntocher (Mu) 22 Inset: Ant. Wall
Duplijaja (Mu) 24 Ec
Dura-Europus 11b Fd
Dura (Europus) 21 Pg
Dura-Europus 28 Pg
Dura Europus, Col. Aurelia Dura 27 Fd
Duranius (Fl) 23 CDe
Duretia 23 Bd
Duria (Fl) 15 Bb
Duria Bautica (Fl) 15 Bb
Duria Bautica (Fl) 23 Ge
Durius (Fl) 20a BCDd
Durius (Fl) 25a Fg
Durno (Mu) 22 Ca
Durnomagus (Mu) 23 Gb
Durnovaria 22 Cd
Durnovaria 23 Bb
Durocasis 23 Dc
Durocatalaunum 28 Fd
Durocatalaunum 23 Fc
Durocobrivae 22 Dd
Durocornovium 22 Dd
Durocortorum 23 Fc

Duroicoregum 22 Fd
Duroicoregum 23 Eb
Duroliponte 22 Ec
Duronum 23 Fb
Durostorum (Mu) 24 Hc
Durostorum 28 Le
Durotriges (Po) 22 Cd
Durotriges (Po) 23 BCb
Durovernum 22 Ed
Durovernum 23 Db
Durovigutum 22 Dc
Dyme Achaeae 1b Bb
Dyme Achaeae 9b Cb
Dyme Achaeae 14a Ba
Dyme Thraciae 24 He
Dymis (Doriscus) 12 Inset
Dyrrachium 20b Fd
Dyrrachium 21 Je
Dyrrachium 24 De
Dysoron (Mo) 12 Eb
Dyspontium 14a Bb
Dystos 4 Eb
Dystus 14a Ea

E

Eassie 22 Ca
Easter Happrew (Mu) 22 Cb
Ebora 25a Cc
Ebrodunum 23 Ge
Ebromagus 23 Df
Eburacum 22 Dc
Eburacum 28 Ec
Eburacum 21 Ec
Eburacum 29 Ec
Eburodunum 23 Gd
Ebusus 6b Cc
Ebusus 7a Dd
Ebusus 25a Gc
Ebusus (In) 20a Ge
Ebusus (In) 25a Gc
Ecbatana 11a Gd
Ecbatana 11b Gd
Eccaria 12 Dc
Eccobriga 26a Ec
Eccobriga 27 Bb
Ecetra 19a Bb
Echedamia 14a Ca
Echedorus (Fl) 12 Db
Echetla 16b Cb
Echinades (Ins) 14a ABa
Echinus Acarnaniae 12 Bd
Echinus Malidis 12 Dd
Echzell (Mu) 23 Hb
Ecnomus (Mo) 16b Bb
Ecolisina 23 De
Eddana (Mu) 27 Fd
Edessa Macedoniae 6a Da
Edessa Macedoniae 12 Db
Edessa Macedoniae 20b Hd
Edessa Mesopotamiae 11b Ec
Edessa Mesopotamiae 21 Nf
Edessa Mesopotamiae 28 Nf
Edessa Mesopotamiae 29 Nf
Edoba 27 Inset
Edoni (Po) 7b BCb
Edoni (Po) 9b DEa
Edoni (Po) 12 EFab
Edrum 15 Eb
Eetionea (Vi) 10b Peiraeus
Eetionea Gate 10b Peiraeus
Egerica 24 Fd
Egeta (Mu) 24 Fc
Egnatia 17 Fc
Egnatia (Via) 15 ABCDEFG/ab
Egnatia (Via) 24 He
Egnatia (Via) 26a Bb
Eidomene 12 Da
Eileithyia 3a Cb
Eileithyiapolis 26b Gd
Eilingen (Mu) 23 Jc
Eion Argolidis 14a Cb
Eion Cherronesi 12 Inset
Eion Thraciae 7b Bb
Eion Thraciae 8b Ba
Eion Thraciae 9b Da
Eion Thraciae 12 Eb
Eiresidae 9a Eb
Elaea 4 Hb
Elaea 8b Db
Elaea 20b Ke
Elaea 26a Bc
Elaea 13 Dc
Elaeaousa (In) 9a Eb
Elaeum (Mo) 14a Bb
Elaeus Aetoliae 12 Bd
Elaeus Aetoliae 14a Ba
Elaeus Cherronesi 6b Inset: N.Aeg.&Prop.
Elaeus Cherronesi 8b Db
Elaeus Cherronesi 9b Fa
Elaeussa (In) 13 Ee
Elaeussa-Sebaste 26a Fd
Elaeussa-Sebaste 27 Cc
Elaiticus (Si) 13 Cc
Elaphites (Ins) 24 Cd
Elaphonisi 4 Cd
Elaphotopos 5 Ec
Elaphotopos 6a Cb
Elatea 1a Cb
Elatea 12 Dd
Elatria 12 Bc
Elatus (Mo) 14a Ab
Elaver (Fl) 23 Ede
Elea Italiae 6b Inset: Sic.&S.Italy
Elea Italiae 17 Dc
Elea Laconiae 4 Cd
Elea Thesprotidis 12 Bc
Elegeia 27 Fb
Eleiates (Po) 18a BCb
Elenes 3a Bb
Eleon 14a Da
Eleona 4 Hd
Eleos 4 Ac
Elephantine 11a Df

Elephantine 26b Bc
Elesiodunum 23 Df
Eleusa (In) 9a Eb
Eleusinium (Aed) 10a Athens
Eleusinium 14a Cb
Eleusinius (Si) 9a DEa
Eleusis 1b Cb
Eleusis 3b Inset
Eleusis 4 Db
Eleusis 9a Ea
Eleusis 9b Db
Eleusis 14a Da
Eleusis Therae 13 Be
Eleusis Bay (Si) 8a HJa
Eleutherae 14a Da
Eleutherna 14b Bb
Eleutheropolis 27 Inset
Eleutheropolis 28 Inset: Asia etc
Eleutherus (Fl) 16b Bab
Elimberrum 23 Df
Elimea (Re) 12 Cb
Elimea 12 Db
Elimeotae (Po) 9b Ca
Elina 12 Bc
Elinia (Re) 12 Bc
Eliocroca 28 Ef
Eliokastro 4 Inset
Elis 1b Bc
Elis (Re) 9b Cc
Elis 9b Cc
Elis (Re) 14a Bb
Elis 14a Bb
Elis 20b Gf
Elis, Ancient 6a Cc
Elisyces (Po) 23 DEf
Elleporus (Fl) 16b Ea
Ellomenum 12 Bd
Elone 12 Dc
Elpius (Fl) 12 Db
Elslack (Mu) 22 Cc
Eltynaea 14b Cb
Elusa Novempopulanae 23 Df
Elusa Novempopulanae 28 Fe
Elusa Novempopulanae 29 Fe
Elusa Palaestinae 27 Inset
Elymais (Re) 27 JKf
Elymi (Po) 9b Inset
Elymi (Po) 16b Ba
Elymi (Po) 18a Df
Elymnium 12 Ed
Elyrus 14b Ab
Emborio 1b Eb
Emborio 4 Eb
Emerita 21 Df
Emerita 28 Ff
Emerita Augusta 25a Cc
Emeritanus (Re) 25a CDbc
Emerkingen (Mu) 23 Hc
Emesa 11b Ed
Emesa 21 Ng
Emesa 27 Dd
Emesa 28 Inset: Asia etc
Emesa 29 Ng
Emmaus 27 Inset
Emona 20b Da
Emona 23 Ld
Emona 24 Bb
Emona 29 Hd
Emporia 9a 20a LMg
Emporiae 20a Hc
Emporiae 25a Ha
Emporio 3b Gd
Emporium Hispaniae 6b Cb
Emporium Hispaniae 7a Dc
Emporium Italiae 16b Da
Emporium (Vi) 19b Rome
Empulum 16a Cc
Empulum 17 Ab
Empulum 19a Bb
Encheleae (Po) 12 Ba
Endidae 15 Fa
En-Gedi 27 Inset
Engyum 16b Cb
Enipeus (Fl) 12 Dc
Enkomi 3b Kf
Enkomi 5 Inset
Enkomi 6a Inset
Enna 16b Cb
Enna 20b Df
Entella 16b Ab
Entella (Labonia) (Fl) 15 Dc
Entremont 23 Ff
Eordaea (Re) 12 Cb
Eordaicus (Fl) 12 Bb
Epacria (Re) 9a Ea
Epagathiana, Horrea (Aed) 19b Ostia
Epamanduodurum 23 Gd
Epanomi 5 Fb
Epaphroditiani (Ho) 19b Rome
Epetium 24 Cd
Ephesus 4 Hc
Ephesus 5 Hd
Ephesus 6a Fc
Ephesus 7a Jd
Ephesus 7b Dc
Ephesus 8b Dc
Ephesus 9b Fc
Ephesus 11a Cc
Ephesus 11b Cc
Ephesus 13 Dd
Ephesus 20b Kf
Ephesus 21 Lf
Ephesus 26a Bd
Ephesus 28 Inset: Asia etc
Ephesus 29 Lf
Ephesus 30a Lf
Ephyra Amphilochiae 12 Cd
Ephyra Thesprotidis 5 Ec
Ephyra Thesprotidis 6a Cb
Ephyra Thesprotidis 12 Bc
Epiccia 14a Cb
Epicephisia 9a Eb
Epidamnus 6a Ba
Epidamnus 6a Fb
Epidamnus 7a Gc
Epidamnus 9b Ba
Epidamnus 11b Ab

Epi-Ger

Epidauria (Re) **14a** Db
Epidaurum **24** Dd
Epidaurus **2** Gb
Epidaurus **4** Inset
Epidaurus **5** Fd
Epidaurus (Re) **7b** Bd
Epidaurus (Re) **9b** Dc
Epidaurus **14a** Db
Epidaurus Limera **4** Cd
Epidaurus Limera **14a** Dc
Epidelium **14a** Dc
Epidii (Po) **22** Bb
Epidium (Pr) **22** Bb
Epidotium **24** Dc
Epiphaneia Osrhoenes **27** Dc
Epiphania Ciliciae **28** Inset: Asia etc
Epiphania Syriae **27** Dd
Epiphania Syriae **28** Inset: Asia etc
Epipolae (Re) **16b** Inset
Epirus (Re) **7a** Hd
Epirus (Re) **11a** ABbc
Epirus (Re) **11b** ABc
Epirus **12** Bc
Epirus (Re) **20b** Gde
Epirus (Re) **21** JKef
Epirus Nova (Re) **29** JKe
Epirus Vetus (Re) **29** Kf
Episkopi **3b** Kf
Epitalium **14a** Bb
Epora **28** Ef
Eporedia **15** Bb
Eporedia **23** Ge
Eponymous Heroes,
  Monument of (Aed) **10a** Athens
Eragiza (Mu) **27** Ec
Erana **14a** Bb
Erasinus (Fl) **9a** Eb
Eravisci (Po) **24** Db
Ercavica **25a** Eb
Erchia **9a** Eb
Erechtheum (Aed) **10a** Athens
Eresus **9b** Eb
Eresus **13** Bb
Eretria Euboeae **1b** Cb
Eretria Euboeae **5** Fc
Eretria Euboeae **6b** Gc
Eretria Euboeae **7b** Bc
Eretria Euboeae **8b** Bb
Eretria Euboeae **9b** Db
Eretria Euboeae **12** Ed
Eretria Euboeae **14a** Da
Eretria Euboeae **20b** He
Eretria Thessaliae **12** Dc
Eretum **16a** Cb
Eretum **17** Aa
Eretum **19a** Ba
Eribulus **26a** Cb
Ericeia **9a** Ea
Ericinium **12** Dc
Ericusa (In) **12** Ac
Ericussa (In) **16b** Cc
Erigon (Fl) **12** Ca
Erigon (Fl) **24** Ee
Erine **8b** Ec
Erineus **12** Dd
Erineus **14a** Ba
Erineus (Fl) **14a** Ba
Erineus (Fl) **16b** Dc
Ermine Street (Via) **22** Dcd
Ermine Street (Via) **22** Dc
Ermin Way (Via) **22** Dd
Ernolatia **24** Bb
Erochus **12** Dd
Er Rif (Re) **20a** Dg
Eryce **16b** Cb
Erymanthus (Mo) **14a** Bb
Erymanthus (Fl) **14a** Bb
Erythrae Boeotiae **14a** Da
Erythrae Ioniae **6b** Hc
Erythrae Ioniae **8b** Db
Erythrae Ioniae **9b** Fb
Erythrae Ioniae **13** Cc
Erythrae Ioniae **26a** Bc
Erythrae Locridis **14a** Bb
Erythraeum (Ma) **11a** KLf
Erythraeum (Ma) **11b** KLf
Erythraeum (Ma) **26b** BCHbc
Eryx **9b** Inset
Eryx **16b** Aa
Eryx **18a** De
Esbus **27** Inset
Esbus **28** Inset: Asia etc
Escingomagus **15** Ab
Esquiline (Mo) **19b** Rome
Este **18a** Cb
Estiones (Po) **23** HJc
Etia **4** Bc
Etruria (Re) **7a** Fc
Etruria (Re) **15** EFd
Etruria (Re) **16a** ABCab
Etruria (Re) **17** Aa
Etruria (Re) **20a** Mc
Etruria (Re) **20b** Bc
Etrusci (Po) **16a** ABab
Etrusci (Po) **18a** CDc
Etrusci (Po) **19a** ABab
Etymandrus (Fl) **11a** Kd
Etymandrus (Fl) **11b** Kd
Euboea (In) **3b** Inset
Euboea (In) **4** Db
Euboea (In) **5** Gc
Euboea (In) **7a** Hd
Euboea (In) **7b** BCb
Euboea (In) **8b** Bb
Euboea (In) **9b** DEb
Euboea (In) **12** EFd
Euboea (In) **14a** Ea
Euboea Siciliae **16b** Cb
Eucarpia **26a** Dc
Eucarpia **28** Inset: Asia etc
Eudemia (In) **7b** BCc
Euenus (In) **12** Cd
Euganei (Mo) **15** Fb
Euhemeria **26b** Fb
Euhesperides **6b** Gd
Euhippe **13** Ed
Euhippe **26a** Cd
Euhydrium **12** Dc
Eulaeus (Fl) **11a** Gd

Eulbach (Mu) **23** Hc
Eumenea **26a** Cc
Eumenea **28** Inset: Asia etc
Eunus (Fl) **14a** Ba
Euonymon **9a** Eb
Euonymus (In) **16b** Da
Eupagium **14a** Bb
Eupalium **14a** Ba
Euphorbium **26a** Dc
Euphratensis (Re) **29** Nf
Euphrates (Fl) **11a** FGcd
Euphrates (Fl) **11b** Fcd
Euphrates (Fl) **21** Pfg
Euphrates (Fl) **26a** Hc
Euphrates (Fl) **27** EFGHJ/bcdef
Euphrates (Fl) **29** Pg
Euphrates (Fl) **30a** NOfg
Euporia **12** Eb
Euporia **24** Fe
Eupyridae **9a** Ea
Euripus (Fl) **12** Ed
Euripus (Fr) **14a** Da
Euriston **24** Ee
Euristus **12** Ca
Euroea **28** Kf
Euromus **8b** Dc
Euromus **13** Dd
Euromus **26a** Bd
Europa (Re) **29** Le
Europus (Fl) **12** Dc
Europus Almopiae **12** Db
Europus Amphaxitidis **12** Db
Europus Amphaxitidis **24** Fe
Europus Osrhoenes (Mu) **27** Ec
Europus-Rhagae **11b** Hc
Eurotas (Fl) **14a** Cc
Euryalus (Mu) **16b** Inset
Eurymedon (Fl) **26a** Dd
Eurymedon **27** Ac
Eurymenae Magnesiae **12** Dc
Eurymenae Molossidis **12** Bc
Eurytanes (Po) **12** Cd
Euspoena **27** Db
Eutaea **14a** Cb
Euthena **13** Ee
Eutresis **1a** Cc
Eutresis **1b** Cb
Eutresis **4** Db
Eutresis **14a** Da
Ewell **22** Dd
Exchange (Vi) **10b** Peiraeus
Excisum **23** De
Ezinge **30b** Gc

F

Fabrateria **16a** Dc
Fabrateria **17** Bb
Fabrateria **19a** Cb
Fabrateria Nova **17** Bb
Fabricius, Pons **19b** Rome
Faesulae **15** Fd
Faesulae **18b** Cc
Faesulae **20b** Bc
Fagifulae **16a** Ec
Fagifulae **17** Cb
Falerii **18a** Dc
Falerii **19a** Ba
Falerii Novi **16a** Cb
Falerii Veteres **16a** Cb
Falerii Veteres **18b** Dc
Falerio **16a** Da
Falisci (Po) **19a** Ba
Falkirk (Mu) **22** Inset: Ant. Wall
Falterona (Mo) **15** Fd
Fanum Cocidi (Mu) **22** Cb
Fanum Cocidi (Mu) **22** Inset: Had. Wall
Fanum Fortunae **15** Hd
Fanum Martis **23** Bc
Faustinopolis **26a** Fd
Faventia **15** Fc
Faventia **28** He
Faviana (Mu) **24** Ba
F(b)riniates (Po) **15** EFc
Fectio (Mu) **23** Fb
Feddersen **30b** Gc
Feldburg (Mu) **23** Hb
Feldioara (Mu) **24** Gc
Felsina (Bononia) **18b** Cb
Feltria **15** Fa
Feltria **23** Je
Fendocn (Mu) **22** Ca
Ferentinum **16a** Dc
Ferentinum **17** Bb
Ferentinum **19a** Cb
Ferentinum **19a** Ba
Ferentum **16a** Cb
Ferrandina **17** Ec
Ficana **17** Ab
Ficulea **17** Ab
Ficulea **19a** Bb
Fidenae **16a** Cc
Fidenae **17** Ab
Fidenae **18b** Dd
Fidenae **19a** Bb
Fidentia **15** Ec
Figlinis **23** Fe
Filicudi (Mu) **3c**
Filfani (Mu) **24** Gc
Finavon (Mu) **22** Ca
Firemen's Barracks (Aed) **19b** Ostia
Firmum Picenum **16a** Da
Fiscellus (Mo) **16a** Cb
Fischamend (Mu) **24** Ca
Flaminia (Via) **15** Gd

Flaminia (Via) **16a** Cb
Flaminia (Via) **19a** Ba
Flaminia (Via) **19b** Rome
Flaminia Et Picenum Annonarium (Re) **29** He
Flaminia Minor (Via) **15** Fcd
Flaminia, Porta **19b** Rome
Flaminda (Mu) **24** Gd
Flanona **24** Bc
Flavia (Via) **16a** Cb
Flavia Caesariensis (Re) **29** Ec
Flaviana **24** Jc
Flavias (Flaviopolis) **28** Inset: Asia etc
Flaviobriga **25a** Ea
Flaviobriga **23** Bf
Flaviopolis **26a** Gd
Flaviopolis **27** Dc
Florentia Aemiliae **15** Fd
Florentia Etruriae **15** Fd
Florentia Etruriae **21** He
Florentia Etruriae **28** He
Florentiana (Mu) **24** Fc
Floriana **24** Db
Flosis (Fl) **16a** Da
Flusor (Fl) **16a** Da
Forden Gaer (Mu) **22** Cc
Forentum **17** Cc
Formiae **17** Bb
Formiae **19a** Cb
Formiae **28** He
Forum Appi **16a** Dc
Forum Baths (Ba) **19b** Ostia
Forum Boarium (Vi) **19b** Rome
Forum Clodii **15** Ec
Forum Clodii **16a** Cb
Forum Clodii **17** Aa
Forum Clodii **23** Je
Forum Clodii **28** He
Forum Cornelii **15** Fc
Forum Cornelii **23** Je
Forum Decii **16a** Db
Forum Domitii **23** Ef
Forum Flaminii **16a** Cb
Forum Fulvii **23** He
Forum Fulvii Valentinum **15** Cc
Forum Gallorum **15** Fc
Forum Germanorum **15** Bc
Forum Holitorium (Vi) **19b** Rome
Forum Iulii Italiae **15** Ha
Forum Iulii Italiae **23** Me
Forum Iulii Oxybiorum **21** Ge
Forum Iulii Oxybiorum **23** Gf
Forum Livii **15** Gc
Forum Novum **15** Ec
Forum Novum **23** Je
Forum Popilii **15** Gc
Forum Segusiavorum **23** Fe
Forum Sempronii **15** Gd
Forum Sempronii **16a** Ca
Forum Traiani **18b** Be
Forum Vibii **15** Bc
Forum Vibii **23** Ge
Forum Voconi **23** Gf
Fossa **24** Dc
Fossae Marianae **23** Ff
Fossae Papirianae **15** Ed
Fosse Way (Via) **22** Cd
Fosse Way (Via) **22** Dc
Fourni **4** Dc
Francavilla Maritima **17** Ed
Franchthi Cave **1a** Cc
Franci (Po) **29** Gc
Franks (Po) **30b** FGcd
Fratte **17** Cc
Fratte di Salerno **18b** Ed
Fregellae **16a** Dc
Fregellae **17** Bb
Fregellae **19a** Cb
Fregenae **16a** Cc
Fregenae **17** Ab
Frentani (Po) **16a** Ebc
Frentani (Po) **18a** Ecd
Friniates **18b** Cc
Frisiavones **23** Fb
Frisians (Po) **30b** Gc
Frisii (Po) **21** FGc
Frisii (Po) **23** FGa
Frusino **16a** Dc
Frusino **17** Bb
Frusino **19a** Cb
Fucinus (La) **16a** Db
Fucinus (La) **17** Bab
Fucinus (La) **19a** Ca
Fulfinium **24** Bc
Fulginiae **16a** Cb
Fulvia (Via) **15** Cc
Fundanus (La) **19a** Cb
Fundi **17** Bb
Fundi **19a** Cb
Furfa **16a** Db
Furnos **28** Inset: N.Africa

G

Gabaa **27** Inset
Gabala **26a** Fe
Gabala **27** Cd
Gabala **28** Inset: Asia etc
Gabali (Po) **23** Ee
Gabbula (Gaboulon) **28** Inset: Asia etc
Gabiene (Re) **11b** Hd
Gabii **16a** Cc
Gabii **17** Ab
Gabii **18b** Dd
Gabii **19a** Bb
Gaboulon **27** Dc
Gabromagus **23** Ld
Gabromagus **24** Bb
Gabrosentum (Mu) **22** Cb
Gadara **11b** Ed
Gadara **27** Inset
Gadara **28** Inset: Asia etc
Gadamava **28** Inset: Asia etc
Gades **7a** Bd
Gades **20a** Cf
Gades **21** Df

Gades **25a** Cd
Gades **30a** Df
Gadiaufala **28** Inset: N.Africa
Gaditanus (Re) **25a** DEd
Gadora **27** Inset
Gaesao **15** Ac
Gaetuli (Po) **21** EFg
Gaganae **24** Fc
Gagie (Mu) **22** Ca
Galatas **3a** Ab
Galatia **26** Inset
Galatia (Re) **20b** MNe
Galatia (Re) **21** Mf
Galatia (Re) **26a** EFc
Galatia (Re) **27** BCb
Galatia I. (Re) **29** Mf
Galatia Salutaris (Re) **29** Mf
Galava (Mu) **22** Cb
Galbana, Horrea (Aed) **19b** Rome
Gale **6b** Inset: N.Aeg.&Prop.
Gale **8b** Ba
Galepsus **6b** Inset: N.Aeg.&Prop.
Galepsus **8b** Ba
Galepsus **9b** Ea
Galepsus **12** Eb
Galeria **16b** Cb
Galilaea (Re) **27** Ce
Gallaeci (Po) **20a** BCcd
Gallaeci (Po) **25a** BCab
Gallaecia (Re) **21** De
Gallaecia (Re) **29** De
Gallia (Re) **7a** CDeb
Gallia (Re) **30a** EFd
Gallia Cisalpina (Re) **20a** KLMb
Gallia Cisalpina (Re) **20b** ABb
Gallia Transalpina (Re) **20a** HJbc
Gallia Transpadana (Re) **23** HJde
(Galliae) (Re) **29** EFGd
Gallicum (Fr) **21** EFc
Gallicum (Fr) **22** Ed
Gallicum (Fr) **23** DEb
Gallicus (Si) **23** Ff
Gallicus (Si) **20a** HJc
Gamala **27** Inset
Gambrium **13** Db
Ganda **23** Eb
Gangania **4** Cd
Ganganorum (Pr) **22** Bc
Gangra **11b** Db
Gangra **21** Me
Gangra-Germanicopolis **26a** Eb
Gangra (Germanicopolis) **28** Me
Ganos (Serioteichos) **12** Inset
Garaguso **17** Ec
Garganus (Mo) **17** Db
Garama **21** Hh
Garamantes (Po) **21** GHJh
Garamantes (Po) **25b** MNPe
Garden Houses (Vi) **19b** Ostia
Gargara **8b** Db
Gargara **13** Cb
Gargettus **9a** Ea
Gariannonum (Mu) **22** Ec
Gariannus (Fl) **22** Ec
Garsaura **26a** Fc
Garsauritis (Re) **26a** Fc
Garsauritis (Re) **27** Cb
Garumna (Fl) **20a** FGbc
Garumna (Fl) **21** Fde
Garumna (Fl) **23** CDef
Garumna (Fl) **30a** EFe
Gate and Ditch **10b** Peiraeus
Gatehouse of Fleet (Mu) **22** Bb
Gaudos **14b** Bc
Gaudos (In) **14b** Bc
Gaugamela **11a** Fc
Gaurium **13** Ad
Gauzanitis (Re) **27** EFc
Gavdhos (In) **3a** Bc
Gaza **11a** Dd
Gaza **11b** Dd
Gaza **26b** Ha
Gaza **27** Inset
Gaza **28** Inset: Asia etc
Gaza (minoa) **3b** Lh
Gazi **3a** Cb
Gazorus **14a** Fe
Gdhiti Rakhi **4** Bd
Gedrosia (Re) **11a** Ke
Gedrosia (Re) **11b** Ke
Geia **27** Cc
Gela **6b** Inset: Sic.&S.Italy
Gela **7a** Fd
Gela **9b** Inset
Gela **16b** Cb
Gela **18a** Ef
Gelas (Fl) **16b** Cb
Gelduba (Mu) **23** Gb
Gelligaer (Mu) **22** Cd
Gemellae **18b** Bd
Gemellae (Mu) **25b** Hb
Genauni (Po) **23** Jd
Genava **23** Gd
Geneatae (Po) **12** Ca
Generals, Office of the (Aed) **10a** Athens
Genesis **12** Aa
Genesis **24** De
Gensis **24** Dc
Genèvre (Mo) (Ang) **15** Ac
Gennanum **15** Eb
Gennesareth (La) **27** Inset
Genua **2** Ba
Genua **15** Cc
Genua **20a** Lb
Genua **20b** Ab
Genua **21** Ge
Genua **23** He
Genusus (Fl) **12** Aa
Genusus (Fl) **24** De
Georgikon **4** Ba
Georgio I (Via) **10b** Peiraeus
Geraestus **13** Ad
Gerania (Mo) **14a** CDa
Gerar (Fl) **27** Inset
Gerasa Arabiae **26b** Hb
Gerasa Arabiae **27** Cf
Gerasa Palaestinae **11b** Ed
Gerasa Palaestinae **21** Ng

Ger-His

Gerasa Palaestinae 27 Ce
Gerasa Palestinae 27 Inset
Gerenia 14a Cc
Gerga 13 Ed
Gergis 13 Cb
Gergovia 23 Ee
Germania (Re) 21 HJKLc
Germania (Re) 23 HJKb
Germania (Mu) 24 Fd
Germania I. (Re) 29 Gd
Germania II. (Re) 29 Gc
Germania Inferior (Re) 21 FGc
Germania Inferior (Re) 23 FGb
Germania Superior (Re) 21 Gd
Germania Superior (Re) 23 FGHcd
Germanicia 26a Gd
Germanicia 27 Dc
Germanicia 28 Inset: Asia etc
Germanicopolis 26a Ed
Germanicopolis 27 Bc
Germanicopolis 27 Ba
Germanicum (Mu) 23 Jc
Germanicum (Ma) 21 FGbc
Germanicus, Oceanus (Ma) 22 DEbc
Germanicus, Oceanus (Ma) 23 Eb
Germe 13 Db
Germisara 24 Fc
Geronthia (In) 7b Cc
Geronthrae 14a Cb
Gerrha 11b Ge
Gerrhe Chalcis 27 Ce
Gerulata (Mu) 24 Ca
Gerulatis 24 Fc
Gerunda 25a Hb
Gerunda 28 Fe
Gesocribate 23 Ac
Gesoriacum 30a Fc
Gesoriacum (Bononia) 22 Ed
Gesoriacum (Bononia) 23 Db
Getae (Po) 11a BCb
Getae (Po) 20b Kb
Getae (Po) 24 Hd
Gezer 3b Lh
Gherla (Mu) 24 Fb
Ghioaca (Mu) 24 Gc
Gigarta 27 Cd
Gigia 25a Da
Gigonis (Pr) 12 Db
Gigonus 8b Ba
Gigthis 21 Hg
Gigthis 25b Lc
Gilău (Mu) 24 Fb
Gilpil (Fl) 24 Eb
Gindarus 27 De
Gindarus 28 Inset: Asia etc
Gioia del Colle 18a Fd
Giovi (Ang) 15 Cc
Giovo, Jaufen (Ang) 15 Fa
Girba 28 Inset: N.Africa
Girba (In) 25b Lc
Gisacum 23 Dc
Gischala 27 Inset
Gissa (In) 24 Bc
Gitana 12 Bc
Gla 4 Db
Gla 6a Db
Glanum 23 Ff
Glannativa 23 Gf
Glannoventa (Mu) 22 Cb
Glaphyrae 12 Dc
Glasgow Bridge (Mu) 22 Inset: Ant. Wall
Glaucus Achaeae (Fl) 14a Ba
Glaucus Armeniae (Fl) 27 Fa
Glaucus Phrygiae (Fl) 26a Cc
Glemona 15 Ha
Glemona 23 Kd
Glenlochar (Mu) 22 Bb
Glevum 21 Ec
Glevum 22 Cd
Glevum 23 Bb
Glisas 14a Ca
Glycys Limen (Si) 12 Bc
Glyppia 14a Cc
Gobannium (Mu) 22 Cd
Gomphi 6a Cb
Comphi 12 Cc
Gonia 1a Cc
Gonia 1b Cc
Gonnus 12 Dc
Gonnus 20b He
Gophna 27 Inset
Gorbeus 26a Ec
Gorbeus 27 Bb
Gordium 6b Jc
Gordium 7a Kd
Gordium 11a Dc
Gordium 20b Ne
Gordyene (Re) 27 Gc
Gori 28 Inset: N.Africa
Gornea (Mu) 24 Ec
Gorneae 27 Ha
Gornji Vakuf (Re) 2 Fab
Gorsium (Mu) 24 Db
Gortyn 3a Bb
Gortyn 11b Bc
Gortyn 20b Jg
Gortyna 1a Dd
Gortyna 28 Kf
Gortynia 12 Da
Gortynia 24 Fe
Gortys 14a Cb
Gothones (Po) 21 KLc
Goulas 4 Cd
Goura 4 Ca
Gournia 3a Cb
Gourzoumisa 4 Bb
Gouva 4 Bb
Gouverneto 3a Bb
Gracurris 20a Fc
Gracurris 25a Fa
Gradistea Muncelului 24 Fc
Graecia (Re) 7a Hd
Graia, Alp (Ang) 15 Ab
Graioceli (Po) 23 Ge
Gramrianae 24 Ed
Grandavia 24 Ee
Granicus, Battle of the 11a Cb

Granicus (Fl) 12 Inset
Granicus (Fl) 13 Da
Granua (Fl) 24 Fa
Grannum 23 Fc
Gravia 6a Db
Graviacae 24 Ab
Gravisca 16a Bb
Gravisca 18b Cc
Gravisca 19a Aa
Great Casterton 22 Dc
Great Chesterford 22 Ec
Great Dunmow 22 Ed
Great Marsh (Pa) 8a DEa
Grebenac (Mu) 24 Ec
Greek Pydna 12 Db
Greek Styberra 12 Ca
Gresia (Mu) 24 Gc
Greta Bridge (Mu) 22 Db
Grevena 5 Eb
Gr. Gerau (Mu) 23 Hc
Gribiani 5 Ec
Grinario (Mu) 23 Hc
Grinnes (Mu) 23 Fb
Grion (Mo) 13 Dd
Grosskrotzenburg (Mu) 23 Hb
Grotta 4 Fc
Gr. Paradiso (Mo) 15 Bb
Grumentum 17 Dc
Grynchae 8b Cb
Grynchae 12 Fd
Gryneum 8b Dc
Gryneum 13 Dc
Guadarrama, Sierra De (Mo) 20a DEd
Gubba 27 Cf
Guium 25a Hc
Gunugu 25b Lb
Gurbita 12 Ca
Gyalóka (Mu) 24 Cb
Gyaros (In) 13 Ad
Gygaea (La) 13 Ec
Gyndes (Fl) 27 Hd
Gyphtokastro 4 Bb
Gypsaria 27 Cf
Gyrton 12 Dc
Gytheum 9b Dc
Gytheum 14a Cc

H

Habitancum (Mu) 22 Cb
Hadra 24 Bc
Hadria 16a Db
Hadria 20b Cc
Hadriana (Via) 26b Fb
Hadrian, City of (Vi) 10a Athens
Hadrian, Gate of (Aed) 10a Athens
Hadrian, Gymnasium of (Aed) 10a Athens
Hadrian, Library of (Aed) 10a Athens
Hadrian, Mausoleum of (Aed) 19b Rome
Hadrian, Ustrinum of (Aed) 19b Rome
Hadriani 26a Ec
Hadriani 28 Inset: Asia etc
Hadriani, Vallum 21 Ec
Hadrianopolis Epiri 12 Bc
Hadrianopolis Lycaoniae 26a Dc
Hadrianopolis Lycaoniae 27 Ab
Hadrianopolis Lycaoniae 28 Inset: Asia etc
Hadrianopolis Thraciae 21 Le
Hadrianopolis Thraciae 24 He
Hadrianopolis Thraciae 28 Le
Hadrianopolis Thraciae 29 Le
Hadrianoupolis 26a Eb
Hadrianouthera 13 Db
Hadrianouthera 26a Bc
Hadrumetum 6b Ec
Hadrumetum 7a Fd
Hadrumetum 20a Mg
Hadrumetum 20b Bg
Hadrumetum 21 Hf
Hadrumetum 25b Lb
Hadrumetum 28 Inset: N.Africa
Hadrumetum 30a Hf
Hadzikyriakou (Via) 10b Peiraeus
Haemimontius (Re) 29 Le
Haemus (Mo) 2 JKb
Haemus (Mo) 7b CDa
Haemus (Mo) 20b Jc
Haemus (Mo) 24 FGd
Haesum 8b Da
Hagnus 9a Eb
Hajdučka Vodenica (Mu) 24 Fc
Halae Aexonides 9a Eb
Halae Aexonides 14a Db
Halae Araphenides 9a Eb
Halae Locridis 1a Cb
Halae Locridis 12 Ed
Halaesa 16a Ca
Hala Sultan Tekke 3b Kf
Hala Sultan Tekke 5 Inset
Halex (Fl) 16b Db
Halheim (Mu) 23 Jc
Haliacmon (Fl) 2 HJc
Haliacmon (Fl) 6a CDa
Haliacmon (Fl) 7b Ab
Haliacmon (Fl) 12 Db
Haliacmon (Fl) 20b Hd
Haliartus 1a Cb
Haliartus 4 Db
Haliartus 14a Da
Halicanum 24 Cb
Halicarnassus 6a Fc
Halicarnassus 7b Dd
Halicarnassus 8b Dc
Halicarnassus 11a Cc
Halicarnassus 11b Cc
Halicarnassus 13 Dd
Halicarnassus 20b Kf
Halicarnassus 26a Bd
Halicyae 16b Ab
Halicyrna 14a Ba
Halieis 14a Db
Halimus 9a Eb
Halmyris 24 Jc
Halone 8b Da
Halonnesos (In) 7b Cc
Halos 4 Ca

Haltern (Mu) 23 Gb
Haltwhistle Burn (Mu) 22 Inset: Had. Wall
Halus 12 Bc
Halycus (Fl) 16b Bb
Halys (Fl) 6b JKbc
Halys (Fl) 7a Kc
Halys (Fl) 11a Db
Halys (Fl) 11b Db
Halys (Fl) 26a Ec
Halys (Fl) 27 BCDab
Hamaxia 26a Dd
Hamaxia 27 Bc
Hamaxitus 8b Db
Hamaxitus 13 Cb
Hammeum (Mu) 24 Ed
Hamworthy 22 Cd
Hanisa 26a Fc
Hanisa 27 Cb
Hardham 22 Dd
Harma 14a Db
Harmozia 11a Je
Harpagium (Mu) 8b Da
Harpasa 13 Ed
Harpasus (Fl) 13 Ed
Harpina 14a Bb
Hasan Magoula 1b Cb
Hasta 15 Cc
Hasta 23 He
Hasta Maritima 15 Cc
Hatra 21 Pf
Hatra 27 Gd
Hatvan-Gombospuszta (Mu) 24 Db
Hayton (Mu) 22 Dc
Heba 16a Bb
Heba 19a Aa
Hebron 27 Inset
Hebrus (Fl) 6b Hb
Hebrus (Fl) 7a Jc
Hebrus (Fl) 7b Db
Hebrus (Fl) 11a Cb
Hebrus (Fl) 11b Cb
Hebrus (Fl) 12 Inset
Hebrus (Fl) 20b Jc
Hebrus (Fl) 24 HeGd
Hebrus (Fl) 26a Bb
Hecale 9a Ea
Hecatompedum 12 Bb
Hecatompylus 11a Hc
Hecatompylus 11b Hc
Hecatonnesi (In) 13 Cb
Hedum Castellum 24 Dc
Hedylium (Mo) 2 Dd
Heftrich (Mu) 23 Hb
Heircte (Mo) 16b Ba
Helcethium 16b Ab
Helena (In) 14a Eb
Helenopolis 28 Inset: Asia etc
Helenopontus (Re) 29 MNe
Helgo 30b Jb
Heliaea (Aed) 10a Athens
Helice Achaeae 14a Ca
Helice Thraciae 24 Fd
Helicon (Mo) 14a Ca
Helicon Siciliae (Fl) 16b Da
Helicranum 12 Bc
Heliopolis Aegypti 11a Dd
Heliopolis Aegypti 26b Fa
Heliopolis Syriae 21 Ng
Hellespont (Fr) 7b CDc
Hellespontine Phrygia (Re) 11a CDbc
Hellespontus (Fr) 2 Lc
Hellespontus (Fr) 6b Inset: N.Aeg.&Prop.
Hellespontus (Fr) 13 Ca
Hellespontus (Re) 29 Lf
Hellopia Epiri (Re) 12 Bc
Hellopia Euboeae (Re) 12 Ed
Helorus 9b Inset
Helorus 16b Dc
Helos 5 Fd
Helos 14a Cc
Helvetii (Po) 23 GHd
Helvii (Po) 23 Fe
Hemeroscopeum 6b Bc
Hephaesteum 'Theseum' (Aed) 10a Athens
Hephaestia 8b Cb
Hephaestia 13 Bb
Hephaestia 28 Inset: Asia etc
Hephaestus, Temple of (Fa) 9a Inset
Heptanomia (Re) 26b Bb
Heraclea Acarnaniae 12 Bd
Heraclea Bospori 21 Me
Heraclea Lucaniae 20b Ed
Heraclea Lynci 12 Ca
Heraclea Lynci 20b Gd
Heraclea Lynci 24 Ee
Heraclea Minoa 16b Bb
Heraclea Minoa 18a Df
Heraclea Pisatidis 14a Bb
Heraclea Pontica 6b Jb
Heraclea Pontica 7a Kc
Heraclea Pontica 8b Inset
Heraclea Pontica 11a Db
Heraclea Pontica 20b Md
Heraclea Pontica 21 Me
Heraclea Pontica 26a Db
Heraclea Propontidis (Neapolis) 12 Inset
Heraclea Propontidis (Perinthus) 28 Le
Heraclea Propontidis (Perinthus) 29 Le
Heraclea Sintica 12 Eb
Heraclea Trachinia 9b Cb
Heraclea Trachinia 12 Db
Heraclea Trachinia 20b He
Heracleia Cariae 13 Db
Heracleia Cariae 26a Bd
Heracleia Pisidiae 26a Cd
Heracleopolis 26b Ga
Heracleopolis Magna 26b BbFb
Heracleopolis Magna 27 Bf
Heracleopolis Magna 28 Mh
Heracleum Cretae 14b Cb
Heracleum contra Salamina 8a Jb
Heracleum Marathonis 8a Cb
Heracleum Pieriae 8b Ba
Heracleum Pieriae 12 Dc
Heracleum Pieriae 20b Hd
Heraea 1b Cc
Heraea 14a Bb
Heraei (Mo) 16b Cbc

Heraeum Argolidis 1b Ec
Heraeum Argolidis 4 Cc
Heraeum Argolidis 4 Inset
Heraeum Argolidis 14a Cb
Heraeum Corinthiae 14a Ca
Heraeum Propontidis Neon-Didymo-Teichos 12 Inset
Heraion Sami 4 Gc
Herakleion 3a Cb
Herbessus 16 Cb
Herbessus Maritima 16b Bb
Herbita 16b Cb
Herculaneum 17 Cc
Herculaneum 18b Ed
Hercules Victor, Temple of (Fa) 19b Rome
Herculeum (Pr) 16b Eb
Herculis (Pr) 22 Bd
Herculis Portus 16b Da
Hercuniates (Po) 24 Db
Herdoniae 17 Db
Herdoniae 18a Ed
Herminius (Mo) 25a BCb
Hermione 4 Inset
Hermione 5 Fd
Hermione 9b Dc
Hermione 14a Db
Hermionis (Re) 14a Db
Hermonthis 26b Gd
Hermonthis 28 Mh
Hermopolis 11b De
Hermopolis Magna 26b Fc
Hermopolis Magna 28 Mh
Hermopolis Parva 26b Fa
Herms, Stoa of the (Aed) 10a Athens
Hermunduri (Po) 21 GHcd
Hermunduri (Po) 23 JKb
Hermus 9a Ea
Hermus (Fl) 4 Hb
Hermus (Fl) 5 Hc
Hermus (Fl) 7a Jd
Hermus (Fl) 7b Dc
Hermus (Fl) 13 Dc
Hermus (Fl) 20b KLc
Hermus (Fl) 26a Bc
Hernici (Po) 16a CDc
Hernici (Po) 17 Bb
Hernici (Po) 18a Dd
Hernici (Po) 19a Cb
Herodes Atticus, Theatre of (Aed) 10a Athens
Herodium 27 Inset
Heroopolis 26b Ga
Heroopolis 27 Bf
Heroopoliticus (Si) 26b Gb
Herpes 30b Jb
Hesselbach (Mu) 23 Hc
Hessus 14a Ca
Hestiaea 9a Eb
Hexalophos 4 Ba
Hexalophos 6a Cb
Hibernia (Re) 21 Dc
Hibis 26b Fd
Hideglelőskereszt (Mu) 24 Db
Hiera 8b Bc
Hieracopolis 26b Gd
Hiera Hephaesti (Thermessa Vulcani) (In) 16b Ca
Hierapolis 26b Cd
Hierapolis 28 Inset: Asia etc
Hierapytna 14b Cb
Hierasus (Fl) 24 Hbc
Hierasycaminus 26b Bc
Hieromices (Fl) 27 Inset
Hieron 12 Inset
Hieron (Pr) 26a Ee
Hieron (Pr) 27 Bc
Hieron Oros 12 Inset
Hieron Stoma 24 Jc
Hieropolis Bambyce 27 Dc
Hieropolis Bambyce 28 Nf
Hieropolis Castabala 26a Gd
Hieropolis Castabala 27 Cc
Hieropolis Phrygiae 26a Dc
Hieropolis Phrygiae 28 Inset: Asia etc
Hierosolyma 11a Ed
Hierosolyma 21 Ng
Hierosolyma 26b Ga
Hierosolyma 28 Inset: Asia etc
Hierosolyma 29 Ng
Hierum Aesculapii 14a Db
Himella (Fl) 16a Cb
Himella (Fl) 19a BCa
Himera 6b Inset: Sic.&S.Italy
Himera 7a Fd
Himera 9b Inset
Himera 16b Bb
Himera 18a Df
Himera (Fl) 16b Bb
Hippana 16b Bb
Hipparis (Fl) 16b Cc
Hippo 30b Gf
Hippo Diarrhytus 20a Lf
Hippo Diarrhytus 25b Ka
Hippo Diarrhytus 28 Inset: N.Africa
Hippo Diarrhytus 30a Gf
Hippo Regius 20a Kf
Hippo Regius 21 Gf
Hippo Regius 25b Ja
Hippo Regius 28 Inset: N. Africa
Hippo Regius 29 Inset: N.Africa
Hippodamian Market (Vi) 10b Peiraeus
Hippola 14a Cc
Hipponion 6b Inset: Sic.&S.Italy
Hipponium (Vibo Valentia) 16b Ea
Hipporum 16b Eb
Hippos 27 Inset
Hirpini (Po) 17 Db
Hirpini (Po) 18a Ed
Hispalensis (Re) 25a CDcd
Hispalis 21 Df
Hispalis 25a Dd

His-Kat

Hispalis 28 Df
Hispalis 29 Df
Hispalis 30a Df
Hispania (Re) 30a DEef
Hispania Citerior (Re) 20a EFdef
Hispania Tarraconensis (Re) 21 DEe
Hispania Ulterior (Re) 20a CDEef
Hispaniae (Re) 29 DEe
Hispellum 16a Cb
Histiaea 5 Fc
Histiaea 8b Bb
Histiaea (Oreus) 12 Ed
Histonium 17 Ca
Histri (Po) 18a DEab
Histria 24 Jc
Histria (Re) 15 Hb
Hivernia (Po) 22 Abc
Hivernicus (Ma) 22 Bc
Hod Hill (Mu) 22 Cd
Hodna (Mo) 25b GHb
Hofheim (Mu) 23 Hb
Hoghiz (Mu) 24 Gc
Holsterhausen (Mu) 23 Gb
Holwan 28 Qg
Holzhausen (Mu) 23 Gb
Homilae 12 Dd
Homolium 12 Dc
Honorias (Re) 29 Me
Hormizd-Ardashir 28 Qg
Horrea Caelia 28 Inset: N.Africa
Horreum Margi 24 Ed
Horta 16b Cb
Horta 19a Ba
Hostilia 15 Fb
Hostilia 23 Je
H. Qumran 27 Inset
Huissen (Mu) 23 Fb
Hunni (Po) 29 KLMd
Huns (Po) 30b QRd
Hunzel (Mu) 23 Gb
Hyampolis 12 Dd
Hybla (Geleatis) 9b Inset
Hybla Geleatis 16b Cb
Hybla Heraea 16b Cc
Hyccara 9b Inset
Hyccara 16b Ba
Hydaspes (Fl) 11a Md
Hyde 26a Ed
Hyde 27 Bc
Hydisus 8b Dc
Hydisus 13 Dd
Hydra (In) 4 Dc
Hydra (In) 4 Inset
Hydramia 14b Bb
Hydraotes (Fl) 11a MNd
Hydrea 14a Db
Hydrea (In) 14a Db
Hydruntum 17 Gc
Hydrus 20b Fd
Hyettus 12 Ed
Hyle 14a Da
Hyllarima 13 Ed
Hyllus (Fl) 13 Ec
Hymethus (Fl) 16b Ca
Hymettus (Mo) 9a Eb
Hymettus (Mo) 14a Db
Hypaepa 13 Dc
Hypaepa 26a Bc
Hypaepa 28 Inset: Asia etc
Hypanis (Fl) 7a Kb
Hypanis (Fl) 24 JKab
Hyparodes 12 Inset
Hyperesia 5 Fc
Hyperteleatum 14a Cc
Hyphasis (Fl) 11a Md
Hypius (Fl) 26a Db
Hypnia 12 Dd
Hypnia 14a Ca
Hypsas (Fl) 16b Bb
Hypsele 28 Mh
Hyrcania (Re) 11a HJc
Hyrcania (Re) 11b HJc
Hyria Boeotiae 1b Cb
Hyria Boeotiae 14a Da
Hyria Calabriae 17 Fc
Hyrmine 5 Ed
Hyrmine 14a Bb
Hyrminus 16b Cc
Hyrtacina 14b Ab
Hysiae Boeotiae 14a Da
Hysiae Thyreatidis 14a Cb
Hyssou limen 27 Fa
Hyssus (Fl) 27 Ea

I

Iaca 25a Fa
Iadate 15 Cb
Iader 20b Db
Iader 21 Je
Iader 24 Bc
Iaetia 16b Bb
Ialysus 4 Jd
Ialysus 5 Jd
Ialysus 7a Jd
Ialysus 8b Ec
Ialysus 13 Ee
Iamo 25a Jc
Iapodes (Po) 20b Db
Iapodes (Po) 24 BCc
Iapyges (Po) 18a Fgd
Iapygia (Re) 9b ABa
Iasi (Po) 24 Cc
Iasicus (Si) 13 Dd
Iasus 3b Ge
Iasus 4 Hc
Iasus 5 Hd
Iasus 8b Dc
Iasus 13 Dd
Iasus 26a Bd
Iatinum 23 Ec
Iatrus (Fl) 24 Gd
Iatrus (Mu) 24 Gd
Iaxartes (Fl) 11a Lb
Iaxartes (Fl) 11b Lb
Iberi (Po) 27 Ha

Iberia Caucasi (Po) 29 PQe
Iberia Caucasi (Re) 21 PQe
Iberia Hispaniae (Re) 7a BCc
Ibericum (Ma) 20a EFfg
Iberus (Fl) 6b Bb
Iberus (Fl) 7a Cc
Iberus (Fl) 20a Fd
Iberus (Fl) 21 Ee
Iberus (Fl) 25a Fb
Icaria (In) 2 Le
Icarium 9a Ea
Icarium (Ma) 13 Cd
Icaros (In) 4 Gc
Icaros (In) 5 Hd
Icaros (In) 7b Dd
Icaros (In) 8b Dc
Icaros (In) 9b Fc
Icaros (In) 13 Cd
Icaros (In) 26a Bd
Iceni (Po) 22 Ec
Ichnae Macedoniae 12 Db
Ichnae Mesopotamiae 25 Db
Ichthyophagi (Po) 26b Bb
Iciodunum 23 Ed
Iconium 21 Mf
Iconium 28 Inset: Asia etc
Iconium 29 Mf
Icorigium (Mu) 23 Gb
Icos (In) 7b BCc
Icos (In) 8b Bb
Icosium 25b Ga
Icthys (Pr) 14a Bb
Ida Cretae (Mo) 14b Bb
Ida Troadis (Mo) 7b Dc
Ida Troadis (Mo) 13 Cb
Ida Troadis (Mo) 26a Bb
Idaeum Antrum 14b Bb
Idalium 7b Bb
Idex (Fl) 15 Fc
Idimum 24 Ec
Idomenae 12 Da
Idomenae 24 Fe
Idomene 9b Cb
Idomene 12 Cc
Idonia (Re) 12 Ab
Idubeda (Mo) 25a EFb
Idumaea (Re) 26b BCaHa
Idyma 8b Ec
Idyma 13 Ed
Idyrus 8b Fc
Iesso 25a Gb
Igilium (In) 16a Ab
Iglesias (Re) 2 Bd
Iguvium 16a Ca
Ilei 14a Db
Ilerda 20a Gd
Ilerda 25a Gb
Ilergavones (Po) 25a Gb
Ilergetes (Po) 25a FGab
Iliberri 25a Ed
Iliberri 28 Ef
Ilici 25a Fc
Ilienses (Po) 18b Bd
Ilipa 25a Dd
Ilissus (Fl) 9a Eb
Ilissus (Fl) 10a Athens
Ilistra 28 Inset: Asia etc
Ilisua (Mu) 24 Gb
Iliturgi 28 Ef
Ilium Epiri 12 Bc
Ilium Troadis 8b Db
Ilium Troadis 11a Cc
Ilium Troadis 11b Cc
Ilium Troadis 13 Cb
Ilium Troadis 20b Ke
Ilium Troadis 26a Bc
Ilium Troadis 28 Inset: Asia etc
Ilkley (Mu) 22 Dc
Illyricum (Re) 29 Jd
Illyrii (Po) 11a ABb
Illyrii Proprie Dicti (Po) 24 Dde
Illyris (Re) 9b Cb
Illyris (Re) 12 ABab
Illyris (Re) 20b Fd
Iluro 23 Cf
Iluro 25a Hb
Ilva (In) 2 Cb
Ilva (In) 7a Fc
Ilva (In) 18a Cc
Ilva (In) 18b Cc
Ilva (In) 20a Mc
Ilva (In) 20b Bc
Ilva (Aithalia) (In) 16a Ab
Ilvates (Po) 15 DEc
Imachara 16b Cb
Imbros (In) 5 Gb
Imbros (In) 6b Inset N.Aeg.&Prop.
Imbros (In) 7b Bc
Imbros (In) 8b Ca
Imbros (In) 9b Ea
Imbros (In) 13 Ba
Imbros (In) 26a Ab
Imperial Fora (Vi) 19b Rome
Imperial Palace (Aed) 19b Ostia
Ina 16b Dc
Inachus Amphilochiae (Fl) 12 Cc
Inachus Argolidis (Fl) 14a Cb
Inatos 3a Cc
Inatus 14b Cb
Inchtuthil (Mu) 22 Ca
Incia (Fl) 15 Ec
Indenea 24 Cc
Indus (Fl) 11a LMcde
Indus (Fl) 11b LMcde
Industria 23 He
Industria (Bodincomagum) 15 Cb
Ingauni (Po) 15 Dc
Ingauni (Po) 18a Bb
Ingauni (Po) 23 He
Ingena 23 Cc
Ingilene (Re) 27 Fbc
Inheiden (Mu) 23 Hb
Inicerum 24 Cc
Inlăceni (Mu) 24 Gb
In Murio 23 Kd
In Portu 15 Ed
Insubres (Po) 15 Db
Insubres (Po) 18a Bb
Insubres (Po) 23 He

Insulae (Re) 29 Lf
Interamna Auruncorum 19a Cb
Interamna Lirenas Volscorum 16a Dc
Interamna Nahars Sabinorum 16a Cb
Interamna Praetuttianorum 16a Db
Interamna Sabinorum 18a Dc
Interamna Volscorum 17 Bb
Intercatia 20a Dd
Intercatia 25a Db
Intercisa (Mu) 24 Db
Internum (Ma) 7a DEFGHJde
Internum (Ma) 21 FGHJKLfg
Interpromium 16a Db
Intimilii (Po) 15 Bd
Inutrium 23 Jd
Inveravon (Mu) 22 Inset: Ant. Wall
Inveresk (Mu) 22 Cb
Inveresk (Mu) 22 Inset: Ant. Wall
Inycum 16b Bb
Ioannina (Pa) 4 Aa
Iol Caesarea 30a Ff
Iolcus 4 Ca
Iolcus 5 Fc
Iolcus 6a Db
Iolcus 12 Dc
Ionia (Re) 13 Dc
Ioniapolis 13 Dd
Ionidae 9a Ea
Ionium (Ma) 2 FGg
Ionium (Ma) 7a Gd
Ionium (Ma) 12 Ac
Ionium (Ma) 14a ABb
Ionium (Ma) 17 FGd
Ionium (Ma) 20b EFef
Ionium (Ma) 21 Jf
Ionius (Si) 2 Gc
Ionius (Si) 6b EFb
Ionius (Si) 9b Ba
Ionnaria 24 Cc
Ionopolis 28 Me
Ios 13 Be
Ios (In) 4 Fd
Ios (In) 5 Gd
Ios (In) 8b Cc
Ios (In) 13 Be
Ios (In) 14b Ca
Iotapata 27 Inset
Iotape 26a Ed
Iotape 27 Bc
Iovalia 24 Dc
Iovia 24 Cb
Ioviacum (Mu) 23 Kc
Ioviacum (Mu) 24 Aa
Ipagrum 28 Ef
Iphistiadae 9a Ea
Iping 22 Dd
Ipni (Pr) 12 Ec
Ira 14a Bb
Irchester 22 Dc
Iresia (In) 7b Cc
Iria (Fl) 15 Dc
Iria Flavia Hispaniae 25a Ba
Iria (Forum Iulium) Liguriae 15 Dc
Iria Hermionidis 4 Inset
Iris (Fl) 26a Db
Iris (Fl) 27 Da
Isara Belgicae (Fl) 23 Ec
Isara Narbonensis (Fl) 20a Jb
Isara Narbonensis (Fl) 23 FGe
Isarci (Po) 15 Fa
Isarci (Po) 23 Jd
Isarus (Fl) 16a Da
Isaura Nova 26a Ed
Isaura Nova 27 Bc
Isauri (Po) 29 Mf
Isauria (Re) 26a DEd
Isauria (Re) 29 Mf
Isburus (Fl) 16b Bb
Isca Dumnoniorum 22 Cd
Isca Dumnoniorum 23 Bb
Isca Dumnoniorum (Fl) 22 Cd
Isca Dumnoniorum (Fl) 23 Bb
Isca Silurum (Mu) 21 Ec
Isca Silurum (Mu) 22 Cd
Isca Silurum (Mu) 23 Bb
Isca Silurum (Fl) 22 Cd
Ischia 5 Bb
Iseum 26b Fa
Iseum 27 Af
Isii (Po) 12 Dd
Isinda 8b Dc
Islaz-Racovița (Mu) 24 Gd
Isopata 3a Cb
Isos 14a Da
Issa 24 Cd
Issa (In) 24 Cd
Issicus (Si) 26a FGd
Issicus (Si) 27 CDc
Issus 11a Ec
Issus 26a Gd
Issus 27 Dc
Ister (Fl) 6b FGHab
Ister (Fl) 7a Gb
Ister (Fl) 11b ABCab
Ister (Danuvius) (Fl) 2 Ja
Ister Danuvius (Fl) 11a BCb
Isthmia 14a Cb
Istone (Mo) 12 Ac
Istria Euxini 7a Jc
Istria Adriatici (Re) 2 Da
Istria Adriatici (Re) 20b Cb
Istrum 6b Hb
Istrus 11a Ca
Istrus 20b Lb
Isurium 22 Db
Italia (Re) 7a FGc
Italia (Re) 20b CDcd
Italia (Re) 21 HJe
Italia (Re) 23 HJe
Italia (Re) 24 Bb
Italia (Re) 29 GHde
Italia (Re) 30a HJe
Italica 20a Df
Italica 25a Cd
Itanos 14b Db
Itanus 7a Jd

Itanus 20b Kg
Ithaca 12 Bd
Ithaca 14a Aa
Ithaca (In) 4 Ab
Ithaca (In) 5 Ec
Ithaca (In) 9b Cb
Ithaca (In) 12 Bd
Ithaca (In) 14a Aa
Ithome Messeniae (Mo) 14a Bb
Ithome Thessaliae 12 Cc
Ithoria 14a Ba
Itonus 12 Dc
Ituna (Fl) 22 Cb
Ituna (Fl) 22 Inset: Had. Wall
Iuliobona 23 Dc
Iuliobriga 23 Af
Iuliobriga 25a Da
Iuliomagus 23 Cd
Iuliopolis Commagenes (Mu) 27 Ec
Iuliopolis Galatiae 26a Db
Iuliopolis Galatiae 27 Aa
Iuliopolis Galatiae 28 Inset: Asia etc
Iulis 14a Eb
Iulium Carnicum 15 Ha
Iulium Carnicum 23 Kd
Iunonis (Pr) 25a Cd
Iustiniana Prima 24 Ed
Iuvanum Frentanorum 16a Ec
Iuvanum Paelignorum 17 Cb
Iuvavum 23 Kd
Ivenna 24 Bb
Ivesis (Fl) 24 Bb
Ixworth 22 Ec

J

Jabbok (Fl) 27 Inset
Jagsthausen (Mu) 23 Hc
Jamnia 27 Inset
Jamnia 28 Inset: Asia etc
Janiculum (Mo) 19b Rome
Jazyges (Po) 21 Jd
(Jebel Khaled) 27 Ec
Jerico 27 Inset
Jerico 28 Inset: Asia etc
Jerusalem (Aelia Capitolina)
Vide Hierosolyma 27 Inset
Jiblea (Mu) 24 Gc
Jidava (Mu) 24 Gc
Joppa 11b Dd
Joppe 27 Inset
Joppe 28 Inset: Asia etc
Jordan (Fl) 27 Inset
Judaea (Re) 21 MNg
Judaea (Re) 27 Cf
Juktas (Fa) 3a Cb
Julia Augusta (Via) 15 BCcd
Julia Augusta (Via) 15 Ha
Julia Gordus 13 Ec
Julia Gordus 26a Cc
Julia Saepta (Vi) 19b Rome
Juliacum (Mu) 23 Gb
Julier (Ang) 15 Ea
Jura (Mo) 23 Gd
Jutes (Po) 30b GHb

K

Kair House (Mu) 22 Ca
Kaki Thalassa 1b CDc
Kaki Thalassa 4 Ec
Kakolangadha 4 Ab
Kakovatos 3b Inset
Kakovatos 4 Bc
Kalamaki 4 Inset
Kalamas (Fl) 6a Cb
Kalamata 4 Bc
Kalami 3a Bb
Kalami 4 Cb
Kalavarda 3b Ge
Kalavarda 4 Hd
Kalbaki 5 Ec
Kalbaki 6a Cb
Kaloyeros 4 Ac
Kalyvia 4 Cc
Kamarais 1a Dd
Kamares 3a Bb
Kamatero 8a Hb
Kamilari 3a Bc
Kamini 4 Dc
Kamnik 1a Ba
Kampos 3b Inset
Kandia 4 Inset
Kangadhi 4 Bb
Kaphkala 4 Bb
Kaphrio 4 Bd
Kapoutzedhes 1a Ca
Kapersburg (Mu) 23 Hb
Karanis 26b Fb
Karaousi 1b Cc
Karaousi 4 Cd
Karka 28 Pf
Karmi 3b Kf
Karphi 3a Cb
Kasarma 4 Inset
Kaskar 28 Qg
Kastelli 4 Cd
Kastello Laconiae 4 Cb
Kastellos 1a Dd
Kastri Cytherae 1b Cc
Kastri Cytherae 4 Cc
Kastri Euboeae 4 Cb
Kastritsa 1b Bb
Kastritsa 4 Aa
Kastritsa 5 Ec
Kastritsa 6a Cb
Kastro 4 Db
Kastrokephala 3a Cb
Katakali 4 Inset
Katakolon Euboeae 4 Eb
Katakolon Peloponnesi 4 Bc
Katarraktis 4 Bb
Kato-Souli 8a Da

Kat-Liq

Kato Syme **3a** Cb
Katsamba **1a** Dd
Katsamba **3a** Cb
Kavala **1a** Da
Kavalla **1b** Da
Kazaphani **3b** Kf
Kea (In) **3b** Inset
Kea (In) **4** Ec
Kebir, Oued (Fl) **25a** Ja
Kemel (Mu) **23** Gb
Kephala **1b** Dc
Kephalari **4** Cc
Kephalovryson **1b** Bc
Keraba (Fl) **27** Inset
Kerata (Mo) **9a** Da
Keratea **4** Dc
Kerilien **23** Ac
Khamaizi **3a** Db
Khania **3a** Bb
Khantsa **4** Db
Kharakopeio **4** Bd
Khasia **4** Db
Khawak (Ang) **11a** Lc
Khersonisi **4** Cc
Khlemoutsi **4** Bc
Khoirospilia **4** Ab
Khondhros **3a** Cb
Khorsiai **4** Cb
Khortos **4** Da
Khrisovitsa **4** Bb
Khrysoskalitissa **3a** Ab
Kilindir **1b** Ca
Kilindir **5** Fb
King St. (Via) **22** Dc
Kingdom of Abisares (Re) **11a** MNcd
Kingdom of Musicanus (Re) **11a** Le
Kingdom of Sambus (Re) **11a** Le
Kinneil (Mu) **22** Inset: Ant. Wall
Kintore (Mu) **22** Ca
Kiperi **4** Aa
Kiperi **5** Ec
Kiperi **6a** Cb
Kipoula **4** Cd
Kirkbride (Mu) **22** Inset: Had. Wall
Kirkbuddo (Mu) **22** Ca
Kirkham (Mu) **22** Cc
Kirkintilloch (Mu) **22** Inset: Ant. Wall
Kison (Fl) **27** Inset
Kitsos Cave **1a** Cc
Klisoves (Via) **10b** Peiraeus
Kneblinghausen (Mu) **23** Hb
Kocabağlar **5** Hc
Koiladhia **4** Inset
Kokkinovrakhos **4** Db
Kokkolata **4** Ab
Kolonna **4** Dc
Kolonna **4** Inset
Kommos **3a** Bb
Konitsa **6a** Cb
Kophos (Quiet) Harbour (Si) **10b** Peiraeus
Kopreza **4** Dc
Korae Square (Vi) **10b** Peiraeus
Korakou **1b** Cc
Korakou **4** Cc
Korakou **4** Inset
Korce **6a** Ca
Korovia **3b** Lf
Koryphasion **3b** Inset
Kotroni **4** Cc
Kotroni (Mo) **8a** Ba
Kouklia **3b** Kf
Koukounara **4** Bd
Koukoura **4** Bb
Koumarospilio **1a** Dd
Koumasa **3a** Cc
Koumoundourou (In) **10b** Peiraeus
Koundouriotou (Via) **10b** Peiraeus
Kouphovouno **1a** Cc
Kouphovouno **4** Cc
Kourkoula **4** Inset
Koutsokheira **4** Bc
Kozani **5** Eb
Kozani **6a** Ca
Kranea **4** Ab
Krasi **3a** Cb
Kravari **1b** Ba
Krebeni **4** Bc
Krefeld **30** Gc
Kritsa **3a** Cb
Kritsana **1a** Ca
Kritsana **1b** Ca
Kryoneri **4** Bb
Ktouri **4** Ca
Kyparissi **3a** Cb

L

Laabane **27** Inset
Labdalum **16b** Inset
Labeatae (Po) **20b** FGc
Labeatae (Po) **24** Dd
Labeatis (In) **24** Dd
Labicana (Via) **19b** Rome
Labici **16a** Cc
Labici **17** Ab
Labici **19a** Bb
Labicum **28** He
Labitolosa **25a** Ga
Labraÿnda **13** Dd
Labyrinthus **26b** Fb
Lacedaemon **28** Kf
Lacerea **12** Dc
Lacetani (Po) **25a** GHb
Laceter (Pr) **13** Ce
Lachish **3b** Lh
Laciadae **9a** Bb
Lacimurga **25a** Dc
La Cisa (Ang) **15** Dc
Lacmon (Mo) **12** Cc
Lacobriga **20a** Bf
Lacobriga **25a** Bd
Laconia (Re) **9b** Dc
Laconia (Re) **14a** Cc
Laconia (Re) **20b** Hf
Laconicus (Si) **14a** Cc
Lacotena **26a** Hc
Lacotena **27** Eb
Lactodorum **22** Dc
Lactora **23** Df
Lactorates (Po) **23** Df
Lacus Berberaci **27** Fc
Lade (In) **13** Dd
Ladesta (In) **24** Cd
Ladon (Fl) **14a** Bb
Laertes **26a** Ed
Laertes **27** Bc
Laevi Marici (Po) **15** CDb
Laevus (Re) **24** Jcd
La Futa (Ang) **15** Fc
Lagania **26a** Ec
Lagania **27** Bb
Lagentium (Mu) **22** Dc
Lagina **13** Ed
Laianci (Po) **23** Kd
Lakkithra **4** Ab
Lalousi **4** Bb
Lamasba **28** Inset: N.Africa
Lambaesis **21** Gf
Lambaesis **28** Inset: N.Africa
Lambaesis **29** Gf
Lambaesis (Mu) **25b** Jb
Lambrus (Fl) **15** Db
Lametus (Fl) **16b** Ea
Lametus (Fl) **17** Ee
Lamia **12** Dd
Lamiani et Maiani (Ho) **19b** Rome
Laminium **25a** Ec
Lamponeia **8b** Dc
Lampsacus **8b** Ca
Lampsacus **9b** Fa
Lampsacus **12** Inset
Lampsacus **20b** Kd
Lampsacus **26a** Bb
Lampsacus **28** Inset: Asia etc
Lampsimandos (In) **8b** Dc
Lamptrae **14a** Db
Lamus (Fl) **26a** EFd
Lamus (Fl) **27** BCc
Lancaster (Mu) **22** Cb
Lancia **25a** Da
Langa **15** Cc
Langenhain (Mu) **23** Hb
Langobardi (Po) **21** HJc
Langon **23** Cd
Lanolo **23** Dd
Lanuvium **16a** Cc
Lanuvium **17** Ab
Lanuvium **19a** Bb
Laodicea ad Libanum **11b** Ed
Laodicea ad Libanum **27** Dd
Laodicea Cariae **20b** Lf
Laodicea Cariae **26a** Cd
Laodicea Cariae **28** Inset: Asia etc
Laodicea Catacecaumene Lycaoniae **11b** Dc
Laodicea Combusta Lycaoniae **26a** Eb
Laodicea Combusta Lycaoniae **27** Bb
Laodicea Combusta Lycaoniae **28** Inset: Asia etc
Laodicea Syriae **11b** Ec
Laodicea Syriae **21** Ng
Laodicea Syriae **26a** Fe
Laodicea Syriae **27** Cd
Laodicea Syriae **28** Inset: Asia etc
Lapathus (Re) **12** Dc
Lapethus **3b** Kf
Lapethus **5** Inset
Lapethus **6a** Inset
Lapethus **7a** Kd
Lapethus **7b** Inset
Lapethus **27** Bd
Lappa **14b** Bb
Laranda **11a** Dc
Laranda **26a** Ed
Laranda **27** Bc
Laranda **28** Inset: Asia etc
Lares **28** Inset: N.Africa
Large Horrea (Aed) **19b** Ostia
Largiana (Mu) **24** Fb
Largo Argentina, Four Republican Temples of (Fa) **19b** Rome
Larinum **17** Cb
Larisa **5** Hc
Larisa Aeolidis **4** Hb
Larisa Aeolidis **8b** Db
Larisa Aeolidis **13** Dc
Larisa Cremaste Achaeae Phthiotidis **12** Dd
Larisa Ioniae **13** Dc
Larisa Sizara Coele-Syriae **27** Dd
Larisa Syriae **28** Inset: Asia etc
Larisa Troadis **8b** Db
Larisa Troadis **13** Cb
Larissa Thessaliae **1b** Cb
Larissa Thessaliae **4** Ca
Larissa Thessaliae **9b** Db
Larissa Thessaliae **11b** Bc
Larissa Thessaliae **12** Dc
Larissa Thessaliae **20b** He
Larissa Thessaliae **28** Kf
Larius (La) **15** Dab
Larius (La) **23** Hde
Larix **15** Ha
Lartus **13** De
Larymna **4** Db
Larymna **12** Ed
Las **5** Fd
Las **14a** Cc
Lascuta **20a** Df
Lascuta **25a** Dd
Lasea **14b** Bc
Lasium **14a** Bb
Lata (Via) **19b** Rome
Latara **23** Ef
La Teste de Buch **23** Ce
Latina, Porta **19b** Rome
Latina (Via) **16a** Dc
Latina (Via) **19a** Bb
Latina (Via) **19b** Rome
Latini (Po) **18b** Dcd
Latini (Po) **19a** Bb
Latis (Fl) **15** Bc
Latium (Re) **17** ABb
Latium (Re) **18a** Dd
Latium (Re) **19a** BCb
Latium (Re) **20b** Cd
Latmus **8b** Dc
Latmus (Mo) **13** Dd
Lato (Greek) **14b** Cb
Lato (Roman) **14b** Cb
Latobici (Po) **24** Bc
Latopolis **26b** Gd
Laumellum **15** Cb
Laureion (Re) **9a** Fb
Laurentina, Porta **19b** Ostia
Laurentina (Via) **19b** Rome
Lauriacum **24** Ba
Lauriacum **29** Hd
Lauriacum **28** Hd
Lauriacum (Mu) **23** Lc
Laurium (Re) **2** Ke
Lauro **25a** Fc
Laus **6b** Inset: Sic.&S.Italy
Laus **17** Dd
Laus Pompeia **15** Dd
Lavatrae (Mu) **22** Cb
Lavello **17** Db
Lavernae **16a** Db
Lavernae **17** Ba
Laviansene (Re) **26a** GHc
Laviansene (Re) **27** DEb
Lavinium **16a** Cc
Lavinium **17** Ab
Lavinium **18b** Dc
Lavinium **19a** Bb
Lazon **28** Pf
Lebaba **28** Inset: Asia etc
Lebadea **12** Dd
Lebadea **14a** Ca
Lebedus **8b** Db
Lebedus **13** Dc
Lebedus **26a** Bc
Lebena **3a** Bc
Lebena **14b** Bc
Lebinthos (In) **13** Cd
Lechaeum **14a** Cb
Lederata (Mu) **24** Ec
Ledon **12** Dd
Ledri **7b** Inset
Lefkandi **1b** Cb
Lefkandi **1b** Cb
Legio **21** De
Legio **28** De
Legio **29** De
Legio VII Gemina **25a** Da
Legio Maximianopolis **27** Inset
Legionum Urbs **28** Ec
Leibethra **12** Db
Lemannus (La) **23** Gd
Lemnos (In) **2** Kd
Lemnos (In) **5** Gc
Lemnos (In) **6b** Inset: N.Aeg.&Prop.
Lemnos (In) **7b** Cc
Lemnos (In) **8b** Cab
Lemnos (In) **9b** Eb
Lemnos (In) **12** Gc
Lemnos (In) **13** Bb
Lemnos (In) **20b** Je
Lemnos (In) **26a** Ac
Lemovices (Po) **23** DEe
Lentia (Mu) **23** Lc
Lentia **30a** EFd
Lentulis **24** Cb
Leon **16b** Db
Leontini **6b** Inset: Sic.&S.Italy
Leontini **9b** Inset
Leontini **16b** Db
Leontini **18a** Ef
Leontini **20b** Df
Leontium **14a** Ba
Leontopolis **26b** Fa
Leontopolis Delta **26b** Fa
Leontopolis Delta **28** Mg
Lepcis Magna **6b** Ed
Lepcis Magna **7a** Fe
Lepcis Magna **21** Hg
Lepcis Magna **25b** Nc
Lepcis Magna **28** Hg
Lepcis Magna **29** Hg
Lepcis Magna **30a** Hg
Lepcis Minor **20a** Mg
Lepcis Minor **28** Inset: N.Africa
Lepinus (Mo) **16a** Dc
Lepontii (Po) **15** Ca
Lepontii (Po) **23** Hd
Leporano **5** Cb
Lepreum **4** Bc
Lepreum **9b** Cc
Lepreum **14a** Bb
Lepsia (In) **13** Cd
Lerna **1a** Cc
Lerna **1b** Cc
Lerna **3b** Inset
Lerna **4** Cc
Lerna **4** Inset
Lerna **6a** Dc
Lerna **14a** Cc
Leros (In) **4** Gc
Leros (In) **5** Hd
Leros (In) **8b** Dc
Leros (In) **9b** Fc
Leros (In) **13** Cd
Le Rubricaire **23** Cc
Lerus (In) **9a** Eb
Lesbos (In) **2** KLd
Lesbos (In) **6a** Fb
Lesbos (In) **6b** Hc
Lesbos (In) **4** FGa
Lesbos (In) **5** GHc
Lesbos (In) **7a** Jd
Lesbos (In) **7b** CDc
Lesbos (In) **8b** CDb
Lesbos (In) **9b** EFb
Lesbos (In) **13** Bb
Lesbos (In) **20b** JKe
Lesbos (In) **26a** ABc
Les Bouchauds **23** Ce
Lesima (Mo) **15** Dc
Leskoviq **6a** Ca
Lessa **14a** Db
Lessia **4** Inset
Lessini (Mo) **15** Fb
Lete **12** Eb
Lethaeus (Fl) **14b** Bb
Letoa (In) **14b** Bb
Letocetum **22** Dc
Letopolis **26b** Fa
Le Tréport **22** Ed
Letrini **14a** Bb
Leuca (Fl) **22** Bd
Leucae Ioniae **13** Cc
Leucae Laconiae **14a** Cc
Leucarum (Mu) **22** Bd
Leucas **1a** Bb
Leucas **2** Hd
Leucas **6b** Gc
Leucas **9b** Cb
Leucas **12** Bd
Leucas (In) **4** Ab
Leucas (In) **5** Ec
Leucas (In) **6a** Cb
Leucas (In) **7a** GHd
Leucas (In) **9b** Cb
Leucas (In) **12** Bc
Leucate (Pr) **12** Bd
Leuce (In) **14b** Dc
Leuce Acte **7b** Cc
Leuce Cherronesi **12** Inset
Leuce Cretae **14b** Dc
Leucera **15** Db
Leuci (Po) **23** FGc
Leucimme (Pr) **12** Bc
Leucono **24** Dc
Leuconoeon **9a** Ea
Leucopetra **16b** Dc
Leuctra Boeotiae **14a** Cb
Leuctra Messeniae **14a** Cc
Leucus (Fl) **12** Db
Leugaricio (Mu) **24** Da
Leusinium **24** Dd
Leutuoanum **24** Dc
Levefanum (Mu) **23** Fb
Levendi **4** Inset
Lexovii (Po) **23** Dc
Lezoux **23** Ee
Lianokladhi **1a** Cb
Lianokladhi **1b** Cb
Libanus (Mo) **27** CDde
Libarna **15** Cc
Liberchies **23** Fb
Libisosa **25a** Ec
Liburni (Po) **20b** Bb
Liburnia (Re) **24** Bc
Libya (Re) **7a** HJe
Libya (Re) **26b** Ac
Libya Inferior (Re) **29** Lg
Libya Superior (Re) **29** Kg
Libycum (Ma) **2** DEe
Libycum (Ma) **3a** BCc
Libycum (Ma) **14b** BCDc
Libycum (Ma) **16b** ABb
Licates (Po) **23** Jd
Liciniani (Ho) **19b** Rome
Liger (Fl) **7a** Db
Liger (Fl) **21** Fd
Liger (Fl) **23** CDEFde
Liger (Fl) **30a** EFd
Lighthouses (Aed) **10b** Peiraeus
Ligourio **4** Inset
Ligugé **23** Ed
Ligures (Po) **18b** Bb
Liguria (Re) **15** BCDc
Liguria (Re) **20a** Lb
Liguria (Re) **20b** ABb
Liguria (Re) **29** Gd
Ligusticus (Si) **2** Bab
Ligusticus (Si) **15** CDd
Ligusticus (Si) **20a** Lc
Ligusticus (Si) **20b** Abc
Ligusticus (Si) **23** Hf
Lilybaeum **6b** Inset: Sic.&S.Italy
Lilybaeum **16b** Ab
Lilybaeum **20b** Cf
Lilybaeum **28** He
Lilybaeum **30a** Hf
Limes Transalutanus **24** Cc
Limia (Fl) **25a** Bb
Limnae Cherronesi **6b** Inset: N.Aeg.&Prop.
Limnae Cherronesi **8b** Da
Limnae Cherronesi **12** Inset
Limnae Messeniae **14a** Cb
Limnae Phrygiae **28** Inset: Asia etc
Limnaea Acarnaniae **9b** Cb
Limnaea Acarnaniae **12** Cd
Limnaeum **12** Dc
Limonum **23** Dd
Limonum **28** Fd
Limusa **24** Cb
Limyra **26a** Dd
Lindinis **22** Cd
Lindum **21** Ec
Lindum **22** Dc
Lindum **28** Ec
Lindum **29** Ec
Lindus **4** Jd
Lindus **5** Jd
Lindus **7a** Jd
Lindus **7b** Ed
Lindus **8b** Ec
Lindus **13** Ee
Lingones (Po) **15** FGc
Lingones (Po) **23** Fd
Lintomagus **22** Ed
Lintomagus **23** Db
Linus **12** Inset
Lioni **4** Cd
Lipara **6b** Inset: Sic.&S. Italy
Lipara **16b** Ca
Lipara **18a** Ee
Lipara (Meligunis) (In) **16b** Ca
Liparaeae (Ins) **2** Ed
Liparaeae (Ins) **9b** Cd
Liparaeae (Ins) **18a** Ee
Liparaeae (Ins) **18b** Ee
Lipari **5** Bc
Liquentia (Fl) **15** Ga

Lir-Mec

Liria 25a Fc
Liris (Fl) 16a Dc
Liris (Fl) 17 Bb
Liris (Fl) 18a Dd
Liris (Fl) 18b Dd
Liris (Fl) 19a Cb
Liris (Fl) 20b Cd
Lissa (In) 24 Bc
Lissus Cretae 14b Ab
Lissus Illyriae 20b Fd
Lissus Illyriae 24 De
Liternum 17 Cc
Lithares 1b Cb
Littamum 15 Ga
Littamum 23 Kd
Little Marsh (Pa) 8a Cbc
Litubium 15 Dc
Livanates 4 Db
Livezile (Mu) 24 Gb
Livias 27 Inset
Lixus 7a Bd
Lixus 20a Cg
Lixus 25b Bb
Llandovery (Mu) 22 Cd
Llanfor (Mu) 22 Cc
Ločica (Mu) 24 Bb
Locri Epizephyrii 6b Inset: Sic.&S.Italy
Locri Epizephyrii 16b Ea
Locri Epizephyrii 18a Fe
Locri Epizephyrii 20b Ee
Locris Epicnemis (Re) 9b Db
Locris Epicnemis (Re) 12 DEd
Locris (Ozolis) (Re) 6b Gc
Locris Ozolis (Re) 9b Db
Locris Ozolis (Re) 12 Dd
Locris Ozolis (Re) 14a Ca
Logia Aestuarium 22 Bb
Logie (Mu) 22 Ca
Lol 20a Hf
Lombards (Po) 30b JKdGHe
Loncium 15 Ha
Londinium 21 Fc
Londinium 28 Fc
Londinium 29 Fc
Londinium 30a Ec
Londinium Augusta 22 Dd
Londinium Augusta 23 Cb
Longane 16b Da
Longanicum 16b Bb
Longanus 16b Da
Longaticum 24 Bc
Long Melford 22 Ec
Longovicium (Mu) 22 Db
Longovicium (Mu) 22 Inset: Had. Wall
Long Preston (Mu) 22 Cb
Long Stoa (Aed) 10b Peiraeus
Longthorpe (Mu) 22 Dc
Longula 19a Bb
Long Wall, North 10a Athens
Long Wall, North 10b Peiraeus
Long Wall, South 10a Athens
Long Wall, South 10b Peiraeus
Lopadium 12 Inset
Lopodunum (Mu) 23 Hc
Lopsica 24 Bc
Lorch (Mu) 23 Hc
Loryma 8b Ec
Loryma 13 DEe
Losodica (Mu) 23 Jc
Loudoun Hill (Mu) 22 Bb
Lousonna 23 Gd
Loutses 4 Bc
Lovedon 30b Ec
Low Borrow Bridge (Mu) 22 Cb
Lower Agryle 9a Inset
Lower Ancyle 9a Inset
Lower Lamptrae 9a Eb
Lower Paeania 9a Eb
Lower Pergase 9a Ea
Lower Potamus 9a Eb
Loxa (Fl) 22 Ca
Luca 15 Ed
Luca 28 He
Lucani (Po) 18a EFd
Lucania (Re) 17 DEc
Lucania (Re) 20b DEd
Lucania et Brittii (Re) 29 Jef
Lucanus (Fl) 16b Ea
Lucensis (Re) 25a BCa
Lucentum 25a Fc
Luceria 17 Db
Luceria 18a Ed
Luceria 20b Dd
Luculliani (Ho) 19b Rome
Lucus Augusti 23 Fe
Lucus Augusti 25a Ca
Lucus Bormani 15 Cd
Lucus Bormani 23 Hf
Lucus Feroniae 16a Cb
Lucus Feroniae 17 Aa
Ludi Magni (Aed) 19b Rome
Lugdunensis (Re) 21 EFd
Lugdunensis (Re) 23 CDEFcd
Lugdunensis I (Re) 29 Fd
Lugdunensis II (Re) 29 EFd
Lugdunensis III (Re) 29 Ed
Lugdunensis Senonia (Re) 29 Fd
Lugdunum Consorannorum 23 Df
Lugdunum Galliae 21 Fd
Lugdunum Galliae 23 Fe
Lugdunum Galliae 28 Fd
Lugdunum Galliae 29 Fd
Lugdunum Galliae 30a Fd
Lugdunum Germaniae (Mu) 23 Fa
Lugio (Mu) 24 Db
Luguvalium 22 Cb
Luguvalium 22 Inset: Had. Wall
Luguvalium 29 Ec
Lukmanier (Ang) 15 Ca
Luna 15 Ec
Luna 18b Cb
Luna 20a Mb
Luna 20b Bb
Luna 23 He
Luna 30a Ge
Lupiae 17 Ge
Lupiae 18a Gd
Luppia (Fl) 23 GHb
Lurg Moor (Mu) 22 Bb

Lurg Moor (Mu) 22 Inset: Ant. Wall
Lusi 14a Cb
Lusia 9a Ea
Lusitani (Po) 20a BCde
Lusitania (Re) 21 Def
Lusitania (Re) 25a BCDc
Lusitania (Re) 29 Df
Lussonium (Mu) 24 Db
Lutetia 21 Fd
Lutetia 23 Ec
Lutetia Parisii 28 Fd
Luteva 23 Ef
Lützelbach (Mu) 23 Hc
Luxovium 23 Gd
Lycaonia (Re) 11b Dc
Lycaonia (Re) 21 Mf
Lycaonia (Re) 26a DEcd
Lycaonia (Re) 27 ABbc
Lycaonia (Re) 29 Mf
Lycastus 14b Cb
Lyceum (Aed) 10a Athens
Lychnidus 12 Ba
Lychnidus 14 Ee
Lychnitis Iberorum (La) 27 Ha
Lychnitis Illyridis (La) 12 Bab
Lychnitis Illyridis (La) 24 Ee
Lycia (Re) 7a JKd
Lycia (Re) 7b EFd
Lycia (Re) 11a CDc
Lycia (Re) 11b CDc
Lycia (Re) 20b LMf
Lycia (Re) 26a CDd
Lycia (Re) 29 LMf
Lycia et Pamphylia (Re) 21 LMf
Lycii (Po) 8b Ec
Lycium (Ma) 26a CDe
Lycoa 14a Cb
Lycopolis 11b De
Lycopolis 26b Fc
Lycopolis 28 Mh
Lycosura 14a Cb
Lycuria 14a Cb
Lycus Aeolidis (Fl) 13 Dc
Lycus Asthianenes (Fl) 27 Eb
Lycus Mesopotamiae (Fl) 11a Fc
Lycus Ponti (Fl) 11b Fb
Lycus Ponti (Fl) 26a GHb
Lycus Ponti (Fl) 27 DEa
Lydda 27 Inset
Lydda 28 Inset: Asia etc
Lydia (Re) 7a Jd
Lydia (Re) 7b Dc
Lydia (Re) 11a Cc
Lydia (Re) 11b Cc
Lydia (Re) 20b KLe
Lydia (Re) 21 Lf
Lydia (Re) 29 Lf
Lydias (La) 12 Db
Lykastos 1a Dd
Lykovouno 4 Db
Lymbiadha 4 Cc
Lyncon (Mo) 12 Bb
Lyncus (Re) 9b Cb
Lyncus (Re) 12 Cb
Lyne (Mu) 22 Cb
Lyrcea 14a Cb
Lysa 27 Cf
Lysias 27 Dd
Lysimachea Aetoliae 12 Cd
Lysimachea Cherronesi 11b Cb
Lysimachea Cherronesi 12 Inset
Lysimachea Cherronesi 20b Kd
Lysimeleia (Pa) 16b Inset
Lysinia 26a Dd
Lystra 28 Inset: Asia etc
Lyttus 14b Cb

M

Maa 5 Inset
Maa 6a Inset
Maastricht 23 Fb
Macaria 8a Da
Macedones (Po) 9b CDa
Macedonia (Re) 7a Hc
Macedonia (Re) 7b ABb
Macedonia (Re) 11a Bb
Macedonia (Re) 11b Bb
Macedonia (Re) 12 CDEb
Macedonia (Re) 20b GHd
Macedonia (Re) 21 Ke
Macedonia (Re) 24 EFe
Macedonia (Re) 29 Ke
Macedonia (Re) 29 Kef
Macedonis (Re) 7b Bb
Macedonis (Re) 12 Db
Macedonopolis 28 Nf
Macella 16b Bb
Macestus (Fl) 13 Eab
Macestus (Fl) 26a Cc
Maceta (Pr) 11a Je
Macherus 27 Inset
Macistus (Mo) 12 Ed
Macra (Fl) 15 Dc
Macracome 12 Dd
Mactaris 28 Inset: N.Africa
Mactorium 16b Cb
Macynia 14a Ba
Madaurus 25b Ka
Madaurus 28 Inset: N.Africa
Maddalena, Col de Larche (Ang) 15 Ac
Madnasa 8b Dc
Madytus 6b Inset: N.Aeg.&Prop.
Madytus 8b Bb
Madytus 12 Inset
Madytus 13 Ca
Maeander (Fl) 4 HJc
Maeander (Fl) 5 Jd
Maeander (Fl) 6b Hc
Maeander (Fl) 7a Jd
Maeander (Fl) 13 Dd
Maeander (Fl) 20b KLf
Maeander (Fl) 26a Ccd
Maeandria 12 Bc
Maeandropolis 8b Dc
Maeatae (Po) 21 Eb

Maecenatis (Ho) 19b Rome
Maedi (Po) 12 Ea
Maedi (Po) 20b Hcd
Maedi (Po) 24 Fe
Maenaca 7a Cd
Maeotis (La) 11a Ea
Maeotis (La) 11b Ea
Maeotis (Pa) 6b Ka
Maera 14a Cb
M(a)estriana 24 Cb
Maezaei (Po) 24 Cc
Magarsus 26a Fd
Magarsus 27 Cc
Magasa 1a Ba
Magdala 27 Inset
Magdalensburg 24 Bb
Magiovinium 22 Dc
Magis (Mu) 22 Cc
Magliano (Heba) 18b Cc
Magna Mater, Field and
   Temple of (Vi/Fa) 19b Ostia
Magnesia Hermi 13 Dc
Magnesia Hermi 26a Bc
Magnesia Maeandri 11b Cc
Magnesia Maeandri 13 Dd
Magnesia Maeandri 26a Bd
Magnesia Maeandri 28 Inset: Asia etc
Magnesia Thessaliae (Re) 12 DEc
Magnis (Mu) 22 Inset: Had Wall
Magnis Dobunnorum 22 Cc
Magnum 24 Cd
Magnum (Pr) 25a Bc
Mago 20a He
Mago 25a Hc
Magula Hadzimissiotiki 1a Cb
Magulitsa 1a Bb
Magydus 28 Inset: Asia etc
Maia (Mu) 22 Cb
Maia (Mu) 22 Inset: Had. Wall
Maia Raetiae 15 Fa
Mainhardt 23 Hc
Mainz 30b Gd
Maior (Balearium) (In) 25a Hc
Maior oasis 26b Fd
Maipheracta, Martyropolis 27 Fb
Makrygialos 3a Cb
Maktar 25b Kb
Malaca 20a Dd
Malaca 25a Dd
Malaca 28 Ef
Malaca 30a Ef
Mălăiești (Mu) 24 Gc
Malaius (In) 25a Aa
Malatha 27 Inset
Malea Lesbi (Pr) 13 Cc
Malea Peloponnesi (Pr) 14a Dc
Maleme 3a Ab
Malik 1a Ba
Malik 1b Ba
Malik 6a Ca
Malis (Re) 12 Dd
Malla 14b Cb
Malli (Po) 11a Md
Malli town 11a Md
Mallia 1b Dd
Mallia 3a Cb
Mallia 3b Ff
Mallia 14b Cb
Malliacum 23 Hd
Malloea 12 Dc
Mallus 11a Ec
Mallus 26a Fd
Mallus 27 Cc
Maloja (Ang) 15 Da
Malthi 1a Bc
Malthi 1b Bc
Malthi 4 Bc
Malvesa 24 Ed
Mampsis 27 Inset
Mamucium (Mu) 22 Cc
Mandrioli (Ang) 15 Fd
Mandubii (Po) 23 Fd
Manduessedum 22 Dc
Manduria 17 Fc
Manduria 18a Fd
Manika 1a Cb
Manika 1b Cb
Manika 4 Db
Manthyrea 14a Cb
Mantinea 4 Cc
Mantinea 5 Fd
Mantinea 9b Dc
Mantinea 14a Cb
Mantoudhi 4 Db
Mantua 15 Eb
Mantua 18a Cb
Mantua 18b Cb
Mantua 23 Je
Maracanda 11a Lc
Maracanda 11b Lc
Marathesium 8b Dc
Marathesium 13 Dd
Marathon 1a Cb
Marathon 3b Inset
Marathon 4 Db
Marathon 9a Ea
Marathon 9b Db
Marathon 14a Da
Marathon (Re) 8a BCDa
Marathon (Si) 8a DEbc
Marathon Plain 9a EFa
Marathona 8a Ca
Marathus Acarnaniae 12 Cd
Marathus Acarnaniae 14a Ba
Marathus Syriae 11a Ed
Marathus Syriae 27 Cd
Marcaeum 8b Db
Marcellus, Theatre of (Aed) 19b Rome
Marcia, Aqua 19b Rome
Marcia, Iovia, Aqua 19b Rome
Marcianopolis 24 Hd
Marcianopolis 29 Le
Marcina 17 Cc
Marcina 18b Ed
Marcomanni (Po) 21 HJd
Marcomanni (Po) 23 KLc
Marcomanni (Po) 24 BCa

Marcomanni/Suebi (Po) 29 Hd
Marcus Aurelius, Column of
   (Aed) 19b Rome
Mardani (Re) 27 Fc
Mardi (Po) 11a Hc
Mardi (Po) 11a He
Marea 26b Ea
Mareotis (La) 26b Ba
Mareotis (La) 26b Fa
Margiana (Re) 11a Kc
Margidurum 22 Dc
Margum 24 Ec
Margus Margianae (Fl) 11a Kc
Margus Margianae (Fl) 11b Kc
Margus Moesiae Superioris (Fl)
   24 Ecd
Mariamne 27 Dd
Mariana 18b Bc
Mariana 21 Ge
Mariani (Mo) 25a DEc
Marica 14a Cb
Marienfels (Mu) 23 Gb
Marina Porta 19b Rome
Marinianis 24 Dc
Marisus (Fl) 24 EGb
Maritimae Alpes (Mo) 2 ABa
Marium 7a Ke
Marium-Arsinoe 26a Ee
Marium-Arsinoe 27 Bd
Marius 14a Cb
Marköbel (Mu) 23 Hb
Marmariani 4 Cc
Marmaridae (Po) 25b STd
Marmarium 14a Ea
Maronea (Re) 5 Inset: N.Aeg.&Prop.
Maroneas 8b Ca
Maronea 7a Jc
Maronea 24 Ge
Maronea 26a Ab
Maronea (Ismarus) 12 Gb
Maroneus (Mo) 16b BCb
Maroni 3b Kf
Marpessus 13 Cb
Marrucini (Po) 16a DEb
Marrucini (Po) 18a Dc
Marruvium 16a Db
Marruvium 17 Bb
Marsi (Po) 16a Dbc
Marsi (Po) 17 Bb
Marsi (Po) 18a Dd
Marsi (Po) 19a Cb
Marsi (Po) 23 Hb
Marsiliana 18b Cc
Marsonia 24 Cc
Marsyas Cariae 13 Ed
Marsyas Osrhoenes (Fl) 26a Gd
Marsyas Osrhoenes (Fl) 27 Dc
Marta (Fl) 16a Bb
Marta (Fl) 19a Aa
Martinhoe (Mu) 22 Bd
Martiou, 25th (Via) 10b Peiraeus
Marzabotto 15 Fc
Marzabotto 18a Cb
Marzabotto 18b Cb
Masada 27 Inset
Masaesyli (Po) 20a FGfg
Mascianis 24 Fc
Mascula 25b Jb
Mascula 28 Inset: N.Africa
Mases 14a Db
Masius (Mo) 27 Fc
Massa Calvisiana 16b Cb
Massaga 11a Md
Massagetae (Po) 11a Kb
Massilia 6b Db
Massilia 7a Ec
Massilia 20a Jc
Massilia 21 Ge
Massilia 23 Ff
Massilia 28 Ge
Massilia 29 Ge
Massilia 30a Ge
Massyli (Po) 20a KLf
Mastaura 13 Ed
Mastusia (Mo) 13 Dc
Mastusia (Pr) 13 Ca
Matala 14b Bc
Mathia (Mo) 14a Bc
Mathis (Fl) 24 De
Matianus (La) 27 Hc
Matilo (Mu) 23 Fa
Matisco 23 Fd
Matrica 24 Db
Matrinum 16a Eb
Matrinus (Fl) 16a Eb
Matrona (Fl) 23 Ec
Matronae (Mo) 15 Ab
Mattersdorf (Mu) 24 Cb
Matucaium 24 Bb
Mauer (Mu) 23 Lc
Mauer a.d. Url 24 Ba
Mauretania (Re) 20a DEg
Mauretania (Re) 25b DEFb
Mauretania (Re) 30a DEFfg
Mauretania Caesariensis (Re)
   21 EFfg
Mauretania Caesariensis (Re)
   29 EFfg
Mauretania Sitifensis (Re) 29 FGf
Mauretania Tingitana (Re) 21 DEg
Mauri (Po) 29 EFg
Mauves 23 Ed
Maxima Caesariensis (Re) 29 EFc
Maxima Sequanorum (Re) 29 Gd
Maximianopolis Palaestinae 28
   Inset: Asia etc
Maximianopolis Pisidiae 28
   Inset: Asia etc
Maxula 25b La
Mazaca 11b Ec
Mazaca Caesarea 26a Fc
Mazaca Caesarea 27 Cb
Mazara 16b Ab
Mazarakata 4 Ab
Mazaraki 5 Ec
Mazarus (Fl) 16b Ab
Mecyberna 6b Inset: N.Aeg.&Prop.
Mecyberna 8b Ba

Mecyberna 12 Eb
Medaba 27 Inset
Medeon Acarnaniae 12 Cd
Medeon Boeotiae 12 Ed
Medeon Boeotiae 14a Da
Medeon Phocidis 4 Cb
Medeon Phocidis 14a Ca
Media (Re) 11a GHc
Media (Re) 11b Hcd
Media (Re) 21 Qf
Media (Re) 27 HJe
Media Atropatene (Re) 11b Gc
Mediana 24 Fd
Mediobogdum (Mu) 22 Cb
Mediolanum Aulercorum 23 Dc
Mediolanum Biturigum 23 Ed
Mediolanum Cornoviorum 22 Cc
Mediolanum Insubrum 18a Bb
Mediolanum Insubrum 21 Gd
Mediolanum Insubrum 23 He
Mediolanum Insubrum 28 Gd
Mediolanum Insubrum 29 Gd
Mediolanum (Melpum) Insubrum 15 Db
Mediolanum Santonum 23 Ce
Mediomatrici (Po) 23 FGc
Mediterraneum (Ma) 3b BCDEFGHJKefg
Mediterraneum (Ma) 5 CDEFGde
Mediterraneum (Ma) 11a BCDd
Mediterraneum (Ma) 11b BCDd
Medjerda, Oued (Fl) 25b JKa
Medma 6b Inset: Sic.&S.Italy
Medma 16b Da
Medma (Fl) 16b Ea
Medocus (Fl) 15 Fb
Meduacus major 15 Gb
Meduacus minor 15 Gb
Medulli (Po) 23 Ge
Medullius (Mo) 25a Ca
Medullum 23 Jd
Megalokhoria 4 Inset
Megalopolis 11a Bc
Megalopolis 14a Cb
Megalopolis 20b Hf
Megara 1b Cbc
Megara 4 Db
Megara 6a Gc
Megara 6b Gc
Megara 7a Hd
Megara 7b Bc
Megara 9b Db
Megara 14a Da
Megara Hyblaea Siciliae 6b Inset: Sic.&S.Italy
Megara Hyblaea Siciliae 16b Db
Megara Hyblaea Siciliae 18a Ef
Megara Siciliae 9b Inset
Megaris (Re) 14a Da
Melaena Acra (Pr) 13 Cc
Melaeneae 14a Bb
Melambium 12 Dc
Melandra (Mu) 22 Cb
Melangea 14a Cb
Melas (Si) 12 Inset
Melas Morimenes (Fl) 26a Fc
Melas Sargaraousenes (Fl) 26a Fc
Melas Sargaraousenes (Fl) 27 Cb
Meldi (Po) 23 Ec
Meldia 24 Fd
Meleon Campus (Pa) 12 Bc
Melfa (Fl) 19a Cb
Melfi 17 Db
Melfi 18a Ed
Melgir, Chott (Pa) 25b Jb
Meliboea 12 Cc
Meliboea 12 Bc
Melidoni 4 Cb
Melissurgis 12 Eb
Melita 6b Ec
Melita (In) 2 Ef
Melita (In) 7a Fd
Melita (In) 20b Dg
Melita (In) 24 Cd
Melitaea 9b Db
Melitaea 12 Dc
Melite Athenarum 9a Inset
Melitene 28 Nf
Melitene 29 Nf
Melitene (Mu) 21 Nf
Melitene (Mu) 26a Hc
Melitene (Mu) 27 Eb
Melitene (Re) 26a GHc
Melitene (Re) 27 DEb
Mella (Fl) 15 Eb
Mellaria 25a Cd
Melodunum 23 Ec
Melos 28 Kf
Melos (In) 2 Ke
Melos (In) 3b Inset
Melos (In) 4 Ed
Melos (In) 5 Gd
Melos (In) 6a Ec
Melos (In) 7b Cd
Melos (In) 8b Cc
Melos (In) 9b Ec
Melos (In) 13 Ae
Melos (In) 14a Ec
Melos (In) 14b Ba
Melta 24 Gd
Membressa 28 Inset: N.Africa
Memphis 6b Je
Memphis 7a Ke
Memphis 11a De
Memphis 11b De
Memphis 21 Mh
Memphis 26b Bb
Memphis 28 Mh
Menae 16b Cb
Menapii (Po) 23 Eb
Mende 6b Inset: N.Aeg.&Prop.
Mende 8b Bb
Mende 9b Bb
Mende 12 Ec
Mendes 26b Fa
Mendes 27 Af
Mendesian mouth (Si) 26b Ga
Mendola (Ang) 15 Fa
Menelaion 3b Inset
Menelaion 4 Cc
Menelais 12 Cc

Menidi 4 Db
Menneiara 24 Cc
Menteith (Mu) 22 Ba
Mentesa 25a Ec
Mentesa 28 Ef
Mentorides (Ins) 24 Bc
Mercury, Temple of (Fa) 19b Rome
Merobriga 25a Bc
Meroe 11b Dg
Meroe 26b Bd
Meroe (In) 26b Bd
Meropus (Mo) 12 Bb
Mersa Madakh 7a Cd
Merteika 4 Inset
Mesambria 6b Hb
Mesambria 8b Inset
Mesambria 24 Hd
Meses Limes 24 Fb
Mesiani 1a Cb
Mesogei (Re) 9a Bab
Mesopotamia (Re) 11a Fc
Mesopotamia (Re) 11b Fcd
Mesopotamia (Re) 27 EFcd
Mesopotamia (Re) 29 NPf
Messa 14a Cc
Messana 2 Ed
Messana 7a Gd
Messana 9b Inset
Messana 20b De
Messana 21 Jf
Messana 28 Jf
Messana 30a Jf
Messana (Zancle) 16b Da
Messapii (Po) 17 FGc
Messapii (Po) 18a Fd
Messene 14a Bb
Messene 20b Gf
Messenia (Re) 9b CDs
Messenia (Re) 14a BCbc
Messeniacus (Si) 14a BCc
Messogis (Mu) 13 Dd
Metapa 12 Cd
Metapa 14a Ba
Metapontum 6b Inset: Sic.&S.Italy
Metapontum 17 Ec
Metapontum 18a Fd
Metaris Aestuarium 22 Ec
Metaurus (Fl) 15 GHd
Metaurus (Fl) 16a Ca
Metaurus (Fl) 16b DEa
Metaxata 4 Ab
Metelis 28 Mg
Metellinum 25a Dc
Meteon 24 Dd
Methana 9b Dc
Methana 14a Db
Methone Macedoniae 6b Inset: N.Aeg.&Prop.
Methone Macedoniae 8b Ba
Methone Macedoniae 9b Da
Methone Macedoniae 12 Db
Methone Magnesiae 12 Ec
Methone Messeniae 14a Bc
Methone Messeniae 1b Bc
Methydrium 14a Cb
Methymna 6b Hc
Methymna 9b Fb
Methymna 13 Cb
Metita (Mu) 27 Eb
Metropolis Acarnaniae 12 Cd
Metropolis Acarnaniae 14a Ba
Metropolis ad Acheloum 12 Cd
Metropolis Amphilochiae 12 Cd
Metropolis Ioniae 13 Dc
Metropolis Ioniae 26a Bc
Metropolis Phrygiae 26a Dc
Metropolis Phrygiae 28 Inset: Asia etc
Metropolis Propontidis 8b Da
Metropolis Thessaliae 12 Cc
Metroum (Aed) 10a Athens
Metrovia, Porta 19b Rome
Metti 29 Gd
Metulum 24 Bc
Mevania 16a Cb
Mevaniola 15 Fd
M. Hadzikyriakou (Via) 10b Peiraeus
Miamou 1a Dd
Miamou 3a Bc
Miasena 27 Eb
Micia (Mu) 24 Fc
Midaeum 26a Dc
Midaeum 27 Ab
Middle Stoa and Civic Offices (Aed) 10a Athens
Midea 4 Cc
Midea 4 Inset
Midea 14a Cb
Midway Mole (Vi) 10b Peiraeus
Mieza (Re) 12 CDb
Milatus 14b Cb
Miletopolis 6b Inset: N.Aeg.&Prop.
Miletopolis 8b Ea
Mletopolis 12 Inset
Miletopolis 26a Cb
Miletus 3b Ge
Miletus 4 Hc
Miletus 5 Ge
Miletus 6a Fc
Miletus 6b Hc
Miletus 7b Dd
Miletus 8b Dc
Miletus 9b Fc
Miletus 11a Cc
Miletus 11b Cc
Miletus 13 Dd
Miletus 20b Kf
Miletus 21 Lf
Miletus 26a 3d
Miletus 28 Inset: Asia etc
Milev 28 Inset: N.Africa
Miliare (Fl) 24 EFb
Miltenberg (Mu) 23 Hc
Milton (Mu) 22 Cb
Milyas 20b Mf
Milyas (Re) 8b Fc
Mimas (Mo) 13 Cc
Mincius (Fl) 15 Eb
Minio (Fl) 16a BCb

Minius (Fl) 25a BCa
Minnodunum 23 Gd
Minor (Balearium) (In) 25a HJbc
Minoa Akrotiriou Cretae 14b Bb
Minoa Magaridis 1b Cc
Minoa Megaridis 3b Inset
Minoa Orientalis Cretae 3b Ff
Minoa Orientalis Cretae 14b Cb
Minoa (Paros) 3b Fe
Minoa Laconiae 14a Dc
Mint (Aed) 10a Athens
Minturnae 17 Bb
Minturnae 19a Cb
Mirebeau (Mu) 23 Fd
Mirobriga Baeticae 25a Cd
Mirobriga Lusitaniae 25a Cb
Mirus 26a Dc
Misco 26a Dc
Misenum 17 Cc
Misthia 26a Ed
Misthia 27 Ac
Mitopolis 4 Bb
Mitys (Fl) 12 Db
Mobolla 13 Ed
Mocissus 27 Cb
Modiana 26b Hc
Modicia 15 Db
Moenus (Fl) 23 HJc
Moeris (La) 26b Bb
Moeris (La) 26b Fb
Moesi (Po) 24 Fd
Moesia I (Re) 29 JKe
Moesia II (Re) 29 KLe
Moesia Inferior (Re) 21 Ke
Moesia Inferior (Re) 24 GHJcd
Moesia Superior (Re) 21 Ke
Moesia Superior (Malvensis) (Re) 24 EFd
Mogentiana 24 Cb
Moguntiacum 21 Gd
Moguntiacum 29 Gd
Moguntiacum (Mu) 23 Hc
Moio della Civitella 17 Dc
Mokhlos 3a Cb
Mokhlos 3b Kf
Mole (Vi) 10b Peiraeus
Molossi (Po) 9a Cb
Molossis (Re) 12 Bbc
Molycria 14a Ba
Molyvopyrgos 1b Ca
Mona (In) 22 Bc
Monalus (Fl) 16b Cb
Monastiraki 3a Bb
Monate 24 Ab
Monavia (In) 22 Bb
Mondaea 12 Cc
Mondragone 17 Bb
Monetium 4 Bc
Mongioie (Mo) 15 Bc
Monilia 15 Dc
Monoeci Portus 15 Bd
Monopterus (Aed) 10a Athens
Montana 24 Fd
Montans 23 Df
Monte Irsi 17 Ec
Monte Sannace 17 Fc
Monti della Tolfa (Mo) 19a Aa
Monza 30b Gd
Mopsium 12 Dc
Mopsuestia 26a Fd
Mopsuestia 28 Inset: Asia etc
Morena, Sierra (Mo) 20a CDe
Morgantina 25a Fc
Morginnum 23 Fe
Moricambe Aestuarium 22 Cb
Moridunum 22 Bd
Moridunum 23 Ab
Morimene (Re) 26a Fc
Morimene (Re) 27 Cb
Morini (Po) 22 EFd
Morini (Po) 23 DEb
Morlanwelz 23 Fb
Morrylus 12 Db
Mosa 23 Fc
Mosa (Fl) 23 Fbc
Mose 23 Fc
Mosella (Fl) 23 Gbc
Mottola 17 Fc
Motya 6b Inset: Sic.&S.Italy
Motya 7a Fd
Motya 9b Inset
Motya 18a Df
Motya (In) 16b Ab
Motyca 16b Cc
Motycanus (Fl) 16b Cc
Motyum 16b Bb
Moulos 3b Kf
Mounichia (Mu) 9a Eb
Mounichia Harbour (Si) 10b Peiraeus
Mounichia Theatre (Aed) 10b Peiraeus
Mucelli (Po) 15 Fcd
Muiryfold (Mu) 22 Ca
Muluccha (Fl) 20a Egh
Mumrills (Mu) 22 Inset: Ant. Wall
Munda 25a Dd
Municipium 24 Ec
Municipium Celegerorum 24 Ed
Municipium D(ar)d(anorum) 24 Ed
Municipium S(plonistarum) 24 Dd
Munigua 25a Dd
Murgi 25a Ed
Murlus 18b Cc
Murrhardt (Mu) 23 Hc
Murrum (Mu) 23 Hc
Mursa 24 Dc
Mursa 28 Jd
Mursella Moesiae Inferioris 24 Dc
Mursella Moesiae Superioris 24 Cb
Muses, Hill of the (Mo) 10a Athens
Muses, House of the (Aed) 19b Ostia
Muskebi 4 Hc
Muskebi 5 Hd
Mutenum 24 Eb
Muthul (Fl) 20a Lf
Mutilum 15 Fc
Mutina 15 Ec
Mutina 23 Je
Muzuca 28 Inset: N.Africa
Myania 12 Dd

Myania 14a Ca
Mycale (Pr) 7b Dd
Mycale (Mo) 13 Dd
Mycalessus 9b Db
Mycalessus 12 Ed
Mycalessus 14a Da
Mycenae 1a Cc
Mycenae 3b Inset
Mycenae 4 Cc
Mycenae 4 Inset
Mycenae 5 Fd
Mycenae 14a Cb
Myclaeum 12 Inset
Myconium (Mo) 16b Da
Myconos (In) 4 Fc
Myconos (In) 5 Gd
Myconos (In) 8b Cc
Myconos (In) 9b
Myconos (In) 13 Bd
Myconus 13 Bd
Mygdonia (Re) 7b Bb
Mygdonia (Re) 12 DEb
Mygdonius (Fl) 27 Inset
Mylae Siciliae 6b Inset: Sic. &S.Italy
Mylae Siciliae 16b Ca
Mylae Thessaliae 12 Dc
Mylantium (Pr) 13 De
Mylas (Fl) 16b CDb
Mylasa 4 Hc
Mylasa 8b Dc
Mylasa 11b Cc
Mylasa 13 Dd
Mylasa 26a Bd
Mylos 4 Cc
Myndus 8b Dc
Myndus 13 Dd
Myonnesus 13 Cc
Myonnesus (In) 12 Dd
Myra 26a Cd
Myra 28 Inset: Asia etc
Myra 30a Mf
Myrcinus 12 Eb
Myrina Aeolidis 8b Db
Myrina Aeolidis 13 Dc
Myrina Aeolidis 26a Bc
Myrina Lemni 8b Cb
Myrina Lemni 13 Bb
Myriophytum 12 Inset
Myrlea 11b Cb
Myrmecium 6b Ka
Myrrhinus 9a Eb
Myrrhinus 14a Db
Myrsine 3a Cb
Myrsinus 5 Ec
Myrtilis 25a Cd
Myrtos 3a Cb
Myrtoum (Ma) 14a DEbc
Myrtountium 14a Ba
Mysaeum 14a Ca
Mysia (Re) 8b Ec
Mysia (Re) 13 DEb
Mysia (Re) 20b KLe
Mysia (Re) 21 Lf
Mystiae 16b Ea
Mytilene 6b Hc
Mytilene 7a Jd
Mytilene 8b Bb
Mytilene 9b Fb
Mytilene 11a Cc
Mytilene 13 Cb
Mytistratus 16b Cb
Myus 8b Dc
Myus 13 Dd
Myus Hormos 11b Dc
Myus Hormos 26b Gc
Myxorrouma 3a Bb

N

Nabataei (Re) 11b Ede
Nacoleia 26a Dc
Nacoleia 27 Ab
Nacona 16b Cb
Nacrasa 13 Db
Nadleski hrib 24 Bc
Naevia, Porta 19b Rome
Nagidus 6b Jc
Naissus 21 Ke
Naissus 24 Ed
Naissus 29 Ke
Namnetes (Po) 23 BCd
N. Ankhialos 4 Ca
Nanstallon (Mu) 22 Bd
Nantuates (Po) 23 Gd
Napata 26b Bd
Naples 30b He
Napoca 24 Fb
Nar (Fl) 19a Ba
Narbo 20a Hc
Narbo 21 Fe
Narbo 28 Fe
Narbo 29 Fe
Narbo 30b Fe
Narbo Martius 23 Ef
Narbonensis (Re) 21 FGe
Narbonensis (Re) 23 EFGef
Narbonensis I (Re) 29 Fe
Narbonensis II (Re) 29 Ge
Narbonne 30b Fe
Narce 18b Cc
Narisbara 8b Dc
Narnia 16a Cb
Narnia 20b Cc
Narona 21 Je
Narona 24 Cd
Naro/Narenta (Fl) 24 CDd
Narthacium 12 Dd
Nasamones (Po) 25b QRd
Nasium 23 Fc
Nasos 12 Cd
Nasos 14a Ba
Natiso (Fl) 15 Hb
Natiso (Fl) 23 Kde
Naucratis 6b Jd

Nau-Orc

Naucratis **7a** Ke
Naucratis **11b** Dd
Naucratis **26b** Fa
Naulochus **16b** Da
Naulochus-Templum Iovis **24** Hd
Naupactus **6a** Cb
Naupactus **9b** Cb
Naupactus **12** Cd
Naupactus **14a** Ba
Naupactus **20b** Ge
Nauplion **1b** Cc
Nauplion **3b** Inset
Nauplion **4** Inset
Nauplion **14a** Cb
Nauportus **24** Bc
Nautaca **11a** Lc
Nava (Fl) **23** Gc
Nave **27** Inset
Navia (Fl) **25a** Ca
Navio (Mu) **22** Dc
Naxia **8b** Dc
Naxos **1b** Dc
Naxos (In) **2** Ke
Naxos (In) **3b** Fe
Naxos (In) **4** Fc
Naxos (In) **5** Gd
Naxos (In) **7b** Cd
Naxos (In) **8b** Cc
Naxos (In) **9b** Ec
Naxos (In) **13** Bd
Naxos (In) **26a** Ad
Naxos (Palati) **1a** Dc
Naxus Naxi **13** Bd
Naxus Siciliae **6b** Inset: Sic.&S.Italy
Naxus Siciliae **9b** Inset
Naxus Siciliae **18a** Ef
Naxus Siciliae **16b** Db
Nazareth **27** Inset
Nazianzus Diocaesarea **26a** Fc
Nazianzus Diocaesarea **27** Cb
Nazianzus Diocaesarea **28** Inset: Asia etc
Nea Makri **1a** Cbc
Neandria **8b** Db
Neandria **13** Cb
Nea Nikomedeia **1a** Ca
Neapolis **4** Dd
Neapolis Africae **20a** Mf
Neapolis Africae **25b** La
Neapolis Africae **28** Inset: N.Africa
Neapolis Campaniae **2** Ec
Neapolis Campaniae **6b** Inset: Sic.&S.Italy
Neapolis Campaniae **17** Cc
Neapolis Campaniae **18a** Ed
Neapolis Campaniae **20b** Dd
Neapolis Campaniae **28** He
Neapolis Cariae **13** Ed
Neapolis Chalcidices **8b** Ba
Neapolis Lycaoniae **26a** Dd
Neapolis Lycaoniae **27** Ab
Neapolis Lycaoniae **28** Inset: Asia etc
Neapolis Palaestinae **27** Inset
Neapolis Palaestinae **28** Inset: Asia etc
Neapolis Propontidis **8b** Da
Neapolis Sardiniae **18b** Be
Neapolis Syracusarum (Re) **16b** Inset
Neapolis Thraciae **6b** Inset: N.Aeg.&Prop.
Neapolis Thraciae **8b** Ca
Neapolis Thraciae **12** Fb
Neapolitae (Po) **12** Ca
Neatham **22** Dd
Nebrodes (Mo) **16b** Cb
Nechesia **26b** Hd
Neckarburken (Mu) **23** Hc
Neda (Fl) **14a** Bb
Nedinum **24** Bc
Nedon (Fl) **14a** Cb
Neetum **16b** Dc
Negla **27** Cf
Nekyomanteion **4** Aa
Neleia (Pevkakia) **1b** Cb
Neleus (Fl) **12** Ed
Nemausus **20a** Jc
Nemausus **23** Ff
Nemea **1a** Cc
Nemea **1b** Cc
Nemea **4** Inset
Nemea **9b** Dc
Nemea **14a** Cb
Nemesis (Fa) **9a** Fa
Nemetacum **23** Eb
Nemetes (Po) **23** Gc
Nemetostatio **22** Cd
Nemorensis (La) **19a** Bb
Neocaesareia Ponti **26a** Gb
Neocaesareia Ponti **27** Da
Neocaesareia Ponti **28** Ne
Neocaesareia Syriae **28** Nf
Neoclaudiopolis **26a** Fb
Neonteichos **13** Dc
Nepete **16a** Cb
Nepete **18b** Dc
Nepete **19a** Ba
Neptune, Baths of (Aed) **19b** Ostia
Neptunius (Mo) **16b** Da
(Nera) (In) **8a** Ha
Nericus **12** Bd
Neris **14a** Cb
Nerium/Celticum (Pr) **25a** Ba
Nero, Baths of (Ba) **19b** Rome
Neroniana, Domus (Aed) **19b** Rome
Neronianus, Pons **19b** Rome
Neronias **28** Inset: Asia etc
Nertobriga **25a** Cc
Nertobriga **25a** Fb
Nervii (Po) **23** Fb
Nessonis **1a** Cb
Nessonis (La) **12** Dc
Nestane **14a** Cb
Nestus (Fl) **7b** Cb
Nestus (Fl) **12** Fa
Nestus (Fl) **24** Ge
Nesus (In) **8b** Db
Nether Denton (Mu) **22** Inset: Had. Wall
Neviodunum **24** Bc
Nevirnum **23** Ed
Newbrough (Mu) **22** Inset: Had. Wall
New Kilpatrick (Mu) **22** Inset: Ant. Wall
Nicaea Bithyniae **11b** Cb
Nicaea Bithyniae **21** Le
Nicaea Bithyniae **26a** Cb
Nicaea Bithyniae **28** Inset: Asia etc
Nicaea Bithyniae **29** Le
Nicaea Byllionon **12** Ab
Nicaea Indiae **11a** Md
Nicaea Liguriae **6b** Db
Nicaea Liguriae **15** Bd
Nicaea Liguriae **20a** Kc
Nicaea Liguriae **23** Gf
Nicaea Liguriae **28** Ge
Nicaea Locridis **12** Dd
Nicaea Lynci **12** Ca
Nicephorium Callinicum **27** Ed
Nicer (Fl) **23** Hc
Nichoria **1b** Bc
Nichoria **4** Bc
Niciopolis **28** Mg
Nicomedia **11b** Cb
Nicomedia **20b** Ld
Nicomedia **21** Le
Nicomedia **26a** Cb
Nicomedia **28** Le
Nicomedia **29** Le
Nicomedia **30a** Le
Niconia **8b** Inset
Nicopolis ad Istrum **24** Gd
Nicopolis ad Nestum **24** Fe
Nicopolis Armeniae Minoris **26a** Hb
Nicopolis Armeniae Minoris **27** Ea
Nicopolis Armeniae Minoris **28** Inset: Asia etc
Nicopolis Epiri **2** Hd
Nicopolis Epiri **12** Bc
Nicopolis Epiri **21** Kf
Nicopolis Epiri **28** Kf
Nicopolis Palaestinae **28** Inset: Asia etc
Nicopolis Syriae **27** Dc
Nicotera **16b** Da
Nida (Mu) **23** Hb
Nidhri **1b** Bb
Nidum (Mu) **22** Cd
Niederberg (Mu) **23** Gb
Niederbieber (Mu) **23** Gb
Niedernberg (Mu) **23** Hc
Nigrinianis (Mu) **24** Hc
Nigrum Pullum (Mu) **23** Fa
Nike (Fa) **10a** Athens
Nikhoria **3b** Inset
Nile (Fl) **6b** Jde
Nilopolis **28** Mh
Nilus (Fl) **7a** Kf
Nilus (Fl) **11a** Defg
Nilus (Fl) **11b** Defg
Nilus (Fl) **21** Mh
Nilus (Fl) **26b** FGabcd
Nilus (Fl) **30a** Mgh
Nineveh **27** Ge
Nine Ways **7b** Bb
Ninoi **4** Db
Niphates (Mo) **27** FGbc
Nipsa **8b** Inset
Nirou Khani **3a** Cb
Nisaea **9b** Dc
Nisaea **14a** Db
Nisibis **11b** Fc
Nisibis **21** Pf
Nisibis **28** Pf
Nisibis **29** Pf
Nissa **16b** Cb
Nisyros (In) **4** Hd
Nisyros (In) **5** Hd
Nisyros (In) **8b** Dc
Nisyros (In) **13** De
Nitalis **27** Cb
Nitiobriges (Po) **23** De
Nixemum **16b** Cb
Noae **16b** Da
Noega **25a** Da
Noepoli **17** Ec
Nola **17** Cc
Nola **18a** Ed
Nola **18b** Ed
Nola **28** He
Nomentana (Via) **19b** Rome
Nomentana, Porta **19b** Rome
Nomentum **16a** Cb
Nomentum **17** Aa
Nomentum **19a** Ba
Nonacris **14a** Ca
Nora **6b** Dc
Nora **18a** Be
Nora **18b** Be
Norba **16a** Cc
Norba **17** Ab
Norba **19a** Bb
Norba **25a** Cc
Norchia **18b** Cc
Norchia **19a** Aa
Noreia **24** Bb
Norici (Po) **23** Ld
Norici (Po) **24** Bb
Noricum (Re) **15** FGHa
Noricum (Re) **21** Hd
Noricum (Re) **23** KLd
Noricum (Re) **24** Bb
Noricum Mediterraneum (Re) **29** HJd
Noricum Ripense (Re) **29** HJd
Normandykes (Mu) **22** Ca
Notium Calymni **13** Ce
Notium Ioniae **8b** Db
Notium Ioniae **9b** Fb
Notium Ioniae **13** Dd
Notium Ioniae **26a** Bd
Nova Carthago **30a** Ef
Novae Moesiae Inferioris **24** Gd
Novae Moesiae Superioris (Mu) **24** Ec
Novae Narensiorum **24** Cd
Novaesium (Mu) **23** Gb
Novana **16a** Db
Novantae (Po) **22** BCb
Novantarum (Pr) **22** Bb
Novaria **15** Cb
Novempopulana (Re) **23** CDef
Novem Populi (Re) **29** EFe
Novilara **18a** Dc
Noviodunum Carnutum **23** Ed
Noviodunum Diablintum **23** Cc
Noviodunum Moesiae Inferioris **28** Ld
Noviodunum Moesiae Inferioris (Mu) **24** Jc
Noviomagus (Batavodurum) (Mu) **23** Fb
Noviomagus Biturigum **23** Ce
Noviomagus Cantiacorum **22** Ed
Noviomagus Germaniae Superioris **23** Hc
Noviomagus Leucorum **23** Fc
Noviomagus Lexoviorum **23** Dc
Noviomagus Regnorum **22** Dd
Noviomagus Regnorum **23** Cb
Noviomagus Treverorum **23** Gc
Novius (Fl) **22** Cb
Nubae (Po) **26b** Bd
Nuceria **16a** Ca
Nuceria **17** Cc
Nuceria **18a** Ed
Nuceria **18b** Ed
Nudionnum **23** Dc
Numana **16a** Da
Numana **18a** Dc
Numantia **20a** Ed
Numantia **25a** Eb
Numerus Syrorum (Mu) **25b** Eb
Numicus (Fl) **19a** Bb
Numidia (Re) **20a** Kfg
Numidia (Re) **21** FGf
Numidia (Re) **25b** Jb
Numidia (Re) **29** Gf
Nura (Fl) **15** Dc
Nursia **16a** Db
Nymphaeum Bospori **6b** Kb
Nymphaeum Bospori **8b** Inset
Nymphaeum Illyridis **12** Ab
Nymphaeum Laconiae **14a** Dc
Nymphaeum Macedoniae **12** Db
Nymphaeum (Pr) **12** Fb
Nymphaeus (Fl) **26a** Hc
Nymphaeus (Fl) **27** Eb
Nymphasia **14a** Cb
Nymphius (Fl) **27** Fbc
Nymphs, Hill of the (Mo) **10a** Athens
Nysa **13** Ed
Nysa **26a** Cd
Nyssa **26a** Ec
Nyssa **27** Bb

O

Oa **9a** Eb
Oa **14a** Db
Oakhampton **22** Bd
Oakwood (Mu) **22** Cb
Oanis (Fl) **16b** Cc
Oathlaw (Mu) **22** Ca
Obba **28** Inset: N.Africa
Oberaden (Mu) **23** Gb
Oberflorstadt (Mu) **23** Hb
Obernburg (Mu) **23** Hc
Oberscheidental (Mu) **23** Hc
Oberstimm (Mu) **23** Jc
Obulco **25a** Dd
Ocaiea **14a** Da
Occariba **27** Dd
Ocelum **15** Bb
Ocelum **23** Ge
Ocelumduri **25a** Db
Ochrid **2** Ca
Ochus (Fl) **11a** Kc
Ochus (Fl) **11b** Kc
Ocilis **20a** Ed
Ocriculum **16a** Cb
Octapitarum (Pr) **22** Bd
Octavia, Portico of (Aed) **19b** Rome
Octodurum **23** Gd
Odessus **6b** Hb
Odessus **11b** Cb
Odessus **20b** Kc
Odessus **24** Hd
Odeum (Aed) **10a** Athens
Odomantes (Po) **7b** Bb
Odomantes (Re) **12** EFa
Odorhein (Mu) **24** Gb
Odrysae (Po) **9b** EFa
Odrysae (Po) **20b** Kcd
Odrysae (Po) **24** He
Odysseum (Pr) **16b** Dc
Oe **9a** Ea
Oe **14a** Da
Oea Africae **21** Hg
Oea Africae **25b** Nc
Oea Africae **28** Hg
Oea Africae **30a** Hg
Oeae **8b** Dc
Oeanthea **14a** Ca
Oeasso **23** Cf
Oeasso **25a** Fa
Oea Therae **13** Be
Oechalia Euboeae **12** Fd
Oechalia Euboeae **14a** Ea
Oechalia Thessaliae **12** Dc
Oeniadae **9b** Cb
Oeniadae **12** Cd
Oeniadae **14a** Ba
Oenoa **14a** Bb
Oenoanda and Termessus Minor **26a** Cd
Oenoe Argolidis **14a** Cb
Oenoe Atticae Occidentalis **9a** Da
Oenoe Atticae Occidentalis **9b** Db
Oenoe Atticae Occidentalis **14a** Da
Oenoe Atticae Orientalis **8a** Ba
Oenoe Atticae Orientalis **9a** Ea
Oenoe Atticae Orientalis **14a** Da
Oenoe Icari **8b** Dc
Oenoe Megaridis **14a** Da
Oenophyta **14a** Da
Oenotri (Po) **17** DEc
Oenotri (Po) **18a** EFd
Oenussae Maris Aegaei (Ins) **13** Cc
Oenussae Maris Ionii (Ins) **14a** Bc
Oeon Cerameicon **9a** Inset
Oeon Deceleicon **9a** Ea
Oescus **21** Ke
Oescus **24** Gd
Oescus (Fl) **24** Fd
Oesyme **6b** Inset: N.Aeg.&Prop.
Oesyme **9b** Ea
Oesyme **12** Fb
Oeta (Mo) **12** Dd
Oetaea (Re) **12** Dd
Oetylus **14a** Cc
Ofen (Ang) **15** Ea
Oglasa (In) **16a** Ab
Ohringen (Mu) **23** Hc
Oikopedha **4** Ab
Oinoe **8a** Ba
Oland (In) **30b** Jb
Olba **26a** Ed
Olba **27** Bc
Olbia Euxini **6b** Ja
Olbia Euxini **7a** Kb
Olbia Euxini **8b** Inset
Olbia Euxini **11a** Da
Olbia Euxini **11b** Da
Olbia Euxini **21** Md
Olbia Euxini **24** Kb
Olbia Galliae **6b** Db
Olbia Galliae **23** Gf
Olbia Sardiniae **7a** Ec
Olbia Sardiniae **18a** Bd
Olbia Sardiniae **18b** Bd
Olbia Sardiniae **20a** Ld
Olbia Sardiniae **21** Ge
Olcades (Po) **25a** EFc
Olcinium **24** De
Old Burrow (Mu) **22** Cd
Old Carlisle **22** Inset: Had. Wall
Old Church (Mu) **22** Inset: Had. Wall
Old Kilpatrick (Mu) **22** Inset: Ant. Wall
Old Temple (Fa) **10a** Athens
Olenacum (Mu) **22** Inset: Had. Wall
Olenus Achaeae **14a** Ba
Olenus Aetoliae **5** Ec
Olerus **14b** Cb
Oliaros (In) **13** Bde
Oligyrtum **14a** Cb
Olisipo **20a** Be
Olisipo **21** Df
Olisipo **25a** Bc
Oliveto Citra **17** Dc
Olizon **12** Ec
Ollius (Fl) **15** Eb
Olonna (Fl) **15** CDb
Oloosson **5** Fc
Oloosson **12** Dc
Olophyxus **8b** Ca
Olophyxus **12** Fb
Olpae **9b** Cb
Olpae **12** Cd
Olpe **12** Cd
Olteni (Mu) **24** Gc
Olubria (Fl) **15** Cc
Olus **14b** Cb
Olympeum **12** Dc
Olympia **1b** Bc
Olympia **4** Bc
Olympia **6a** Cc
Olympia **9b** Cc
Olympia **14a** Bb
Olympieum Athenarum (Aed) **9a** Inset
Olympieum Athenarum (Vi) **10a** Athens
Olympieum Syracusarum (Aed) **16b** Inset
Olympus **26a** Dd
Olympus Bithyniae (Mo) **26a** Cb
Olympus Euboeae (Mo) **12** Ed
Olympus Euboeae (Mo) **14a** Da
Olympus Ioniae (Mo) **13** Dc
Olympus Lesbi (Mo) **13** Cb
Olympus Macedoniae (Mo) **6a** Da
Olympus Macedoniae (Mo) **7b** Bb
Olympus Macedoniae (Mo) **12** Db
Olympus Macedoniae (Mo) **20b** Hd
Olymus **8b** Dc
Olymus **13** Dd
Olynthus **1a** Ca
Olynthus **7b** Bb
Olynthus **8b** Ba
Olynthus **9b** Da
Ombi **26b** Gd
Omphace **16b** Cb
Omphales (Po) **12** Bbc
Omphalium **12** Bb
Onagrinum (Mu) **24** Dc
Onchesmus **12** Bc
Onchestus **14a** Da
Onchestus (Fl) **12** Dc
Onnum (Mu) **22** Inset: Had. Wall
Onoperni (Re) **12** Bc
Onugnathus (Pr) **14a** Cc
Ophioneis (Po) **12** CDd
Ophius (Fl) **27** Fa
Ophiussa (In) **25a** Gc
Ophrynium **8b** Da
Ophyrnium **13** Ca
Opia (Mu) **23** Jc
Opini (Po) **18b** Bc
Opis **11a** Fd
Opitergium **15** Gb
Opitergium **23** Ke
Oplontis **17** Cc
Oppian (Mo) **19b** Rome
Oppidum Novum **25b** Fa
Oppidum Parthinorum **12** Ba
Optatiana (Mu) **24** Fb
Opus **5** Fc
Opus **12** Ed
Opus (Pr) **14a** Ca
Orastioara de Sus (Mu) **24** Fc
Orbelus (Mo) **12** DEa
Orbelus (Mo) **24** Fe
Orbetello **18b** Cc
Orbius, Clivus (Via) **19b** Rome
Orchomenus Arcadiae **1b** Cb
Orchomenus Arcadiae **4** Cc
Orchomenus Arcadiae **5** Fd
Orchomenus Arcadiae **9b** Dc
Orchomenus Arcadiae **14a** Cb
Orchomenus Boeotiae **1a** Cb
Orchomenus Boeotiae **1b** Cc
Orchomenus Boeotiae **4** Cb
Orchomenus Boeotiae **5** Fc
Orchomenus Boeotiae **9b** Db

Orc-Per

Orchomenus Boeotiae **12** Dd
Orchomenus Boeotiae **14a** Ca
Orcistus **26a** Dc
Orcistus **27** Ab
Ordaea **12** Db
Ordhines **4** Bc
Ordovices (Po) **22** BCc
Ordymnus (Mo) **13** Bb
Oreitae (Po) **12** Cc
Orestae (Po) **9b** Ca
Oresthasium **14a** Cb
Orestis (Re) **12** Cb
Oretana, Iuga (Mo) **25a** Dc
Oretani (Po) **25a** DEc
Oretani (Po) **20a** DEe
Orethus (Fl) **16b** Ba
Oretum **25a** Ec
Oreus **9b** Db
Oreus **20b** He
Oreus (Histiaea) **12** Ed
Orgus (Fl) **15** Bb
Orheiul Bristitei (Mu) **24** Gb
Oria **5** Cb
Oricus **12** Ab
Oricus **20b** Fd
Oriens (Re) **29** MNfg
Oriochus (Fl) **12** Dc
Oritae (Po) **11a** Le
Oriza **27** Ed
Orleans **30b** Fd
Orminium **12** Dc
Ormos Korfos **4** Fc
Orneae **9b** Dc
Orneae **14a** Cb
Ornus **12** Inset
Orobiae **12** Ed
Orobis (Fl) **23** Ef
Orolaunum **23** Fc
Orombovii (Po) **15** Db
Orontes (Fl) **6b** Kc
Orontes (Fl) **27** Dcd
Oropia (Re) **9a** Ea
Oropus Atticae **9a** Ea
Oropus Atticae **9b** Db
Oropus Atticae **14a** Da
Oropus Macedoniae **12** Db
Orospeda (Mo) **25a** Ecd
Orriculum **19a** Ba
Orsaro (Mo) **15** Ec
Orthe **12** Dc
Orthosia **13** Ed
Orthosia **27** Cd
Ortona **16a** Eb
Ortopala **24** Bc
Ortygia (Nasos) (Pr) **16b** Inset
Orvieto **18b** Dc
Oryx **14a** Cb
Osca **20a** Ee
Osca **25a** Fa
Oscela Lepontiorum **15** Ca
Oscela Lepontiorum **23** Hd
Osci (Po) **17** CDc
Oseriates (Po) **24** Cc
Osi (Po) **24** Db
Osismii (Po) **23** ABc
Osopus **15** Ha
Osphagus (Fl) **12** Ca
Osrhoena (Re) **29** NPf
Osrhoene (Re) **26a** Hd
Osroene (Re) **27** Ec
Ossa (Mo) **6a** Db
Ossa (Mo) **7b** Bc
Ossa (Mo) **12** Dc
Ossigi **28** Ef
Ossonoba Baeticae **25a** Cd
Ossonoba Lusitaniae **25a** Cd
Ossonoba Lusitaniae **28** Df
Osterburken (Mu) **23** Hc
Ostia **2** Dc
Ostia **16a** Cc
Ostia **17** Ab
Ostia **18b** Dd
Ostia **19a** Bb
Ostia **20a** Nd
Ostia **20b** Cd
Ostia **21** He
Ostia **28** He
Ostia **30a** He
Ostiensis (Via) **19b** Ostia
Ostiensis (Via) **19b** Rome
Ostiensis, Porta **19b** Rome
Ostrogothi (Po) **29** LMNcd
Ostrogoths (Po) **30b** MNd/He
Othona (Mu) **22** Ed
Othonus (In) **12** Ac
Othrys (Mo) **12** Dc
Otleni (Po) **8b** Ea
Otrus **28** Inset: Asia etc
Ottolobus (Re) **12** Bb
Otzaki **1a** Cb
Oudenburg (Mu) **23** Eb
Ourion **4** Fc
Oursenis (Mo) **25b** FGb
Ovetum **25a** Da
Ovilava **21** Hd
Ovilava **23** Lc
Ovilava **24** Aa
Owmby **22** Dc
Oxeae (Ins) **14a** Ba
Oxus (Fl) **11a** Kbc
Oxus (Fl) **11b** Kb
Oxybii (Po) **20a** Kc
Oxybii (Po) **23** Gf
Oxylithos **4** Eb
Oxyrhynchus **11b** Dc
Oxyrhynchus **21** Mh
Oxyrhynchus **26b** Bb/Fb
Oxyrhynchus **28** Mh

P

Pacensis (Re) **25a** BCcd
Pachynus (Pr) **16b** Dc
Pactye **6b** Inset: N.Aeg.&Prop.
Pactye **12** Inset
Padus (Fl) **2** Ca
Padus (Fl) **6b** DEab
Padus (Fl) **7a** Fb
Padus (Fl) **15** BCDEFGbc
Padus (Fl) **18a** Bb
Padus (Fl) **18b** BCDb
Padus (Fl) **20a** Mb
Padus (Fl) **20b** Bb
Padus (Fl) **21** Hde
Padus (Fl) **23** GHJe
Padusa (Fl) **15** Gc
Paeania **14a** Db
Paeanium **12** Cd
Paeanium **14a** Ba
Paelignii (Po) **17** Cab
Paeligni (Po) **19a** Ca
Paeonia (Re) **7b** Bb
Paeonia (Re) **20b** GHd
Paeonidae **9a** Ea
Paeonidae **14a** Da
Paeoplae (Po) **7b** Bb
Paestum **17** Cc
Paesus **6b** Inset: N.Aeg.&Prop.
Paesus **8b** Da
Paesus **12** Inset
Paeti (Po) **7b** Db
Paeti (Po) **12** Inset
Paeum **14a** Bb
Pagae **9b** Db
Pagae **14a** Da
Paganica **12a** Db
Pagasae **7b** Bc
Pagasae **12** Dc
Pagasaeus (Si) **12** DEc
Pagus Laebactium **15** Ga
Pagus Laebactium **15** Kd
Painted Vaults, House of the (Aed) **19b** Ostia
Pakhyammos **3a** Cb
Palaea **14a** Cc
Palaeopharsalus **12** Dc
Palaepercote **8b** Da
Palaepercote **12** Inset
Palaerus **12** Bd
Palaeste **12** Ab
Palaestina (Re) **26b** BCa/Ha
Palaestina I (Re) **29** MNg
Palaestina II (Re) **20** Ng
Palaestina Prima (Re) **27** Inset
Palaestina Salutaris (Re) **29** MNgh
Palaestina Secunda (Re) **27** Inset
Palaestina Tertia (Re) **27** Inset
Palaia Epidhavros **4** Inset
Palaikastro **3a** Db
Palaiokastro Megaridis **4** Dc
Palaiokastro Trypes **4** Bc
Palaiokhora **4** Db
Palaiokhori **1b** CDb
Palaiopanayia **4** Cb
Palaioupolis **4** Ec
Palaipaphus **26a** Ee
Palaipaphus **27** Bd
Palairos **4** Ab
Palamas **4** Ca
Palamedium **8b** Db
Palanka (Mu) **24** Ec
Palatia **4** Ca
Palatine Hill (Mo) **19b** Rome
Pale **14a** Aa
Palice **16b** Cb
Palinuro **18a** Ed
Palinurus (Pr) **17** Dc
Pallantia **20a** Dc
Pallantia **25a** Da
Pallantiani (Ho) **19b** Rome
Pallantium **14a** Cb
Pallanum **16a** Ec
Pallanum **17** Cb
Pallene Atticae **9a** Ea
Pallene Atticae **14a** Db
Pallene Chalcidices (Re) **9b** Dab
Pallene Chalcidices (Re) **12** Ebc
Palma **25a** Hc
Palmyra **11b** Ed
Palmyra **21** Ng
Palmyra **27** Ed
Palmyra **28** Ng
Palmyra **30a** Ng
Paloukia **8a** Ha
Paltus **27** Cd
Pamisus Messeniae (Fl) **14a** Cb
Pamisus Thessaliae (Fl) **12** Cc
Pamphia **12** Cd
Pamphylia (Re) **7b** Fd
Pamphylia (Re) **11a** Dc
Pamphylia (Re) **20b** Mf
Pamphylia (Re) **26a** DEd
Pamphylia (Re) **29** Mf
Panachaicus (Mo) **14a** Ba
Panactum **9a** Ea
Panactum **14a** Da
Panamara **13** Ed
Panarea **5** Bc
Panayia Mesosporitissa **8a** Da
Pandateria (In) **17** Bc
Pandion, Heroum of (Aed) **10a** Athens
Pandosia **12** Bc
Paneas **28** Inset: Asia etc
Panephysis **28** Mg
Pangaeus (Mo) **2** Kc
Pangaeus (Mo) **7b** BCb
Pangaeus (Mo) **12** Fb
Panhellenium (Aed) **10a** Athens
Panionium **7b** Dd
Panionium **13** Dd
Panium **12** Inset
Pannona **14a** Cb
Pannonia I (Re) **29** Jd
Pannonia II (Re) **29** Jde
Pannonia Inferior (Re) **21** Jd
Pannonia Inferior (Re) **24** Cb
Pannonia Superior (Re) **21** Jc
Pannonia Superior (Re) **24** Cb
Pannoniae (Re) **29** Je
Panopeus **4** Cb
Panopeus **14a** Ca
Panopolis **26b** Fc
Panopolis **28** Mh
Panormus Achaeae **14a** Ba
Panormus Bithyniae **12** Inset
Panormus Bithyniae **28** Inset: Asia etc
Panormus Cretae **14b** Bb
Panormus Siciliae **6b** Inset: Sic.&S.Italy
Panormus Siciliae **7a** Fd
Panormus Siciliae **9b** Inset
Panormus Siciliae **16b** Ba
Panormus Siciliae **20b** Ce
Panormus Siciliae **29** Hf
Pantagias **16b** Db
Pantalica **5** Bd
Pantalica **18a** Ef
Pantanassa **4** Db
Pantano, Cozzo del **5** Bd
Pantheon (Aed) **19b** Rome
Pantheum (Aed) **10a** Athens
Panticapaeum **6b** Ka
Panticapaeum **7a** Lb
Panticapaeum **11b** Ea
Panticapaeum **30a** Nd
Panysus (Fl) **24** Hd
Paphlagones (Po) **11a** Db
Paphlagonia (Re) **11b** Db
Paphlagonia (Re) **21** Me
Paphlagonia (Re) **26a** EFb
Paphlagonia (Re) **27** Ba
Paphlagonia (Re) **29** Me
Paphlagonia (Re) **30a** MNe
Paphos **5** Inset
Paphos **7b** Inset
Paphos **26a** Ee
Paphos **27** Bd
Paphos **28** Inset: Asia etc
Paphos **30a** Mg
Paphus **6a** Inset
Paphus **21** Mg
Papira **26a** Ec
Papira **27** Bb
Pappa Tiberiopolis **26a** Dd
Pappa Tiberiopolis **27** Ac
Pappa Tiberiopolis **28** Inset: Asia etc
Paradimi **1a** Da
Paraetacene (Re) **11a** Hd
Paraetacene (Re) **11b** Hd
Paraetonium **11a** Cd
Paraetonium **11b** Cd
Paraetonium **28** Lg
Paralia (Re) **9a** ABCab
Paralimni **1b** Aa
Paramythia **4** Aa
Paramythia **5** Ec
Parapamisadae (Re) **11a** Lcd
Parapamisadae (Re) **11b** LMcd
Parapotamii **12** Dd
Parauaei (Po) **9a** Cab
Parauaea (Re) **12** Bb
Pardua **24** Dd
Parentium **15** Hb
Parga **5** Ec
Pargasa **8b** Dc
Paris **30b** Fd
Parisata **4** Ab
Parisi (Po) **22** Dbc
Parisii **29** Fd
Parisii (Po) **23** Ec
Parium **6b** Inset: N.Aeg.&Prop.
Parium **8b** Da
Parium **12** Inset
Parium **26a** Bc
Parium **28** Inset: Asia etc
Parma **15** Ec
Parma **26a** Ec
Parma **23** Je
Parma (Fl) **15** Ec
Parnassus **26a** Ec
Parnassus **27** Bb
Parnassus **28** Inset: Asia etc
Parnassus (Mo) **12** Dd
Parnassus **14a** Ca
Parnes (Mo) **9a** Ea
Parnes (Mo) **14a** Da
Parnon (Mo) **14a** Cb
Paroikia **1b** Dc
Paroikia **4** Ec
Paropus **16b** Bb
Poraraea (Re) **12** Ea
Parorbelia (Re) **12** DEa
Parori (Po) **12** Cc
Paros **13** Bd
Paros (In) **2** Ke
Paros (In) **4** Fc
Paros (In) **5** Gd
Paros **6b** Hc
Paros (In) **7b** Cd
Paros (In) **8b** Cc
Paros (In) **9b** Dc
Paros (In) **13** Bd
Paros (In) **30a** Lf
Paros (Minoa) (In) **3b** Fe
Parparium **8b** Dc
Parthanum **23** Jd
Parthenicum **16b** Ba
Parthenium **12** Ed
Parthenium **14a** Da
Parthenius (Fl) **27** Ab
Parthenius (Mo) **14a** Cb
Parthenius Paphlagoniae (Fl) **26a** Eb
Parthenius Phrygiae (Fl) **26a** Dc
Parthenon (Aed) **10a** Athens
Parthia (Re) **11b** Jc
Parthia (Re) **27** GHJKef
Parthini (Po) **24** DEe
Parthorum (Re) **21** PQRfg
Parthyaea (Re) **11a** Jc
Partira **3a** Cb
Partiscum (Mu) **24** Eb
Parva, oasis **26b** Eb
Paryadres (Mo) **26a** Hb
Paryadres (Mo) **27** DEa
Pasalimani (Si) **10b** Peiraeus
Pasanda **8b** Ec
Pasargadae **11a** Hd
Pasitigris (Fl) **11a** GHd
Passala **13** Dd
Passaron **12** Bc
Patala **11a** Le
Patara **26a** Cd
Pataulia **24** Fd
Patavium **15** Fb
Patavium **21** Hd
Patavium **23** Je
Pateli **6a** Ca
Pathisus (Fl) **24** Ebc
Pathyris **26b** Gd
Patmos **28** Inset: Asia etc
Patmos (In) **4** Gc
Patmos (In) **5** Hd
Patmos (In) **13** Cd
Patrae **2** Hd
Patrae **9b** Cb
Patrae **12** Ba
Patrae **14a** Ba
Patrae **21** Kf
Patrae **30a** Kf
Patrasys **8b** Inset
Patroclus (In) **9a** Eb
Patulcenses Campani (Po) **18b** Bde
Pausulae **16a** Da
Pavia **30b** Gd
Pavlopetri **4** Dd
Paxi (Ins) **12** Bc
Pax Iulia **25a** Cc
Pazhok **1b** Ba
Peace, Temple of (Fa) **19b** Rome
Pedalium (Pr) **26a** Fe
Pedalium (Pr) **27** Cd
Pedasa **8b** Dc
Pedasa **13** Dd
Peddars Way (Via) **22** Ec
Pedies (Re) **8b** DEc
Pedo **15** Bc
Pedo **23** Ge
Pedum **16a** Cc
Pedum **19b** Bb
Pefkakia **3b** Ed
Pegae Sidene **12** Inset
Peiraeus **1a** Cbc
Peiraeus **9a** Eb
Peiraeus **9b** Db
Pelagonia **24** Ee
Pelagonia (Re) **12** Ca
Pelagonia (Re) **20b** GHd
Pelagoniae Fauces (Ang) **12** Ca
Pelasgiotis (Re) **12** Dc
Pelasyia **4** Cb
Pelea **8b** Dc
Peleces **9a** Ea
Pelendava (Mu) **24** Fc
Pelikata **1b** Bb
Pelinna **12** Cc
Pelinnaeus (Mo) **13** BCc
Pelion (Mo) **6a** Db
Pelion (Mo) **7b** Bc
Pelium **11a** Bb
Pelium **12** Bb
Pella Macedoniae **9b** Da
Pella Macedoniae **11a** Bb
Pella Macedoniae **11b** Bb
Pella Macedoniae **12** Db
Pella Macedoniae **20b** Hd
Pella Palaestinae **27** Inset
Pella Palaestinae **28** Inset: Asia etc
Pellana **14a** Cb
Pellene **9b** Db
Pellene **14a** Ca
Peloponnese (Re) **7b** ABd
Pelorus (Pr) **16b** Da
Pelso (La) **24** CDb
Peltuinum **16a** Db
Pelusiac mouth (Si) **26b** Ga
Pelusium **11a** Dd
Pelusium **11b** Dd
Pelusium **21** Mg
Pelusium **26b** Ga
Pelusium **27** Bf
Pelusium **28** Mg
Pelva **24** Cd
Peneus Elidis (Fl) **14a** Bb
Peneus Thessaliae (Fl) **9b** Cb/Db
Peneus Thessaliae (Fl) **4** Ca
Peneus Thessaliae (Fl) **5** Fc
Peneus Thessaliae (Fl) **6a** CDb
Peneus Thessaliae (Fl) **7b** ABc
Peneus Thessaliae (Fl) **12** Cc
Peneus Thessaliae (Fl) **20b** GHe
Penice (Ang) **15** Dc
Pen Llwyn (Mu) **22** Cc
Pen Llystyn (Mu) **22** Bc
Pennal (Mu) **22** Cc
Pennocrucium **22** Dc
Pentele **9a** Ea
Pentelicus (Mo) **9a** Ea
Pentelicus (Mo) **14a** Da
Pentri (Po) **17** Cb
Pen-y-Darren (Mu) **22** Cd
Peparethos (In) **7b** BCc
Peparethos (In) **8b** Bb
Peparethos (In) **9b** Db
Pepuza **28** Inset: Asia etc
Perachora **1a** Cbc
Perachora **4** Cb
Peraea **14a** Ca
Perakastro **4** Gd
Perama Atticae **8a** Jb
Perama Epiri **4** Aa
Perama Epiri **5** Ec
Perat **28** Qg
Perati **4** Ec
Percote **8b** Da
Percote **12** Inset
Perdikaria **4** Ab
Perdikaria **4** Inset
Perea **12** Dc
Pergamum (Re) **11b** Cc
Pergamum (Re) **20b** KLef
Pergamum Asiae **11b** Cc
Pergamum Asiae **13** Db
Pergamum Asiae **20b** Ke
Pergamum Asiae **21** Lf
Pergamum Asiae **26a** Bc
Pergamum Asiae **28** Inset: Asia etc
Pergamum Cretae **14b** Ab
Pergamus **8b** Ca
Pergamus **12** Fb
Perge **8b** Fc
Perge **11b** Cc
Perge **26a** Dd

Per-Pos

Perge 27 Ac
Perge 28 Inset: Asia etc
Pergus (La) 16b Cb
Perinthus 6b Inset: N.Aeg.&Prop.
Perinthus 7b Db
Perinthus 8b Da
Perinthus 11b Cb
Perinthus 24 He
Perinthus (Heraclea) 12 Inset
Perisani (Mu) 24 Gc
Peristeria 3b Inset
Peristeria 4 Bc
Perithoedae 9a Ea
Perivolia 3a ABb
Perperene Aeolidis 13 Cb
Perperene Cariae 13 Dd
Perre (Mu) 26a Hd
Perrhaebia (Re) 7b Bb
Perrhaebia (Re) 9b Dab
Perrhaebia (Re) 12 CDc
Perrhanthes (Mo) 12 Cc
Perrhe 27 Ec
Persae (Po) 29 PQf
Persepolis 11a He
Persepolis 11b He
Persian Empire (Re) 9b FGb
Persian Gates (Ang) 11a Hd
Persicus (Si) 11a GHe
Persicus (Si) 11b GHe
Persicus (Si) 21 QRh
Persicus (Si) 27 Kg
Persis (Re) 11a He
Persis (Re) 11b Hde
Perta 26a Ec
Perta 27 Bb
Perusia 16a Ca
Perusia 18b Dc
Perusia 21 He
Pessinus 11b Dc
Pessinus 20b Me
Pessinus 26a Dc
Pessinus 27 Ab
Petaliae (Ins) 14a Eb
Petelia 17 Fd
Peteum 12 Ed
Peteum 14a Da
Petinesca 23 Gd
Petra Arabiae 11b Ed
Petra Arabiae 21 Ng
Petra Arabiae 26b Ha
Petra Arabiae 27 Cf
Petra Illyridis 24 De
Petra Pieriae 12 Db
Petra Siciliae 16b Cb
Petra Thessaliae 4 Ca
Petra Troadis 8b Db
Petris 24 Fc
Petromantalum 23 Dc
Petrucorii (Po) 23 De
Petsopha 3a Db
Petuaria 22 Dc
Peuce (Delta of Danube) (Fl) 24 Jc
Peucela 11a Md
Peucetii (Po) 17 EFc
Peucetii (Po) 18a Fd
Peuma 12 Dc
Pevkakia 4 Ca
Phacium 9b Db
Phacium 12 Dc
Phacus 12 Db
Phacusa 26b Fa
Phacusa 28 Mg
Phacusa (In) 26b Ga
Phacusa (In) 27 Bf
Phaeniana (Mu) 23 Jc
Phaeno 28 Ng
Phaestus Cretae 1a Dd
Phaestus Cretae 3a Bb
Phaestus Cretae 3b Ff
Phaestus Cretae 5 Ge
Phaestus Cretae 14b Bb
Phaestus Locridis 14a Ca
Phagres 12 Eb
Phalacrum Corcyrae (Pr) 12 Ac
Phalacrum Siciliae (Pr) 16b Da
Phalaesiae 14a Cb
Phalanna 12 Dc
Phalarium 16b Cb
Phalasarna 14b Ab
Phalerum 4 Dc
Phalerum 9a Eb
Phalerum 14a Db
Phalerum wall 14a Db
Phaloria 12 Cc
Phanae Aetoliae 12 Cd
Phanae Aetoliae 14a Ba
Phanae Chii 13 Cc
Phanagorea 6b Ka
Phanagorea 11b Ea
Phanote 12 Bc
Phanoteus 12 Dd
Phaphlangos 3a Cb
Phara 12 Bd
Pharae Achaeae 14a Ba
Pharae Boeotiae 14a Da
Pharae Messeniae 14a Cb
Pharbaethus 26b Fb
Pharbaethus 27 Af
Pharbaethus 28 Mg
Pharcadon 12 Dc
Pharia 24 Cd
Pharia (In) 24 Cd
Pharis 5 Fd
Pharis 14a Cc
Pharmacussa (In) 13 Dd
Pharmacussae (Ins) 9a Eb
Pharos (In) 20b Ec
Pharsalus 4 Ca
Pharsalus 9b Db
Pharsalus 12 Dc
Pharsalus 20b He
Pharsalus 21 Kf
Phasaelis 27 Inset
Phaselis 6b Jc
Phaselis 7a Kd
Phaselis 8b Fc
Phaselis 11a Dc

Phaselis 11b Dc
Phaselis 20b Mf
Phaselis 26a Dd
Phasis 6b Lb
Phasis 11b Fb
Phasis 21 Pe
Phasis (Fl) 27 Ga
Phatnitic mouth (Si) 26b Fa
Phayttus 12 Dc
Phebra (In) 9a Eb
Phegaea 9a Ea
Pheia 1b Bc
Pheia 14a Bb
Phelloe 14a Ca
Pheneus 4 Cc
Pheneus 5 Fd
Pheneus 14a Cb
Pherae Messeniae 5 Fd
Pherae Thessaliae 4 Ca
Pherae Thessaliae 5 Fc
Pherae Thessaliae 12 Dc
Pherae Thessaliae 20b He
Phigalia 14a Bb
Phila 12 Dc
Philadelphia 26b Fb
Philadelphia Aegypti 28 Mh
Philadelphia Asiae 26a Cc
Philadelphia Asiae 28 Inset: Asia etc
Philadelphia Palaestinae 27 Cf
Philadelphia Palaestinae 27 Inset
Philadelphia Palaestinae 28 Inset: Asia etc
Philadelphia-Rabbath Ammon Palaestinae 11b Ed
Philae 26b Bc
Philaidae 9a Ea
Philippi 11a Bb
Philippi 21 Ke
Philippi 24 Ge
Philippi 28 Ke
Philippopolis 20b Jc
Philippopolis 21 Ke
Philippopolis 24 Gd
Philippopolis 28 Ke
Philippopolis 29 Ke
Philippopolis 11a Bb
Philippus, Portico of (Aed) 19b Rome
Philomelium 26a Dc
Philomelium 27 Ab
Philomelium 28 Inset: Asia etc
Philopappus, Memorial of (Aed) 10a Athens
Philo's Arsenal (Aed) 10b Peiraeus
Philosophiana 16b Hc
Philotera 26b Hc
Phinopolis 12 Inset
Phintias 16b Bb
Phistyum 12 Cd
Phliasia (Re) 14a Cb
Phlius 1a Cc
Phlius 1b Cc
Phlius 14a Cb
Phlya 9a Ba
Phocaea 12 Ed
Phocaea 6b Hc
Phocaea 7a Jd
Phocaea 7b Dc
Phocaea 8b Db
Phocaea 9b Fb
Phocaea 13 Cc
Phocaea 26a Bc
Phocis (Re) 7b Bc
Phocis (Re) 9b Db
Phocis (Re) 12 Dd
Phocis (Re) 14a Ca
Phoenice (Re) 27 Cde
Phoenice (Re) 29 Ng
Phoenice Epiri 12 Bc
Phoenice Epiri 20b Ge
Phoenice Libani (Re) 29 Ng
Phoenicia (Re) 6b Kd
Phoenicia (Re) 7a Le
Phoenicia (Re) 27 Inset
Phoenicum 26b Gd
Phoenicum (Ma) 27 Cde
Phoenicus Aegypti 26b Ea
Phoenicus Messeniae 14a Bc
Phoenicussa (In) 16b Ca
Phoenix 13 Ee
Phoenix 14b Bb
Phoenix (Fl) 12 Dc
Phoetiae 12 Cd
Pholegandros (In) 4 Ed
Pholegandros (In) 8b Cc
Pholegandros (In) 13 Ae
Photice 12 Bc
Phourkaria 4 Inset
Phourne 3a Cb
Phrada/Prophthasia 11a Kd
Phrearrhii 9a Eb
Phrixa 14a Bb
Phrygia (Re) 7a Kd
Phrygia (Re) 11a Dc
Phrygia (Re) 11b Dc
Phrygia (Re) 20b Me
Phrygia (Re) 21 Mf
Phrygia (Re) 26a Dc
Phrygia Minor (Re) 11b CDc
Phrygia Minor (Re) 20b KLd
Phrygia Pacatiana (Re) 29 Lf
Phrygia Salutaris (Re) 29 LMf
Phthenegys 28 Mg
Phthiotic Thebes 1a Cb
Phthiotic Thebes 1b Cb
Phylace 12 Dc
Phylakopi 1b Dc
Phylakopi 4 Ed
Phyle 9a Ea
Phyle 14a Da
Phylla 12 Ed
Phylla 14a Da
Phyllus 12 Dc
Physceis 12 Dd
Physceis 14a Ca
Physcus 13 Ee
Phytaeum 12 Cd
Pialia 12 Cc
Picentes (Po) 16a Dab
Picentes (Po) 18a Ec
Picentes (Po) 18b Dc
Picentia 17 Cc

Picenum (Re) 16a Dab
Picenum Suburbicaria (Re) 29 He
Picti (Po) 29 Eb
Pictones (Po) 23 CDd
Picts (Po) 30b Eb
Pidasa 13 Cd
Piercebridge (Mu) 22 Db
Pieres (Po) 8b Ca
Pieres (Po) 7b BCb
Pieres (Po) 12 Fb
Pieria (Re) 7b Bb
Pieria (Re) 9b Da
Pieria (Re) 12 Db
Pierii (Mo) 12 Db
Pietrabbondante 16 Ec
Pietrabbondante 17 Cb
Pietroasele (Mu) 24 Hc
Pigadhia 3b Gf
Pigadhia 4 He
Pigi 3a Bb
Pikermi 4 Db
Pilismarót-Szob (Mu) 24 Db
Pilorus 6b Inset: N.Aeg.&Prop.
Pilorus 8b Ba
Pinarus (Fl) 27 Db
Pinciana, Porta 19b Rome
Pincum (Mu) 24 Ec
Pindus 12 Dd
Pindus (Mo) 2 HJcd
Pindus (Mo) 12 BCbc
Pindus (Mo) 20b GHe
Pinguis (Mo) 24 Db
Pinna 16 Db
Piraeus (vide Peiraeus) 14a Db
Piranum 15 Hb
Piresiae 12 Dc
Piretum 24 Gd
Pirgaki 4 Bd
Piroborīdava 24 Hc
Pirus (Fl) 14a Ba
Pirustae (Po) 24 Dd
Pisa 1b Bc
Pisa 14a Bb
Pisae 2 Cb
Pisae 15 Ed
Pisae 16a Aa
Pisae 20a Mc
Pisae 20b Bc
Pisae 23 Jf
Pisae 28 He
Pisatis (Re) 14a Bb
Pisaurum 15 Gd
Pisaurus (Fl) 15 Gd
Piscinae Publicae, Vicus (Via) 19b Rome
Pisidia (Re) 11a Dc
Pisidia (Re) 11b Dc
Pisidia (Re) 20b LMf
Pisidia (Re) 21 LMf
Pisidia (Re) 26a CDd
Pisidia (Re) 29 Mf
Piskokephalo 3a Db
Pisticci 17 Ec
Pistoria 15 Ed
Pistoria 23 Jf
Pistum 24 De
Pisye 13 Ed
Pitane 4 Gb
Pitane 5 Hc
Pitane 8b Db
Pitane 13 Cc
Pitane 26a Bc
Pithecusae 6b Inset: Sic.&S.Italy
Pithecusae 17 Bc
Pithecusae 18a Dd
Pithecusae 18b Dd
Pithus 9a Da
Pitinum Mergens 16a Ca
Pitinum Pisaurense 15 Gd
Pitya 12 Inset
Pityus 6b Lb
Pityus 11b Fb
Pityus 14a Da
Pityusa (In) 14a Db
Pityussa (Ins) 26a Ed
Pityussa (In) 27 Bc
Pityussa (Ins) 25a Gc
Pizus 24 Gd
Placentia 15 Db
Placentia 18b Bb
Placentia 20b Ab
Placentia 23 He
Pladasa 8b Ec
Plaka 4 Cc
Plataea Boeotiae 4 Db
Plataea Boeotiae 5 Fc
Plataea Boeotiae 7b Bc
Plataea Boeotiae 9b Db
Plataea Boeotiae 14a Da
Plataea Sicyoniae 14a Cb
Platamodes (Pr) 14a Bc
Platania 4 Cb
Platanistus (Pr) 14a Cc
Platanos 3a Bb
Plati 3a Cb
Platyvola 3a Bb
Plavis (Fl) 15 Gab
Plavis (Fl) 23 Ke
Plemmyrium (Pr) 16b Db
Plemmyrium (In) 16b Inset
Pleraei (Po) 24 Cd
Pleuron 14a Ba
Pliasa 6a Ca
Plinthine 26b Ea
Plöcken (Ang) 15 Ga
Plotheia 9a Ea
Plotinopolis 12 Inset
Plotinopolis 24 He
Pluinna 12 Dc
Pnigeus 26b Ea
Pnyx (Aed) 10a Athens
Pocetus 28 Inset: Asia etc
Podandus 14a Fd
Poedicum 14a Bb
Poeessa 14a Eb
Poenina, Alp (Ang) 15 Bb
Poetneum 12 Dd
Poetovio 21 Jd
Poetovio 24 Bb

Poetovio 28 Jd
Poetovio 29 Jd
Poggio Buco 18b Cc
Pojejena (Mu) 24 Ec
Pola 21 He
Polemoniacus (Re) 27 Da
Polichna Cretae 14b Ab
Polichna Ioniae 8b Db
Polichna Troadis 8b Db
Polichna Siciliae (Re) 16b Inset
Poliochni 1b Db
Polis 4 Ab
Politorium 17 Ab
Politorium 19a Bb
Poliyira 1a Cb
Polla 17 Dc
Pollentia Bagiennorum 15 Bc
Pollentia Bagiennorum 23 Ge
Pollentia Balearium 25a Hc
Pollusca 19a Bb
Polyaegos (In) 7b BCc
Polyanthes (Fl) 12 Ab
Polybotus 26a Dc
Polybotus 27 Ab
Polygaegos (In) 13 Ae
Polyrhenia 14b Ab
Polystylo 1a Da
Polytimetus (Fl) 11a Lbc
Polytimetus (Fl) 11b Lbc
Pometia 19a Bb
Pompaelo 23 Cf
Pompaelo 25a Fa
Pompeii 17 Cc
Pompeii 18b Ed
Pompeiopolis Ciliciae 28 Inset: Asia etc
Pompeiopolis Paphlagoniae 26a Fb
Pompeiopolis Paphlagoniae 28 Me
Pompeum (Aed) 10a Athens
Pompey, Theatre of (Aed) 19b Rome
Pomptinae (Pa) 16a CDc
Pomptinae (Pa) 17 ABb
Pomptine (Pa) 19a BCb
Pons Aelius (Mu) 22 Inset: Had. Wall
Pons Aeni 23 Kd
Pons Aluti (Mu) 24 Gc
Pons Augusti 24 Fc
Pons Aureoli 15 Db
Pons Aureoli 23 He
Pons Saravi 23 Gc
Pons Sontii 15 Hb
Pons Vetus (Mu) 24 Gc
Pontecagnano 18a Ed
Pontecagnano 18b Ed
Pontes Ambianorum 22 Dd
Pontes Atrebantum 22 Dd
Pontes Belgicae 23 Db
Pontes Daciae Inferioris (Mu) 24 Fc
Pontia 17 Ac
Pontiae (Ins) 17 Ac
Pontica (Re) 29 MNef
Pontus (Re) 11b DEb
Pontus (Fl) 12 Da
Pontus (Re) 24 Jc
Pontus (Re) 26a FGb
Pontus (Re) 27 DEa
Pontus (Re) 30a NOe
Pontus et Bithynia (Re) 21 MNe
Pontus Polemoniacus (Re) 29 Ne
Popilia (Via) 15 Gbc
Popilia (Via) 16b Ea
Populi 24 Cb
Populonia 7a Fc
Populonia 16a Ab
Populonia 18a Cc
Populonia 18b Cc
Populonia 20a Mc
Pordoselene (In) 8b Db
Porodin 1a Ba
Porolissum 21 Kd
Porolissum 24 Fb
Poros (In) 4 Inset
Poros (In) 4 Dc
Porphyreon 27 Ce
Porphyrites (Mo) 26b Gc
Porsula 12 Ga
Porsula-Maximianopolis 24 Ge
Portchester (Mu) 22 Dd
Porthmus 14a Ea
Porti 3a Bb
Porto Cesareo 17 Fc
Porto Cesareo 18a Fd
Portuensis, Porta 19b Rome
Portunata (In) 24 Bc
Portunus, Temple of (Fa) 19b Rome
Portus 28 He
Portus Aedro 15 Gb
Portus Augusti 16a Cc
Portus Augusti 17 Ab
Portus Cale 25a Bb
Portus Delphini 15 Dc
Portus Dubris 23 Db
Portus Dubris (Mu) 22 Ed
Portus Favoni 18b Dd
Portus Lemanis (Mu) 22 Ed
Portus Lemanis 23 Db
Portus Magnus 20a Fg
Portus Magnus 21 Ef
Portus Maior (Si) 16b Inset
Portus Minor (Laccius) (Si) 16b Inset
Portus Vatreni (Spineticum Ostium) 15 Gc
Portus Veneris 15 Dc
Portus Veneris 23 He
Port Way (Via) 22 Dd
Poseidon, Temple of (Fa) 4 Inset
Poseidon, Temple of (Fa) 9a Fb
Posidium Arabiae 26b Gb
Posidium Carpathi 13 Df
Posidium Chalcidices 8b Ba
Posidium Euboeae 8b Bb

Pos-Sac

Posidium Euboeae **12** Ed
Posidium Syriae **6b** Kc
Posidium Syriae **26a** Fe
Posidium Syriae **27** Cd
Posidium (Pr) **26a** Ede
Posidium Achaeae Phthiotidis (Pr) **12** Ec
Posidium Cariae (Pr) **13** Dd
Posidium Ciliciae (Pr) **27** Bc
Posidium Epiri (Pr) **12** Ac
Posidium Pallenes (Pr) **12** Ec
Posidonia **6b** Inset: Sic.&S.Italy
Posidonia **7a** Gc
Posidonia (Paestum) **18a** Ed
Postumia (Via) **15** Cc/Eb/Cb
Postumiorum, Domus (Aed) **19b** Rome
Potaissa **21** Kd
Potaissa (Mu) **24** Fb
Potamus Deiradiotes **9a** Fb
Potedania **12** Dd
Potedania **14a** Ca
Potentia **16a** Da
Potentia **17** Ec
Potidaea **6b** Inset: N.Aeg.&Prop.
Potidaea **7a** Hc
Potidaea **7b** Bb
Potidaea **8b** Ba
Potidaea **9b** Da
Potidaea (Cassandrea) **12** Eb
Potisteria **1a** Cd
Poussi Kaloyeri **1a** CDc
Practis (Re) **12** Ab
Praeneste **16a** Cc
Praeneste **17** Ab
Praeneste **19a** Bb
Praeneste **28** He
Praenestina (Via) **19b** Rome
Praenestina, Porta **19b** Rome
Praesidium Dasmini **24** Ed
Praesidium Pompei **24** Ed
Praesus **14b** Db
Praetavi (Re) **27** FGc
Praetoria **26a** Gc
Praetorian Camp (Vi) **19b** Rome
Praetorium Aquitaniae **23** Dd
Praetorium Daciae Inferioris (Mu) **24** Fc
Praetorium Daciae Superioris (Mu) **24** Gc
Praetorium Latobicorum **24** Bc
Praetuttii (Po) **16a** Db
Praetuttii (Po) **18a** Dc
Praetuttii (Po) **19a** Ca
Praevalitana (Re) **29** Je
Praisos **3a** Db
Pras **12** Dd
Prasiae **9a** Fb
Prasiae **9b** Dc
Prasiae **14a** Eb
Prasias (La) **12** Ea
Predil (Ang) **15** Ha
Prestatyn (Mu) **22** Cc
Priansus **14b** Cb
Priapus **6b** Inset: N.Aeg.&Prop.
Priapus **8b** Da
Priapus **12** Inset
Priene **8b** Dc
Priene **13** Dd
Priene **26a** Bd
Prinias **3a** Bb
Privernum **16a** Dc
Privernum **17** Bb
Privernum **19a** Cb
Probalinthus **9a** Ea
Probalinthus **14a** Da
Probi, Pons **19b** Rome
Prochyta (In) **17** Cc
Proconnesus **6b** Inset: N.Aeg.&Prop.
Proconnesus **12** Inset
Proconnesus **8b** Da
Proconnesus (In) **9b** Fa
Prodandus **27** Cc
Prodromos **1a** Bb
Proerna **12** Dc
Prolimen (Si) **10b** Peiraeus
Promona **24** Cd
Proni **14a** Aa
Propontis (Ma) **2** LMc
Propontis (Ma) **6b** Hb
Propontis (Ma) **7a** Jc
Propontis (Ma) **7b** Eb
Propontis (Ma) **8b** Ea
Propontis (Ma) **9b** Ga
Propontis (Ma) **12** Inset
Propontis (Ma) **20b** KLd
Propontis (Ma) **21** Le
Propontis (Ma) **24** Je
Propontis (Ma) **26a** BCb
Propylaea (Aed) **10a** Athens
Propylon (Aed) **10b** Peiraeus
Proschium **14a** Ba
Proschium **12** Cd
Prospalta **9a** Eb
Prostanna **26a** Dd
Prostanna **27** Ac
Prostovitsa **4** Bc
Prosymna **1a** Cc
Prote (In) **14a** Bb
Prusa **12** Inset
Prusa **21** Le
Prusa **26a** Cb
Prusa **28** Inset: Asia etc
Prusias ad Hypium **26a** Db
Prusias (ad Hypium) **28** Me
Prymnessus **26a** Dc
Prymnessus **27** Ab
Psamathus **14a** Cc
Pseira **3a** Cb
Pselchis **26b** Bc
Pserimos (In) **13** De
Psophis Arcadiae **14a** Bb
Psophis Atticae **14a** Da
Psykhro **3a** Cb
Psyra (In) **4** Ec
Psyra (In) **5** Gc
Psyra (In) **13** Bc
Psyttalia (Ayios Yeoryios) (In) **8a** Hb
Ptandaris **27** Db
Ptelea **9a** Eb
Pteleum Achaeae Phthiotidis **1b** Cb
Pteleum Achaeae Phthiotidis **4** Ca
Pteleum Achaeae Phthiotidis **5** Fc

Pteleum Achaeae Phthiotidis **12** Dc
Pteleum Cherronesi **12** Inset
Pteleum Ioniae **8b** Db
Pteleum (Mo) **12** Bc
Ptoeum **12** Ed
Ptoeum **14a** Da
Ptolemais Aegypti **11b** De
Ptolemais Aegypti **26b** Fc
Ptolemais-Ake Palaestinae **11b** Ed
Ptolemais Cyrenaica **21** Kg
Ptolemais Cyrenaica **25b** Rc
Ptolemais Cyrenaica **28** Kg
Ptolemais Hormou Aegypti **26b** Fb
Ptolemais Palaestinae **21** Ng
Ptolemais Palaestinae **27** Inset
Ptolemais Palaestinae **28** Inset: Asia etc
Ptychia (In) **12** Ac
Pucinum **15** Hb
Pultovia **24** Bb
Pura **14a** Ke
Purcăreni (Mu) **24** Gc
Purdis **12** Fb
Puteoli **17** Cc
Puteoli **20b** Dd
Puteoli **28** He
Puteoli **30a** He
Putineiu (Mu) **24** Gd
Pydna **9b** Da
Pydna **20b** Hd
Pydna **28** Ke
Pydna Greek **12** Db
Pydna Roman **12** Db
Pygela **8b** Dc
Pygela **13** Dd
Pyla **3b** Kf
Pyla **5** Inset
Pylene **12** Cd
Pylene **14a** Ba
Pyles Gate (Via) **10b** Peiraeus
Pylon **12** Ba
Pylorus **14b** Bb
Pylus Elidis **1b** Bbc
Pylus Elidis **14a** Bb
Pylus Messeniae **1a** Bc
Pylus Messeniae **3b** Inset
Pylus Messeniae **9b** Cc
Pylus Messeniae **14a** Bc
Pylus Messeniae (Chora) **4** Bc
Pylus Messeniae (Chora) **5** Ed
Pyra **12** Dd
Pyramus (Fl) **26a** Fd
Pyramus (Fl) **27** Cc
Pyrasus **1a** Cb
Pyrasus **5** Fc
Pyrasus **12** Dc
Pyrenaei (Mo) **7a** CDc
Pyrenaei (Mo) **20a** FGHc
Pyrenaei (Mo) **21** EFe
Pyrenaei (Mo) **23** Cf
Pyrenaei (Mo) **25a** FGHa
Pyretus (Fl) **24** Jc
Pyretus (Fl) **24** Hb
Pyrgi **16a** Bb
Pyrgi **18b** Cc
Pyrgi **19a** Aa
Pyrgos (Arne) Thessaliae **4** Ca
Pyrgos Boeotiae **1a** Cb
Pyrgos Boeotiae **4** Db
Pyrgos Cretae **3a** Cb
Pyrgos Pari **1b** Dc
Pyrnus **8b** Ec
Pyrrha **13** Cb
Pyrri **24** Cc
Pyrrichus **14a** Cc
Pythiae Thermae **12** Inset
Pythium **12** Db
Pytho **5** Fc
Pythopolis **8b** Ea
Pyxus (Buxentum) **18a** Ed

Q

Qattara Depression **11a** Ce
Quadi (Po) **21** Jd
Quadi (Po) **24** CDa
Quadi (Po) **29** JKd
Quadi (Po) **30b** Jd
Quadrata Dalmatiae **24** Bc
Quadrata Pannoniae Superioris (Mu) **24** Cb
Quadruvium **15** Gb
Quadruvium **23** Ke
Quarqueni **15** Fb
Quirinal Hill (Mo) **19b** Rome
Quirinalis, Porta **19b** Rome

R

Rabo (Fl) **24** Fc
Rabbathmoba **27** Inset
Răcari (Mu) **24** Fc
Rădăcinești (Mu) **24** Gc
Radriani **15** Gc
Raeburnfoot (Mu) **22** Ca
Raeti (Po) **18b** CDe
Raetia (Re) **15** DEa
Raetia (Re) **21** GHd
Raetia (Re) **23** HJKcd
Raetia I (Re) **29** GHd
Raetia II (Re) **29** Hd
Ragando **24** Bb
Rakhmani **1a** Cb
Rakhmani **1b** Cb
Rakhmani **4** Ca
Raparia **24** Bc
Raphaneae (Mu) **27** Dc
Raphaneae **28** Inset: Asia etc
Raphia **11b** Dd
Raphia **26b** Ha
Raphia **27** Cf
Raphina **1b** CDbc
Raphina **4** Db
Rapido (Fl) **17** Bb

Rapidum **25b** Ga
R.p. Aequicolorum **16a** Db
Ratae **22** Dc
Ratiaria **24** Fd
Ratiaria **29** Ke
Ratiatum **23** Cd
Rauranum **23** Dd
Raurici (Po) **23** Gd
Ravenna **15** Gc
Ravenna **20b** Cb
Ravenna **21** He
Ravenna **28** He
Ravenna **29** He
Ravenna **30b** He
Ravna (Mu) **24** Fc
Reate **16a** Cb
Reate **18a** Dc
Rebate **7a** Ke
Reckburg (Mu) **23** Gb
Red House (Mu) **22** Inset: Had. Wall
Redones (Po) **23** BCcd
Refugium Apollinis **16b** Dc
Regianum **24** Fd
Regillus (La) **19a** Bb
Regina **25a** Dc
Regina Castra **28** Hd
Regium Lepidum **15** Ec
Regni (Po) **22** Dd
Regni (Po) **23** CDb
Regulbium (Mu) **22** Ed
Reii Apollinares **23** Gf
Reims **30b** Fd
Remesiana (Mu) **24** Fd
Remetodia **24** Fc
Remi (Po) **23** Fc
Remi **28** Fd
Remi **29** Fd
Remista **24** Cb
Renus (Fl) **15** Fc
Republican Area (Vi) **19b** Ostia
Rerigonius (Si) **22** Ba
Resaina **28** Nf
Resapha (Mu) **27** Ed
Resculum (Mu) **24** Fb
Resia, Reschen-Scheideck (Ang) **15** Ea
Rethymnon **3a** Bb
Rev-Ardashir **28** Rh
Revessio **23** Ee
Rhaecalus (Re) **12** DEb
Rhaetae **14a** Cb
Rhagae **11a** Hc
Rhamnus **9a** Fa
Rhamnus **14a** Ea
Rheba **12** Inset
Rhegium Italiae **2** Ed
Rhegium Italiae **6b** Inset: Sic.&S.Italy
Rhegium Italiae **7a** Gd
Rhegium Italiae **9b** Inset
Rhegium Italiae **16b** Da
Rhegium Italiae **18a** Ee
Rhegium Italiae **20b** De
Rhegium Italiae **21** Jf
Rhegium Italiae **30a** Jf
Rhegium Thraciae **12** Inset
Rheingonheim (Mu) **23** Hc
Rheitoi (Re) **9a** Ea
Rhenea (In) **8b** Cc
Rhenea (In) **13** Bd
Rhenus (Fl) **7a** Ea
Rhenus (Fl) **15** CDa
Rhenus (Fl) **21** FGcd
Rhenus (Fl) **23** GB/Hc
Rhenus (Fl) **29** Gc
Rhenus (Fl) **30a** Gcd
Rhinocolura **26b** Ga
Rhinocolura **27** Bf
Rhithymna (Rethymnon) **14b** Bb
Rhium **6a** Cb
Rhium (Pr) **14a** Ba
Rhizaion **27** Fa
Rhizenia **14b** Bb
Rhizon **20b** Fc
Rhizonicus (Si) **24** Dd
Rhizus **12** Dc
Rhoda **20a** Hc
Rhodanus (Fl) **6b** Cb
Rhodanus (Fl) **7a** Dbc
Rhodanus (Fl) **15** Ca
Rhodanus (Fl) **20a** JBc
Rhodanus (Fl) **21** Fd
Rhodanus (Fl) **23** FGdef
Rhodanus (Fl) **30a** Fed
Rhodanusia **6b** Cb
Rhode **6b** Cb
Rhodhokhori Cave **1a** Ca
Rhodopa (Re) **29** KLe
Rhodope (Mo) **2** JKbc
Rhodope (Mo) **7a** Hc
Rhodope (Mo) **7b** BCb
Rhodope (Mo) **12** Fa
Rhodope (Mo) **24** FGe
Rhodope (Mo) **20b** Jd
Rhodos (In) **2** Me
Rhodos (In) **3b** GHef
Rhodos (In) **4** HJde
Rhodos (In) **5** HJde
Rhodos (In) **6a** Gc
Rhodos (In) **7a** Jd
Rhodos (In) **7b** Ed
Rhodos (In) **8b** DEc
Rhodos (In) **13** DEe
Rhodos (In) **20b** Lf
Rhodos (In) **26a** Cd
Rhodus **6b** Hc
Rhodus **9b** FGcd
Rhodus **11a** Cc
Rhodus **11b** Cc
Rhodus **13** Ee
Rhodus **20b** Lf
Rhodus **21** Lf
Rhodus **28** Inset: Asia etc
Rhodus **30a** Lf
Rhoeteum **8b** Db
Rhoeteum **13** Ca
Rhosicum (Pr) **26a** Fd
Rhosicum (Pr) **27** Cc
Rhosus **26a** Fd
Rhosus **27** Cc
Rhosus **28** Inset: Asia etc

Rhotamus (Fl) **18b** Bc
Rhyn (Mu) **22** Cc
Rhyndacus (Fl) **26a** Cc
Rhypes **14a** Ca
Rhytium **14b** Cb
Ricina **15** Dc
Ricina (In) **22** Ab
Rider **24** Cd
Rigomagus Germaniae Inferioris (Mu) **23** Gb
Rigomagus Narbonensis **15** Cb
Rigomagus Narbonensis **23** Ge
Rijsbergen **23** Fb
Rini **1a** Cb
Risinium **24** Dd
Rittium (Mu) **24** Ec
Riul Vadului (Mu) **24** Gc
Robogdium (Pr) **22** Ab
Roccanova **17** Ec
Rocester **22** Dc
Rock of Chorienes **11a** Mc
Rock of Sogdiana **11a** Lc
Rödgen (Mu) **23** Hb
Rodumna **23** Fd
Rogatica **24** Dd
Roma **2** Dc
Roma **6b** Eb
Roma **7a** Fc
Roma **16a** Cc
Roma **17** Ab
Roma **18a** Dd
Roma **18b** Ec
Roma **19a** Bb
Roma **20a** Nd
Roma **20b** Cd
Roma **21** He
Roma **28** He
Roma **29** He
Roma **30a** He
Roma **30b** He
Roman Agora (Vi) **10a** Athens
Roman Pydna **12** Db
Roman Styberra **12** Ca
Romana, Porta **19b** Ostia
Romechium **16b** Ea
Romula **24** Bc
Romula **17** Db
Romula-Malva **24** Gc
Romulea **17** Db
Romulianum **24** Fc
Roosevelt Square (Vi) **10b** Peiraeus
Rosa (Mo) **15** Bb
Roșiorii de Vede (Mu) **24** Gc
Rossano **17** Ed
Rotomagus **23** Dc
Rotomagus **28** Fd
Rotomagus **29** Fd
Rough Castle (Fa) **22** Inset: Ant. Wall
Round Temple (Fa) **19b** Ostia
Routsi **3b** Inset
Routsi **4** Bc
Roxolani (Po) **21** Ld
Royal Stoa (Aed) **10a** Athens
Rubi **17** Eb
Rubico (Fl) **15** Gc
Rubra **15** Dc
Rubricatus (Fl) **25a** Gab
Rückingen (Mu) **23** Hb
Rucuma **28** Inset: N.Africa
Rudiae **17** Gc
Ruffenshofen (Mu) **23** Jc
Ruginium **15** Hb
Rugusci (Po) **15** DEa
Ruined Stoa (Aed) **10b** Peiraeus
Ruini (Po) **18b** Bc
Rumst **23** Fb
Rusaddir **20a** Eg
Rusellae **16a** Bb
Rusellae **18b** Ec
Rusguniae **25a** Ga
Rusicade **25b** Ja
Rusicade **28** Inset: N.Africa
Rusicade **30a** Gf
Rusidava (Mu) **24** Gc
Rusuccuru **28** Ff
Ruteni (Po) **23** Ee
Rutunium **22** Cc
Rutupiae (Mu) **22** Ed
Rutupiae **23** Db
Rutupiae **29** Fc
Rutupiae **30a** Fc
Ruvo **18a** Fd
Ryknild St. (Via) **22** Dc

S

Saalburg (Mu) **23** Hb
Sabatinca **24** Bb
Sabatinus (La) **16a** Cb
Sabatinus (La) **19a** Ba
Sabellic Tribes (Po) **18b** DEcd
Sabini (Po) **15** Eb
Sabini (Po) **18a** Dc
Sabini (Po) **18b** Dc
Sabini (Po) **19a** Ba
Sablé **23** Cd
Sabora **25a** Dd
Sabratha **21** Hg
Sabratha **25b** Mc
Sabratha **28** Hg
Sabratha **30a** Hg
Sabrina Armeniae Minoris (Fl) **26a** Hc
Sabrina Armeniae Minoris (Fl) **27** Eb
Sabrina Britanniae (Fl) **22** Cc
Sabrina Britanniae (Fl) **23** Bb
Sabus (Mu) **26a** Hc
Sabus (Mu) **27** Eb
Sacae (Po) **11a** Ka
Sacer (Fl) **18b** Be
Sacesinae (Po) **11a** Gb
Sacidava **24** Hc
Sacred Way (Via) **9a** Inset

Sac-Ser

Sacred Way (Via) 10a Athens
Sacrum Hispaniae (Pr) 25a Bd
Sacrum Hiverniae (Pr) 22 Ac
Saei (Po) 12 Fab
Saena 16a Ba
Saena 18b Ea
Saepinum 17 Cb
Saeprus (Fl) 18b Be
Saetabi 25a Fc
Saevates (Po) 15 FGa
Saevates (Po) 23 Kd
Safsafa (Mu) 27 Ed
Sagalassus 11a Dc
Sagii (Po) 23 CDc
Sagis ad Padum 15 Gc
Sagras (Fl) 16b Ea
Sagrus (Fl) 16a Ec
Saguntum 20a Fe
Saguntum 25a Fc
Sahel, Oued (Fl) 25b GHa
St. Béat 23 Df
St. Blaise 23 Ff
St. Dié 23 Gc
St. Gall 30b Gd
St. Gotthard (Ang) 15 Ca
St. Lizier 23 Df
St. Rémy 23 Ed
Sais 26b Fa
Sais 28 Mg
Sakhtoure (Via) 10b Peiraeus
Saktouria 3a Bb
Sala Africae 20a Cg
Sala Africae 21 Dg
Sala Africae 25b Bb
Salacia 25a Bc
Sala Consilinum 17 Dc
Salaminias 27 Dd
Salamis (In) 4 Dc
Salamis (In) 5 Fd
Salamis (In) 7b Bd
Salamis (In) 8a GHab
Salamis (In) 9a DEb
Salamis (In) 14a Db
Salamis Cypri 6a Inset
Salamis Cypri 7a Kd
Salamis Cypri 7b Inset
Salamis Cypri 11a Dc
Salamis Cypri 11b Dc
Salamis Cypri 21 Mf
Salamis Cypri 26a Ee
Salamis Cypri 27 Bd
Salamis Cypri 28 Inset: Asia etc
Salamis Cypri 30a Mf
Salamis Salaminis 8a Hb
Salamis Salaminis 9a Eb
Sala Pannoniae Superioris 24 Cb
Salapia 17 Eb
Salapia 18a Ed
Salapia 20b Dd
Salaria 25a Ec
Salaria (Via) 16a Db
Salaria (Via) 19a BCa
Salaria (Via) 19b Rome
Salaria, Porta 19b Rome
Salaria Vetus (Via) 19b Rome
Salassi (Po) 15 Bb
Salbace (Mo) 26a Cd
Saldae 20a Jf
Saldae 21 Ff
Saldae 25b Ha
Saldis 24 Dc
Salduba 20a Fd
Salcum (Mu) 24 Ec
Sale 8b Ca
Salerum 17 Cc
Saletio 23 Hc
Salganeus 12 Ed
Salganeus 14a Da
Salinae Alpium Maritimarum 23 Gf
Salinae Cornoviorum 22 Cc
Salinae Daciae Porolissensis 24 Fb
Salinae Deceanglorum 22 Cc
Salluntum 24 Dd
Sallustiani (Ho) 19b Rome
Salluvii (Po) 20a Jc
Salluvii 23 Ff
Salmantica 20a Dd
Salmantica 25a Db
Salmone 14a Bb
Salmydessus 24 Je
Salmydessus 26a Cb
Salo (Fl) 20a Fd
Salo (Fl) 25a Fb
Saloca 24 Bb
Salodurum 23 Gd
Salomacus 23 Ce
Salona 20b Ec
Salona 21 Je
Salona 24 Cd
Salona 28 Je
Salona 29 Je
Salpensa 25a Dd
Salsovia (Mu) 24 Jc
Salsum (Fl) 25a Dd
Salurnum 15 Fa
Salvium 24 Cc
Samara (Fl) 22 Ed
Samara (Fl) 23 Eb
Samaria 11b Ed
Samaria-Sebaste 27 Inset
Samarobriva 22 Fe
Samarobriva 23 Ec
Same 1b Bb
Same 14a Aa
Same 28 Kf
Sami 4 Ab
Samicum 14a Bb
Samikon 1b Bc
Samnites (Po) 16a DEc
Samnites (Po) 18a Ed
Samnites (Po) 18a EFd
Samnites (Po) 19a Gc
Samnium (Re) 17 CDbc
Samnium (Re) 20b Dd
Samnium (Re) 29 He
Samos 6b Hc
Samos 7a Jd
Samos (In) 2 Le
Samos (In) 3b Ge

Samos (In) 4 Gc
Samos (In) 5 Hd
Samos (In) 6a Fc
Samos (In) 7b Dd
Samos (In) 8b Dc
Samos (In) 9b Fc
Samos (In) 13 Cd
Samos (In) 20b Kf
Samos (In) 26a Bd
Samosata 21 Nf
Samosata 29 Nf
Samosata (Mu) 26a Hd
Samosata (Mu) 27 Ec
Samothrace (In) 7b Cb
Samothrace (In) 5 Gb
Samothracia (In) 2 Kc
Samothracia (In) 6b Inset: N.Aeg.&Prop.
Samothracia (In) 8b Ca
Samothracia (In) 12 Gb
Samothracia (In) 26a Ab
Samum (Mu) 24 Fd
Sana (Re) 2 Fa
Sanaus 28 Inset: Asia etc
Sancton 30b Ec
Sandy 22 Dc
Sane Actes 6b Inset: N.Aeg.&Prop.
Sane Actes 8b Ba
Sane Actes 12 Eb
Sane Pallenes 12 Eb
Sangala 11a Md
Sangarius (Fl) 5 Kb
Sangarius (Fl) 7a Kc
Sangarius (Fl) 11b Dbc
Sangarius (Fl) 26a Db
Sangarius (Fl) 27 Aa
Sangatte 23 Db
San Giovenale 18b Dc
Sanitium 23 Gf
S. Anna 17 Fd
Santicum 23 Kd
Santones (Po) 23 CDe
Sanxay 23 Dd
Saocoras (Fl) 27 Fc
Sapaei (Po) 7b Cb
Sapaei (Po) 12 Fa
Săpata de Jos (Mu) 24 Gc
Sapis (Fl) 15 Gc
Sapua 24 Cc
Saraceni (Po) 29 NPgh
Sărăţeni (Mu) 24 Gb
Saratse 1b Ca
Saratse 5 Fb
Saravene (Re) 26a Fc
Saravene (Re) 27 Cb
Sardica 28 Ke
Sardinia (Re) 21 Gef
Sardinia (Re) 29 Gef
Sardinia (In) 2 Bcd
Sardinia (In) 7a EFc
Sardinia (In) 18a Bd
Sardinia (In) 18b Bde
Sardinia (In) 20a Lde
Sardinia (In) 20b Ade
Sardis 4 Jb
Sardis 5 Jc
Sardis 6b Hc
Sardis 7a Jd
Sardis 7b Ec
Sardis 9b Fa
Sardis 11a Cc
Sardis 11b Cc
Sardis 13 Ec
Sardis 20b Ke
Sardis 26a Cc
Sardis 28 Inset: Asia etc
Sardis 29 Lf
Sardonium (Ma) 6b Dc
Sarepta 27 Ce
Sargarausene (Re) 26a FGc
Sargarausene (Re) 27 CDb
Saritte 24 Cc
Sarius (Fl) 15 Db
Sarliki 4 Ca
Sarmalia 26a Ec
Sarmalia 27 Bb
Sarmatae 24 Ed
Sarmatae Iazyges (Po) 24 DEbc
Sarmatae Iazyges (Po) 29 JKd
Sarmatae Roxolani (Po) 24 GHc
Sarmizegethusa 21 Kd
Sarnade 24 Cc
Sarnis 15 Fb
Sarno 17 Cc
Saronicus (Si) 9a DEb
Saronicus (Si) 14a Db
Saros (In) 8b Dd
Saros (In) 13 Df
Sarpedon Ciliciae (Pr) 26a Fd
Sarpedon Ciliciae (Pr) 27 Cc
Sarpedon Thraciae (Pr) 7b CDb
Sarpedon Thraciae (Pr) 12 Inset
Sarsina 15 Gd
Sarte 6b Inset: N.Aeg.&Prop.
Sarte 8b Ba
Sarus (Fl) 26a Fc
Sarus (Fl) 27 Cc
Sasima 26a Fc
Sasima 27 Cb
Sason (In) 12 Ab
Satala Armeniae Minoris 28 Ne
Satala Armeniae Minoris (Mu) 21 Ne
Satala Armeniae Minoris (Mu) 27 Ea
Satala Asiae 13 Ec
Saticula 17 Cb
Saticula 18a Ed
Sation 12 Ba
Satnioeis (Fl) 13 Cb
Satrae (Po) 7b Bb
Satrae (Po) 12 Ea
Satres (Po) 7b BCb
Satres (Po) 12 Fb
Satrianum 17 Dc
Satricum 17 Ab
Satricum 18b Dd
Satricum 19a Bb
Saturnia (Pr) 25a Fd
Saturnia 16a Bb
Saturnia 18b Cc

Satyrion 17 Fc
Satyrion 18a Fd
Sauria 12 Cd
Sauria 14a Ba
Savaria 21 Jd
Savaria 24 Cb
Savaria 28 Jd
Savaria 29 Jd
Savatra 26a Ec
Savatra 27 Bb
Savia (Re) 29 Jd
Savo 15 Cc
Savus (Fl) 20b Dab
Savus (Fl) 21 Jd
Savus (Fl) 23 Ld
Savus (Fl) 24 Bb/Dc
Saxones (Po) 29 GHc
Saxons (Po) 30b GHc
S. Benedetto (Ang) 15 Fd
S. Bernadino (Ang) 15 Da
Scallabis 25a Bc
Scallabitanus (Re) 25a Bbc
Scamander (Fl) 5 Hc
Scamander (Fl) 7b Dc
Scamander (Fl) 13 Cb
Scamander (Fl) 26a Bc
Scambonidae 9a Inset
Scampa 12 Ba
Scampa 24 Ee
Scandia 5 Fd
Scandia 14a Dc
Scapsa 8b Ba
Scaptopara 24 Fd
Scarbantia 24 Cb
Scarbantia 28 Jd
Scardona 24 Bd
Scardus (Mo) 20b Gc
Scardus (Mo) 24 Ede
Scenarchia (Re) 27 DEd
Scepsis 6b Inset: N.Aeg.&Prop.
Scepsis 8b Db
Scepsis 13 Cb
Schedia 26b Fa
Schirenhof (Mu) 23 Hc
Schoenus Boeotiae 12 Ed
Schoenus Boeotiae 14a Da
Schoenus Corinthiae 14a Db
Sciathos (In) 7b Bc
Sciathos (In) 8b Bb
Sciathus 12 Ec
Scidrus 17 Dd
Scillus 14a Bb
Scione 6b Inset: N.Aeg.&Prop.
Scione 8b Bb
Scione 9b Db
Scione 12 Eb
Scipios, Tomb of the (Aed) 19b Rome
Scirtari (Po) 24 Ed
Scirtiana 12 Ca
Scirtiana 24 Ee
Scirtus (Fl) 12 Cb
Scitis (In) 22 Aa
Scodra 20b Fc
Scodra 24 Dd
Scoffera (Ang) 15 Dc
Scole 22 Ec
Scolus 14a Da
Scoglio del Tonno 5 Cb
Scombrus (Mo) 24 Fd
Scopas (Fl) 26a Db
Scopas (Fl) 27 Aa
Scopelos (In) 4 Ec
Scopelos (In) 5 Fc
Scordisci (Po) 20b Gbc
Scordisci (Po) 24 DEc
Scots (Po) 30b Dc/Eb
Scotti (Po) 29 Dc
Scotussa Parorbeliae 12 Ea
Scotussa Parorbeliae 24 Fe
Scotussa Thessaliae 12 Dc
Scultenna (Fl) 15 Ec
Scupi 12 Ke
Scupi 24 Ed
Scydises (Mo) 27 EFa
Scydra 12 Db
Scylacium 17 Ee
Scylaeum 16b Da
Scylaeum (Pr) 14a Db
Scylletium 16b Ea
Scyros (In) 4 Eb
Scyros (In) 5 Gc
Scyros (In) 6a Eb
Scyros (In) 7b Cc
Scyros (In) 8b Cb
Scyros (In) 9b Eb
Scyros (In) 12 Fd
Scyros (In) 13 Ac
Scyrus 13 Ac
Scythae (Po) 11a CDa
Scythae (Po) 24 JKb
Scythia (Re) 7a KLb
Scythia (Re) 29 Le
Scythopolis 11b Ed
Scythopolis 27 Inset
Scythopolis 28 Inset: Asia etc
Seabegs (Mu) 22 Inset: Ant. Wall
Sebaste (Via) 26a DEd
Sebaste Palaestinae 28 Inset: Asia etc
Sebaste Phrygiae 26a Cc
Sebasteia 26a Gc
Sebasteia 27 Db
Sebasteia 28 Inset: Asia etc
Sebastopolis 26a Gc
Sebastopolis 27 Db
Sebastopolis 28 Inset: Asia etc
Sebatum 15 Fa
Sebatum 23 Jd
Sebennytic mouth (Si) 26b Fa
Sebennytus 26b Fa
Sebennytus 28 Mg
Sebinus (La) 15 Eb
Sebuinum 15 Cb
Sebuinum 23 He
Secia (Fl) 15 Ec
Securisca (Mu) 24 Gd
Sedhes 1a Ca
Sedhes 5 Fb

Seduni (Po) 23 Gd
Sedunum 23 Gd
Segeda 25a Fb
Segedunum (Mu) 22 Inset: Had. Wall
Segelocum 22 Dc
Segermes 28 Inset: N.Africa
Segesta 9b Inset
Segesta 16b Ab
Segesta 18a Df
Segesta Tigulliorum 15 Dc
Segesta Tigulliorum 23 He
Segisama 25a Ea
Segobriga 20a Eb
Segobriga 25a Ec
Segodunum 23 Ee
Segontia 20a Ed
Segontia 25a Eb
Segontium (Mu) 22 Bc
Segovellauni (Po) 23 Fe
Segovia 20a Db
Segovia 25a Db
Segusiavi (Po) 23 EFe
Segusio 15 Bb
Segusio 23 Ge
Segustero 23 Fe
Seleucia ad Belum Syriae 27 Dd
Seleucia Assyriae 11b Fc
Seleucia Ciliciae 11b Dc
Seleucia Ciliciae 26a Ed
Seleucia Ciliciae 27 Bc
Seleucia Ciliciae 28 Inset: Asia etc
Seleucia Mesopotamiae 11b Fd
Seleucia Mesopotamiae 28 Pg
Seleucia Mesopotamiae 28 Pg
Seleucia Osrhoenes 26a Hd
Seleucia Osrhoenes 27 Ec
Seleucia Palaestinae 27 Ce
Seleucia Pamphyliae 26a Dd
Seleucia Pamphyliae 27 Ac
Seleucia Pamphyliae 28 Inset: Asia etc
Seleucia Pieria 11b Ec
Seleucia Pieria 26a Fd
Seleucia Pieria 27 Cc
Seleucia Pieria 28 Inset: Asia etc
Seleucia Pisidiae 26a Dd
Seleucia Pisidiae 28 Inset: Asia etc
Seleucia Syriae 21 Nf
Seleucia Vologesias Mesopotamiae 27 He
Selge 20b Mf
Selge 26a Dd
Selge 27 Ac
Selgovae (Po) 22 Cb
Seligenstadt (Mu) 23 Hc
Selinus (Fl) 14a Ca
Selinus Halonnesi 12 Ec
Selinus Laconiae 14a Cb
Selinus Pamphyliae 21 Mf
Selinus Pamphyliae 26a Ed
Selinus Pamphyliae 27 Bc
Selinus Siciliae 6b Inset: Sic. &S.Italy
Selinus Siciliae 7a Fd
Selinus Siciliae 9b Inset
Selinus Siciliae 16b Ab
Selinus Siciliae 18a Df
Sellasia 14a Cb
Selleis (Fl) 14a Bb
Selymbria 6b Inset: N.Aeg.&Prop.
Selymbria 8b Ea
Selymbria 9b Ca
Selymbria 12 Inset
Selymbria 24 Je
Selymbria 26a Cb
Semachidae 9a Ea
Semechonitus (La) 27 Inset
Semo Sancus, Temple of (Fa) 19b Rome
Sena (In) 23 Ac
Sena Etruriae 28 Fe
Sena Gallica 15 Hd
Sena Gallica 16a Da
Senia 24 Bc
Senones 29 Fd
Senones (Po) 23 Ec
Sentinum 16a Ca
Sephe 27 Ec
Sepias 7b Bc
Sepias (Pr) 12 Ec
Sepphoris-Diocaesarea 27 Inset
Septempeda 16a Da
Septem Provinciae (Re) 29 Fde
Septimer (Ang) 15 Da
Septimiana, Porta 19b Rome
Septimius Severus, Arch of (Aed) 19b Rome
Sequana 23 Fd
Sequana (Fl) 7a Db
Sequana (Fl) 21 Fd
Sequana (Fl) 23 DEc
Sequana (Fl) 30a Fd
Sequani (Po) 23 FGd
Seraglio 3b Ge
Serangeion (Aed) 10b Peiraeus
Serapilli (Po) 24 Cb
Serapis, Baths of (Ba) 19b Rome
Serapis, Insula of (Aed) 19b Ostia
Serapis, Temple of (Fa) 19b Rome
Serdica 28 Ke
Serdica 29 Ke
Serena 24 Dc
Seriane 27 Dd
Serioteichos 8b Da
Seriphos 8b Cc
Seriphos (In) 2 Ke
Seriphos (In) 4 Ec
Seriphos (In) 5 Gd
Seriphos (In) 7b Cd
Seriphos (In) 8b Cc
Seriphos (In) 13 Ad
Sermyle 6b Inset: N.Aeg.&Prop.

Ser-Sym

Sermyle 8b Ba
Sermyle 9b Da
Sermyle 12 Eb
Serota 24 Cc
Serra di Vaglio 17 Ec
Serra di Vaglio 18a Ed
Serretes (Po) 24 BCb
Servia 1a Ca
Servia 1b Ca
Servian Wall 19b Rome
Servitium 24 Cc
Sesites (Fl) 15 Cb
Sesklo 1a Cb
Sesklo 1b Cb
Sestinum 15 Gd
Sestus 6b Inset: N.Aeg.&Prop.
Sestus 7a Jc
Sestus 7b Db
Sestus 8b Da
Sestus 9b Fa
Sestus 11a Cb
Sestus 12 Inset
Sestus 13 Ca
Sestus 26a Bb
Seteia (Fl) 22 Cc
Seteiei (Mo) 23 Ef
Setia 16a Dc
Setia 17 Bb
Setia 19a Cb
Seuthopolis 24 Gd
Sexaginta Prista (Mu) 24 Hd
Sexi 6b Bc
Sexi 20a Ef
Sexi 25a Ed
Sextantio 23 Ef
Shibar Pass (Ang) 11a Ld
Shipka Pass (Ang) 11a Cb
Siberis (Fl) 26a Eb
Siberis (Fl) 27 Ba
Sibora 27 Cb
Sicani (Po) 9b Inset
Sicani (Po) 16b BCb
Sicani (Po) 18a Df
Sicca 20a Lf
Sicca 28 Inset: N.Africa
Siceli (Po) 9b Inset
Sicilia (Re) 20b CDf
Sicilia (Re) 21 Hf
Sicilia (Re) 29 Hf
Sicilia (Re) 30a HJf
Sicilia (In) 7a FGd
Sicilibba 28 Inset: N.Africa
Sicinos 8b Cc
Sicinos (In) 4 Fd
Sicinos (In) 8b Cc
Sicinos (In) 13 Be
Sicoris (Fl) 25a Gb
Siculi (Po) 16b Cb
Siculotae (Po) 24 Dd
Siculum (Fr) 16b Da
Siculum (Ma) 2 FGe
Siculum (Ma) 16b Db
Sicyon 5 Fd
Sicyon 7b Bd
Sicyon 9b Dc
Sicyon 14a Cb
Sicyon 20b He
Sicyonia (Re) 14a Cb
Sidamaria 26a Ed
Sidamaria 27 Bc
Sidari 1a Ab
Side Aenianum 12 Dd
Side Laconiae 14a Dc
Side Pamphyliae 6b Jc
Side Pamphyliae 7a Kd
Side Pamphyliae 26a Ec
Side Pamphyliae 27 Ac
Side Pamphyliae 28 Inset: Asia etc
Sidon 6b Kd
Sidon 7a Le
Sidon 11a Ed
Sidon 11b Ec
Sidon 21 Ng
Sidon 28 Inset: Asia etc
Sidrona 24 Bc
Sidus 14a Db
Sidusa 8b Db
Siga 20a Fg
Siga 25b Eb
Sigarra 25a Ec
Sigeum 6b Inset: N.Aeg.&Prop.
Sigeum 8b Db
Sigeum 13 Cb
Sighişoara (Mu) 24 Gb
Signia 16a Dc
Signia 17 Bb
Signia 19a Cb
Sigrium (Pr) 13 Bb
Sila (Mo) 16b DEa
Sila (Mo) 17 Ede
Silacaenae 24 Cb
Silandus 28 Inset: Asia etc
Silaris (Fl) 18b Ed
Silarus Aemiliae (Fl) 15 Fc
Silarus Campaniae (Fl) 17 Dc
Sileniae (Re) 8a Hb
Sillyum 8b Fc
Sillyum 26a Dd
Sillyum 27 Ac
Silures (Po) 22 Cd
Silures (Po) 23 Bb
Silvanectes (Po) 23 Ec
Silvium Apuliae 17 Ec
Silvium Histriae 15 Hb
Silvium Histriae 23 Ke
Simitthu 25b Ka
Simplon (Ang) 15 Ca
Simyra 27 Cd
Sinda 5 Inset
Sinda 6a Inset
Sindus 8b Ba
Sindus 12 Db
Singara 29 Pf
Singas (Fl) 26a Gd
Singas (Fl) 27 Dc
Singidunum 21 Ke
Singidunum 24 Ec
Singidunum 28 Ke
Singidunum 29 Ke

Singilis (Fl) 25a DEd
Singiticus (Si) 12 EFb
Singus 6b Inset: N.Aeg.&Prop.
Singus 8b Ba
Singus 12 Eb
Sinicolaul Mare (Mu) 24 Eb
Sinope 6b Kb
Sinope 7a Lc
Sinope 11a Eb
Sinope 11b Eb
Sinope 21 Ne
Sinope 26a Fb
Sinope 28 Ne
Sinope 30a Ne
Sînpaul (Mu) 24 Gb
Sinti (Po) 12 Ea
Sinuessa 17 Bb
Siphae 14a Da
Siphnos 1b Dc
Siphnos 8b Cc
Siphnos (In) 2 Ke
Siphnos (In) 4 Ed
Siphnos (In) 5 Gd
Siphnos (In) 7b Cd
Siphnos (In) 8b Cc
Siphnos (In) 9b Ec
Siphnos (In) 11a Bc
Siphnos (In) 13 Ae
Siphnos (Minoa) (In) 3b Inset
Sipontum 17 Db
Sipylus (Mo) 13 Dc
Sipylus (Mo) 26a Bc
Sira (Fl) 20a Fg
Sirae 14a Bb
Sirica 26a Gc
Siris 6b Inset: Sic.&S.Italy
Siris (Fl) 17 Ec
Siris-Heraclea 17 Ec
Sirmio 15 Eb
Sirmium 20b Fb
Sirmium 21 Je
Sirmium 24 Dc
Sirmium 28 Je
Sirmium 29 Je
Sirmium 30b Je
Sirrhae 12 Ea
Sisapo 25a Dc
Siscia 20b Eb
Siscia 21 Jd
Siscia 24 Cc
Siscia 28 Jd
Siscia 29 Jd
Sisium 26a Fd
Sisium 27 Cc
Sitagroi (Photolivos) 1b Da
Sithonia (Re) 9b Da
Sithonia (Re) 12 Ebc
Sitia 14b Db
Sitifis 21 Gf
Sitifis 25b Ha
Sitifis 28 Inset: N.Africa
Sitifis 29 Gf
Sittacene (Re) 11a Gd
Siva Cretae 3a Bb
Siva Saravenes 27 Cb
Siwa 25b Td
Skala 4 Ab
Skalais 1a DEd
Skala Oropou 1b Da
Skaramanga 4 Dc
Skelani 24 Dd
Skhoinia (Re) 8a Ea
Skino 4 Inset
Sklavokampos 3a Bb
Skordhakis 4 Bc
Skoteino 3a Cb
Skyros 1a Db
Slaveni (Mu) 24 Gc
Slavs (Po) 30b KLc
Smaragdus (Mo) 26b Hd
S. Maria del Cedro 17 Dd
S. Maria di Leuca 17 Gd
S. Marzano 17 Cc
Smintheum 13 Cb
Smyrna 4 Hb
Smyrna 5 Hc
Smyrna 6a Fb
Smyrna 11b Cc
Smyrna 13 Dc
Smyrna 20b Ke
Smyrna 21 Lf
Smyrna 26a Bc
Smyrna 28 Inset: Asia etc
Smyrna 28 Inset: Asia etc
Smyrna 29 Lf
Smyrna 30a Lf
Smyrnaeus (Si) 13 Cdc
Smyrna Vetus 13 Dc
Soada 27 De
Soanda 27 Cb
Socnopaei Nesus 26b Fb
Sodhiotissa 4 Bc
Sodrae (Po) 11a Me
Sogdiana (Re) 11a Lc
Sogdiana (Re) 11b Lc
Soissons 30b Fd
Sol and Luna, Temple of (Fa) 19b Rome
Solentia (In) 24 Cd
Soli 7b Inset
Soli 11a Dc
Soli 16a Ee
Soli 27 Bd
Soli Pompeiopolis 26a Fd
Soli Pompeiopolis 27 Cc
Sollium 12 Bd
Solorius (Mo) 25a Ed
Soluntum 7a Fd
Soluntum 16b Ba
Solus 6b Inset: Sic.&S.Italy
Solva 24 Bb
Solva (Mu) 24 Db
Solygea 14a Cb
Solygeius Lophos (Mo) 6a Dc
Soneium (Mu) 24 Fd
Sophades 4 Ca
Sophanene (Re) 27 Fbc
Sophene (Re) 27 Eb
Sopianae 24 Db
Sora 16a Dc

Sora 17 Bb
Sora 19a Cb
Sorabile 18b Bd
Soracte (Mo) 19a Ba
Soros 8a Cb
Sorviodunum 22 Dd
Sostomagus 23 Df
Sotiates (Po) 23 CDef
Sotium 23 De
Soules 4 Db
Souphli 1a Cb
Souphli 4 Ca
Spalauthra 12 Ec
Spaneta 24 Dc
Sparata 24 Fd
Sparta 2 Je
Sparta 5 Fd
Sparta 6b Gc
Sparta 7a Hd
Sparta 7b Bd
Sparta 9b Dc
Sparta 11a Bc
Sparta 11b Bc
Sparta 14a Cb
Sparta 20b Hf
Sparta 21 Kf
Spartan Territory (Re) 9b CDc
Spartolus 8b Ba
Spartolus 12 Eb
Spasinu Charax 21 Qh
Spasinu Charax 27 Kf
Spata 4 Dc
Spei (Ho) 19b Rome
Spercheus (Fl) 4 Cb
Spercheus (Fl) 5 Fc
Spercheus (Fl) 12 Dd
Sperchiae 12 Dd
Spetsai (In) 1b Cc
Spetsai (In) 4 Dc
Spetsai (In) 4 Inset
Sphacteria (In) 9b Cc
Sphacteria (In) 14a Bc
Sphettus 9a Eb
Sphettus 14a Db
Sphinx (Mo) 14a Da
Sphoungaras 1a Dd
Spili 3a Bb
Spina 6b Eb
Spina 7a Ec
Spina 15 Gc
Spina 18a Db
Spina 18b Db
Spinis 22 Dd
Splügen (Ang) 15 Da
Spoletium 16a Cb
Spoletium 20b Cc
Spoletium 21 He
Spoletium 28 He
Sporades (Ins) 13 CDde
Srebrenica (Re) 2 Ga
Stabiae 17 Cc
Stadium (Aed) 10a Athens
Stadium Karaiskaki (Aed) 10b Peiraeus
Stadium Palatium (Aed) 19b Rome
Stafilos 4 Da
Stagirus 6b Inset: N.Aeg.&Prop.
Stagirus 8b Ba
Stagirus 9b Da
Stagirus 12 Eb
Stalis 14b Cb
Stalis (In) 10b Peiraeus
Stanacum 23 Kc
Stanecli 24 Cc
Stane St. (Via) 22 DEd
Staniwells 22 Dc
Statielli (Po) 15 Cc
Statielli (Po) 18a ABb
Statio Annonae (Aed) 19b Rome
Statonia 16a Bb
Statulae 16a Db
Statulae 17 Ba
Stavrokoraki (Mo) 8a Ca
Stectorium 26a Dc
Steinkirchen (Mu) 23 Kc
Stelvio, Stilfser (Ang) 15 Ea
Stena 4 Cd
Stenae 12 Dc
Stephana 12 Ab
Stephanaphana 12 Ab
Stiria 9a Eb
Stiria 14a Eb
Stiriate 24 Bb
Stirus 14a Ca
Stoa Poecile (Aed) 10a Athens
Stobi 12 Ca
Stobi 20b Gd
Stobi 24 Fe
Stobi 28 Ke
Stockstadt (Mu) 23 Hc
Stoechades (Ins) 23 Gf
Stolus 8b Ba
Storgosia 24 Gd
Stracathro (Mu) 22 Ca
Stradella (Ang) 15 Db
Strageath (Mu) 22 Ca
Stratonicea Cariae 4 Jc
Stratonicea Cariae 5 Jd
Stratonicea Cariae 11b Cc
Stratonicea Cariae 13 Ed
Stratonicea Cariae 20b Lf
Stratonicea Cariae 26a Cd
Stratonicea Chalcidices 12 Eb
Stratonicea Lydiae 13 Dd
Stratonis (Turris) 24 Jd
Stratus Acarnaniae 9b Cd
Stratus Acarnaniae 12 Cd
Stratus Arcadiae 14a Bb
Straubing (Mu) 23 Kc
Stravianis 24 Dc
Strepsa 8b Ba
Strepsa 9b Da
Strepsa 12 Eb
Strongyle (In) 16b Da
Strumsko 6a Da
Stryme 6b Inset: N.Aeg.&Prop.
Stryme 7b Cb
Stryme 12 Gb
Strymepalis (Re) 12 Bab

Strymon 12 Ea
Strymon (Fl) 2 Jc
Strymon (Fl) 6a Da
Strymon (Fl) 6b Gb
Strymon (Fl) 7a Hc
Strymon (Fl) 7b Bb
Strymon (Fl) 9b Da
Strymon (Fl) 11b Bb
Strymon (Fl) 12 Eab
Strymon (Fl) 20b Hd
Strymon (Fl) 24 Fe
Stuctia (Fl) 22 BCc
Stura (Fl) 15 Bc
Stura (Fl) 23 Ge
Styberra 14 Ca
Styberra, Greek 12 Ca
Styberra, Roman 12 Ca
Stylos 3a Bb
Stymphalus 4 Cc
Stymphalus 5 Fc
Stymphalus 14a Cb
Styra 14a Eb
Styra 8b Cb
Suana 16a Bb
Suanetes (Po) 15 Da
Suasa 16a Da
Suaux 23 Dc
Subasani (Po) 18b Bd
Sublaqueum 16a Dc
Sublaqueum 17 Bb
Sublavio 15 Fa
Sublavio 23 Jd
Subsicivum 16b Ea
Subur (Fl) 20a Dg
Subura (Vi) 19b Rome
Suburanus, Clivus (Via) 19b Rome
Suburbicaria (Re) 29 GHJe
Sucidava Daciae Inferioris 24 Gd
Sucidava Moesiae Inferioris (Mu) 24 Hc
Sucro (Fl) 20a Fe
Sucro (Fl) 25a Fc
Sudeti (Mo) 21 Jcd
Suel 20a Df
Suel 25a Dd
Suessa Aurunca 17 Bb
Suessa Aurunca 18a Dd
Suessiones (Po) 23 Ec
Suessula 17 Cb
Suessula 18a Ed
Suessula 18b Ed
Suevi (Po) 30b Hd/Def
Suevicum (Ma) 21 JKb
Sufes 28 Inset: N.Africa
Sufetula 25b Kb
Sufetula 28 Inset: N.Africa
Sugambri (Po) 23 GHb
Suia 14b Ab
Suindinum 23 Dd
Sukhne (Mu) 27 Ed
Sulcis 6b Cb
Sulcis 28 Gf
Sulcis 18a Be
Sulcis 18b Be
Sulcis (Fl) 18b Be
Sulia 14b Bb
Sullan Wall 19b Ostia
Sulloniacae 22 Dd
Sulmo 16a Db
Sulmo 17 Ba
Sulmo 19a Cb
Sulz (Mu) 23 Hc
Sumaria (Re) 27 Ce
Sumelocenna 23 Hc
Summuntorium (Mu) 23 Jc
Summus Lacus 15 Da
Summus Lacus 23 Hd
Sunium 9a Fb
Sunium 14a Eb
Sunium (Pr) 9a Fb
Sunium (Pr) 9b DEc
Sunium (Pr) 14a Eb
Superaequum 16a Db
Superaequum 17 Ba
Supinum 16a Dc
Supinum 17 Bb
Sura (Mu) 27 Ed
Surontium 24 Bb
Surrentum 17 Cc
Surrentum 18b Ed
Surrina 19a Ba
Susa 11a Gd
Susa 11b Gd
Susa 27 Ke
Susia 11a Jc
Susiana (Re) 11a GHd
Susiana (Re) 27 HJe
Sutrium 16a Bb
Sutrium 17 Ba
Sutrium 18b Dc
Sutrium 19a Ba
Sutton Hoo 30b Fc
Suvodol 6a Ba
Svina 4 Cd
Sybaris 6b Inset: Sic.&S.Italy
Sybaris 7a Gd
Sybaris 17 Ed
Sybaris -Thurii 18a Fe
Sybota 12 Bc
Sybota (Ins) 12 Bc
Sybrita 14b Bb
Syca (Mu) 16b Inset
Sycae 12 Inset
Sycirium 12 Dc
Syedra 26a Ed
Syedra 27 Bc
Syedra 28 Inset: Asia etc
Syene 11b Df
Syene 26b Bc
Syene 26b Gd
Symaethus 16b Db
Symaethus (Fl) 16b Cb
Symbola 14a Cb
Syme (In) 4 Hd
Syme (In) 5 Hd
Syme (In) 8b Dc
Syme (In) 9b Fc
Syme (In) 13 De

Syn-Thy

Synaus 26a Cc
Synnada 20b Me
Synnada 26a Dc
Synnada 27 Ab
Synnada 28 Inset: Asia etc
Synoikismos 4 Cc
Sypalettus 9a Ea
Syracellae 12 Inset
Syracusae 2 Ee
Syracusae 5 Bd
Syracusae 6b Inset: Sic.&S.Italy
Syracusae 7a Gd
Syracusae 9b Inset
Syracusae 16b Db
Syracusae 18a Ef
Syracusae 20b Df
Syracusae 21 Jf
Syracusae 28 Jf
Syracusae 29 Hf
Syracusae 30a Jf
Syrbi (Po) 18b Bc
Syria (Re) 11a Ed
Syria (Re) 21 NPg
Syria (Re) 27 DEe
Syria (Re) 29 Nf
Syria (Re) 30a Ng
Syriae Portae (Ang) 27 Dc
Syria Salutaris (Re) 29 Nfg
Syria Seleucis (Re) 11b Ec
Syrna 13 Ee
Syrnos (In) 13 Ce
Syros 8b Cc
Syros (In) 4 Ec
Syros (In) 8b Cc
Syros (In) 13 Ad
Syrtis Major (Si) 7a Ge
Syrtis Major (Si) 21 Jg
Syrtis Minor (Si) 7a Fe
Syrtis Minor (Si) 21 Hg
Sys Achaeae (Fl) 14a Ca
Sys Pieriae (Fl) 12 Dc
Szilagy Somlyo 30b Kd

T

Tabae Cariae 26a Cd
Tabae Mediae 11a Hd
Tabala 26a Cc
Tabernae Belgicae 23 Gc
Tabernae Germaniae Superioris 23 Hc
Tacape 25b Kc
Tacina 26a Cd
Tader (Fl) 20a Fe
Tader (Fl) 25a Fc
Taenarum 14a Cc
Taenarum (Pr) 14a Cc
Taexali (Po) 22 Ca
Taexalorum (Pr) 22 CDa
Tagus 20a Be/De
Tagus (Fl) 25a Cc/Eb
Talares (Po) 12 Bc
Taliata (Mu) 24 Fc
Tallaeum Antrum 14b Bb
Tamalleni (Mu) 25b Kc
Tamarus (Fl) 22 Bd
Tamarus (Fl) 23 Ab
Tamassus 26a Ee
Tamassus 27 Bd
Tamesis (Fl) 21 Ec
Tamesis (Fl) 22 Dd
Tamesis (Fl) 23 Db
Tamesis (Fl) 30a Ec
Tamnum 23 Ce
Tamynae 12 Fd
Tamynae 14a Ea
Tamyrace 8b Inset
Tanagra 3b Inset
Tanagra 4 Db
Tanagra 9b Db
Tanagra 14a Da
Tanais 7a Lb
Tanais 11b Ea
Tanais (Fl) 11b Fa
Tanarus (Fl) 15 Bc
Tanarus (Fl) 20a KLb
Tanatus (Pr) 22 Ed
Tanatus (Pr) 23 Db
Tanaus (Fl) 14a Cb
Tanis 26b Ga
Tanis 27 Bf
Tanis 28 Mg
Tanitic mouth (Si) 26b Ga
Tannetum 15 Ec
Tapae 24 Fc
Taphiae (Ins) 12 Bd
Taplow 30b Ec
Taposiris magna 26b Ea
Taposiris magna 28 Lg
Taposiris minor 26b Fa
Tapuri (Po) 11a Hc
Tarabeni (Po) 18b Bcd
Tarabus (Fl) 18b Bd
Taramptos (In) 8b Dc
Taranto 5 Cb
Taras 6b Inset: Sic.&S.Italy
Taras 9b Aa
Tarbelli (Po) 23 Cf
Tarentinus (Si) 2 Fcd
Tarentum 7a Gc
Tarentum 17 Fc
Tarentum 18a Fd
Tarentum 20b Ed
Tarentum 21 Je
Tarentum 29 Je
Tarentum (Taras) 2 Fc
Tarnasicum 24 Bb
Tarquinii 7a Fc
Tarquinii 16a Bb
Tarquinii 18a Cc
Tarquinii 18b Cc
Tarquinii 19a Aa
Tarracina 18a Dd
Tarracina 19a Cb
Tarracina 20b Cd
Tarracina (Anxur) 17 Bd
Tarraco 20a Gd

Tarraco 21 Fe
Tarraco 25a Gb
Tarraco 28 Fe
Tarraco 29 Fe
Tarraconensis (Re) 23 ABCf
Tarraconensis (Re) 25a DEFb
Tarraconensis (Re) 25a FGbc
Tarraconensis (Re) 29 EFe
Tarrha 14b Ab
Tarsatica 23 Le
Tarsatica 24 Bc
Tarsius (Fl) 13 Db
Tarsus 7a Kd
Tarsus 11a Dc
Tarsus 21 Mf
Tarsus 26a Fd
Tarsus 27 Cc
Tarsus 28 Inset: Asia etc
Tarsus 29 Nf
Tartarus (Fl) 15 Fb
Tartusanae 24 Bb
Tarus (Fl) 15 Ec
Tarusa 23 Cf
Tarusates (Po) 23 Cf
Tarusco 23 Ff
Tarutia 27 Dd
Tarvenna 22 Fd
Tarvenna 23 Eb
Tarvesede 15 Da
Tarvis (Ang) 15 Ha
Tarvisium 15 Gb
Tasciaca 23 Dd
Tasinemetum 24 Bb
Tatar 4 Ca
Tatta (La) 26a Ec
Tatta (La) 27 Bb
Tattaeum 26a Db
Tattaion 26a Db
Tattaion 27 Aa
Tauchira 6b Gd
Tauchira 28 Kg
Tauchira (Arsinoe) 25b Rc
Taulantii (Po) 9b Ba
Taulantii (Po) 12 Aa
Taulantii (Po) 24 DEe
Tauriana 12 Da
Tauriani (Ho) 19b Rome
Taurianum 16b Da
Taurianum (Pr) 16b Da
Taurini (Po) 15 Bbc
Taurini (Po) 23 Ge
Taurisci (Po) 20b DEab
Taurisci (Po) 24 Bb
Tauroeis 6b Db
Tauroenium 16b Db
Tauromenium 28 Jf
Taurunum (Mu) 24 Ec
Taurus (Mo) 21 MNf
Taurus (Mo) 26a EFGHcd
Taurus (Mo) 27 BCDEbc
Tava (Fl) 22 Ca
Taviers 23 Fb
Tavium 26a Fc
Tavium 27 Cb
Tavium 28 Inset: Asia etc
Taxila 11a Md
Taxila 11b Md
Taygetus (Mo) 14a Cbc
Teanum 17 Dc
Teanum Apulum 17 Db
Teanum Sidicinum 17 Cb
Teanum Sidicinum 18a Ed
Teate Apulum 18a Ed
Teate Marrucinorum 16a Eb
Tebtunis 26b Fb
Tegea 4 Cc
Tegea 5 Fd
Tegea 7b Bd
Tegea 9b Dc
Tegea 14a Cb
Tegeanum 17 Dc
Tegna 23 Fe
Tegulitium (Mu) 24 Hc
Tegyra 12 Ed
Tegyra 14a Da
Teichiussa 8b Dc
Teichiussa 13 Dd
Teichos Dymaion 6a Cb
Teichous 12 Dd
Teira 13 Dc
Teithras 9a Ea
Tela Antoninopolis 27 Ec
Telamon 16a Bb
Telamon 18b Cc
Telamon 19a Aa
Telandrus 8b Ec
Telesia 17 Cc
Telethrius (Mo) 12 Ed
Tell Abu Hawam 3b Lg
Tell el Fara'h 3b Lg
Tell Ta'anek 3b Lg
Telmessus 5 Jd
Telmessus 8b Ec
Telmessus 11a Cc
Telmessus 11b Cc
Telmessus 13 Dd
Telmessus 20b Lf
Telo Martius 23 Ff
Telos 8b Dc
Telos (In) 4 Hd
Telos (In) 5 Hd
Telos (In) 8b Dc
Telos (In) 13 De
Tembrogius (Fl) 26a Dc
Temenites (Re) 16b Inset
Temenium 6a Bc
Temenothyrae-Flaviopolis 26a Cc
Temesa 6b Inset: Sic.&S.Italy
Temnus 13 Dc
Temnus (Mo) 13 Eb
Tempe (Ang) 7b Bc
Tempe (Ang) 12 Dc
Templeborough (Mu) 22 Dc
Tempsa 17 Ed
Temus (Fl) 18b Bd
Tencteri (Po) 23 Gc
Tenda (Ang) 15 Bc
Tenea 14a Cb

Tenedos 8b Cd
Tenedos (In) 5 Hc
Tenedos (In) 8b CDb
Tenedos (In) 13 Bb
Tenos 8b Cc
Tenos (In) 2 Ke
Tenos (In) 4 Fc
Tenos (In) 5 Gd
Tenos (In) 7b Cd
Tenos (In) 8b Cc
Tenos (In) 9b Ec
Tenos (In) 13 Bd
Tenos (In) 26a Ad
Tentyra 26b Gc
Tentyra 28 Mh
Teos 8b Db
Teos 20b Ke
Teos (In) 13 Cc
Tephrice 26a Hc
Tephrice 27 Eb
Terea 8b Ea
Terenuthis 26b Fa
Tergeste 15 Hb
Tergeste 20b Cb
Tergeste 21 Hd
Tergeste 23 Ke
Terias (Fl) 16b Ea
Terina 6b Inset: Sic.&S.Italy
Terina 16b Ea
Terina 17 Ee
Terinaeus (Si) 16b DEa
Termera 8b Dc
Termera 13 De
Termessus 11a Dc
Termessus 26a Dd
Termessus 28 Inset: Asia etc
Termes (Termantia) 25a Eb
Terracina 28 He
Terventum 16a Ec
Terventum 17 Cb
Teucera 23 Eb
Teumesus 14a Da
Teurnia 15 Ha
Teurnia 23 Kd
Teus 6b Hc
Teus 26a Bc
Teuthis 14a Cb
Teuthrania (Re) 13 CDb
Teuthrone 14a Cc
Teutoburgium (Mu) 24 Dc
Texuandri (Po) 23 Fb
Thabraca 20a Lf
Thabraca 25b Ka
Thabraca 28 Inset: N.Africa
Thabraca 30a Gf
Thabudeos (Mu) 25b Hb
Thagaste 25b Ja
Thagaste 28 Inset: N.Africa
Thalamae Achaeae 14a Ba
Thalamae Laconiae 14a Cc
Thamara 27 Inset
Thamugadi 25b Jb
Thamugadi 28 Inset: N.Africa
Thapsacus 11a Ec
Thapsacus 27 Cc
Thapsus Africae 20a Mg
Thapsus Africae 25b Lb
Thapsus Siciliae 5 Bd
Thapsus Siciliae 9b Inset
Thapsus Siciliae 18a Ef
Thapsus Siciliae (Pr) 16b Db
Tharros 6b Dc
Tharros 18a Be
Tharros 18b Be
Thasos 6b Inset: N.Aeg.&Prop.
Thasos 7b Cb
Thasos 8b Ca
Thasos 9b Ea
Thasos 12 Fb
Thasos (In) 2 Kc
Thasos (In) 5 Gb
Thasos (In) 7a HJc
Thasos (In) 7b Cb
Thasos (In) 8b Ca
Thasos (In) 9b Ea
Thasos (In) 12 Fb
Thasos (In) 20b Jd
Thasthara 8b Dc
Thaumaci 12 Dc
Theadelphia 26b Fb
Theangela 8b Dc
Theangela 13 Dd
Theatre (Aed) 19b Ostia
Thebae Boeotiae 11a Bc
Thebae Boeotiae 11b Bc
Thebae Boeotiae 12 Dc
Thebae Boeotiae 14a Da
Thebae Boeotiae 28 Kf
Thebes 1a Cb
Thebes 1b Cb
Thebes 4 Db
Thebes 5 Fc
Thebes 6a Db
Thebes 9b Db
Thebes 20b He
Thebae Aegypti 11a De
Thebae Aegypti 11b De
Thebae Aegypti 21 Mh
Thebae Aegypti 28 Mh
Thebae Aegypti 29 Mh
Thebais (Re) 26b Bb
Thebais (Re) 29 Mh
Thelepte 25b Kb
Thelepte 28 Inset: N.Africa
Thelpusa 14a Bb
Themacus 9a Eb
Themisonium 26a Cd
Themistocles, Tomb of (Aed) 10b Peiraesus
Themistocles' Wall 10b Peiraeus
Themistocles' Wall 10a Athens
Thena 27 Inset
Thénac 23 Ce
Thenae 28 Inset: N.Africa
Theodosia 6b Kb
Theodosia 7a Lb
Theodosia 11b Ea
Theonium 12 Dd
Theotoke (Via) 10b Peiraeus
Thera Cariae 13 Ed

Thera Therae 6b Hc
Thera Therae 8b Cc
Thera Therae 13 Be
Thera (In) 3b Fe
Thera (In) 4 Fd
Thera (In) 5 Gd
Thera (In) 6a Ec
Thera (In) 7b Cd
Thera (In) 9b Ec
Thera (In) 13 Be
Thera (In) 14b Ca
Therambus 8b Bb
Theranda 24 Ed
Therapnae 14a Cb
Therasia (In) 13 Be
Therma Corinthiae 14a Cb
Therma Saravenes (Ba) 26a Fc
Therma Saravenes (Ba) 27 Cb
Thermae Icari 8b Dc
Thermae Selinuntiae 16b Bb
Thermae Siciliae 16b Bb
Thermaicus (Si) 12 DEb
Therme 7b Bb
Therme 8b Ba
Therme 9b Da
Therme 12 Db
Thermi 1b Eb
Thermi 4 Ga
Thermi 5 Hc
Thermisi 4 Inset
Thermopylae (Ang) 6a Db
Thermopylae (Ang) 12 Dd
Thermum 1b Bb
Thermum 4 Bb
Thermum 11b Bc
Thermum 12 Cd
Thermum 20b Ge
Thespiae 9b Db
Thespiae 14a Da
Thesproti (Po) 9b Cb
Thesprotia (Re) 6a Cb
Thesprotis (Re) 12 Bc
Thessalia (Re) 7a Hc
Thessalia (Re) 7b ABc
Thessalia (Re) 9b CDb
Thessalia (Re) 12 CDEc
Thessalia (Re) 20b GHde
Thessalia (Re) 29 Kf
Thessaliotis (Re) 12 Dc
Thessalonica 2 Jc
Thessalonica 11b Bb
Thessalonica 12 Db
Thessalonica 20b Hd
Thessalonica 21 Ke
Thessalonica 28 Ke
Thessalonica 29 Ke
Thestia 12 Cd
Thestieis (Po) 12 Cd
Thestius (Fl) 12 Cd
Thetideum 12 Dc
Thetonium 12 Dc
Theveste 20a Kg
Theveste 21 Gf
Theveste 25b Kb
Theveste 28 Inset: N.Africa
Theveste 29 Gf
Thibaris 28 Inset: N.Africa
Thimna 27 Inset
Thinis 26b Fc
Thisbe 4 Db
Thisbe 5 Fc
Thisbe 14a Ca
Thisoa 14a Cb
Thmuis 26b Fa
Thmuis 27 Af
Thmuis 28 Mg
Thoana 27 Inset
Thoantium (Pr) 13 Df
Tholus (Aed) 10a Athens
Thorae 9a Eb
Thorae 14a Db
Thorax (Mo) 13 Dd
Thoricus 3b Inset
Thoricus 4 Ec
Thoricus 9a Fb
Thoricus 14a Eb
Thospitis (La) 27 Gb
Thouria 4 Cc
Thraces (Po) 9b DEFa
Thracia (Re) 7a Jc
Thracia (Re) 7b CDb
Thracia (Re) 11a Cb
Thracia (Re) 11b Cb
Thracia (Re) 12 EFGa
Thracia (Re) 20b JKd
Thracia (Re) 21 KLe
Thracia (Re) 24 FGHde
Thracia (Re) 26a ABBb
Thracia (Re) 29 KLe
Thracia (Re) 29 KLe
Thracium (Ma) 6b Inset: N.Aeg.&Prop.
Thracium (Ma) 12 FGb
Thracius, Bosporus (Fr) 6b Inset: N.Aeg.&Prop.
Thraustus 14a Bb
Thria 9a Ea
Thria 14a Da
Thriasian Plain 9a Ea
Thrimbokampos 3a Ab
Thronium 12 Ab
Throp (Mu) 22 Inset: Had. Wall
Thryon 5 Ed
Thubactis 25b Nc
Thubunae (Mu) 25b Hb
Thuburbo Maius 25b Ka
Thuburbo Maius 28 Inset: N.Africa
Thuburbo Minus 25b Ka
Thubursicu Numidarum 25b Ja
Thucca 28 Inset: N.Africa
Thugga 25b Ka
Thuria 14a Cc
Thurii 20b Ee
Thyamis (Fl) 9b Cb
Thyamis (Fl) 12 Bc
Thyamis (Pr) 12 Bc
Thyamus (Mo) 12 Cd

Thy-Vac

Thyateira 13 Dc
Thyateira 26a Bc
Thyateira 28 Inset: Asia etc
Thydonos 8b Dc
Thymaetadae 9a Eb
Thymbra 8b Dc
Thyni (Po) 24 HJe
Thyraeum 14a Cb
Thyrea 9b Dc
Thyrea 14a Cb
Thyrides (Pr) 14a Cc
Thyrrheum 12 Bd
Thysdrus 21 Hf
Thysdrus 25b Lb
Thysdrus 28 Inset: N.Africa
Thyssus 8b Ca
Thyssus 12 Fb
Tia Mare (Mu) 24 Gd
Tiber (Fl) 19b Rome
Tiber (Fl) 19b Ostia
Tiberiacum 23 Gb
Tiberiani, Domus (Aed) 19b Rome
Tiberias 27 Inset
Tiberiopolis 26a Cc
Tiberis (Fl) 2 Dbc
Tiberis (Fl) 6b Eb
Tiberis (Fl) 7a Fc
Tiberis (Fl) 16a Cabc
Tiberis (Fl) 17 Ab
Tiberis (Fl) 18a Dc
Tiberis (Fl) 18b Dcd
Tiberis (Fl) 19a Bab
Tiberis (Fl) 20a Nc
Tiberis (Fl) 20b Cc
Tiberis (Fl) 21 He
Tiberis (Fl) 30a He
Tibiscum (Mu) 24 Fc
Tibiscus (Fl) 21 Kd
Tibiscus (Fl) 24 Ec
Tibula 18b Bd
Tibur 16a Cc
Tibur 17 Ab
Tibur 18b Dd
Tibur 19a Bb
Tiburtina, (Via) 19b Rome
Tiburtina, Porta 19b Rome
Tiburtina Vetus (Via) 19b Rome
Tichos 14a Ba
Ticinum 15 Db
Ticinum 23 He
Ticinum 29 Gd
Ticinus (Fl) 15 CDab
Ticinus 23 He
Tidirhine (Mo) 20a Dg
Tieum 6b Jb
Tifernum Tiberinum 16a Ca
Tifernus (Mo) 17 Cb
Tigani 3b Ge
Tigava 28 Ff
Tigisis 28 Inset: N.Africa
Tigris (Fl) 11a FGcd
Tigris (Fl) 11b FGcd
Tigris (Fl) 21 Qg
Tigris (Fl) 27 FGHJcdef
Tigris (Fl) 29 Pf
Tigris (Fl) 30a Ofg
Tigullia 15 Dc
Tihău (Mu) 24 Fb
Tilaventum (Fl) 15 Ga
Tilenum 23 Fd
Tillibari (Mu) 25b Lc
Tilurium (Mu) 24 Cd
Timacum Maius 24 Fd
Timacum Minus (Mu) 24 Fd
Timavus (Fl) 15 Hb
Timbriada 26a Dd
Timbriada 27 Ac
Timmari 17 Ec
Timmari 18a Fd
Tinea (Fl) 22 Inset: Had. Wall
Tingis 20a Dg
Tingis 21 Df
Tingis 25b Cb
Tingis 28 Df
Tingis 29 Df
Tingitana (Re) 25b BCbc
Tingitania (Re) 29 Dg
Tinia (Fl) 16a Ca
Tinna (Fl) 16a Da
Tinnetio 23 Hd
Tipasa 7a Dd
Tipasa 25b Ga
Tipasa 28 Ff
Tîrgșor (Mu) 24 Gc
Tiristasis (Tyrodiza) 12 Inset
Tirizis (Pr) 24 Jd
Tiryns (Pr) 1a Cc
Tiryns 1b Cc
Tiryns 4 Inset
Tiryns 5 Fd
Tiryns 14a Cb
Tisaeum (Mo) 12 Ec
Tissa 16b Ca
Titane 14a Cb
Titarium (Mo) 12 Db
Titaresius (Europus) (Fl) 12 Dc
Titarus (Mo) 12 Dc
Titești (Mu) 24 Gc
Tithorea (Neon) 12 Dd
Tithronium 4 Cb
Tithronium 12 Dd
Titiani (Po) 18b Bd
Titurum (Pr) 14b Ab
Titus, Arch of (Aed) 19b Rome
Titus, Baths of (Ba) 19b Rome
Tius 11b Db
Tlemcen (Mo) 20a Fg
Tmolus (Mo) 13 Ec
Tmolus (Mo) 26a Dc
Tokod (Mu) 24 Db
Toledo 30b Ef
Toledo (Mo) 20a DEe
Tolenus (Fl) 19a Ba
Tolerium 19a Bb
Toletum 20a De
Toletum 25a Ec
Toletum 28 Ef
Tolophon 14a Ca

Tolosa 20a Gc
Tolosa 23 Df
Tolosa 28 Fe
Tolosa 29 Fe
Tolosa 30a Fe
Tomarus (Mo) 12 Bc
Tomen-y-Mur (Mu) 22 Cc
Tomi 21 Le
Tomi 28 Le
Tomis 6b Hb
Tomis 24 Jc
Tomisa 26a Hc
Tomisa 27 Bb
Tomi vel Tomis 11b Cb
Tonale (Ang) 15 Ea
Tonzus (Fl) 24 Hd
Topirus 12 Fa
Topirus 24 Ge
Torano 17 Ed
Toronaicus (Si) 12 Ebc
Torone Sithoniae 6b Inset: N.Aeg.&Prop.
Torone Sithoniae 7b Bc
Torone Sithoniae 8b Bc
Torone Sithoniae 9b Db
Torone Sithoniae 12 Ec
Torone Thesprotidis 12 Ec
Torre Galli 18a Ee
Torybea 12 Cd
Toryne 12 Bc
Toulouse 30b Fe
Toumba Paionias 5 Fb
Toumba tou Skourou 3b Kf
Tournai 30b Fc
Tours 30b Fd
Trachis 5 Fc
Trachis 12 Dd
Traducta 25a Dd
Tragana 4 Bc
Tragia 13 Cd
Tragisamus (Fl) 24 Bab
Tragurium 24 Cd
Traianopolis 28 Le
Traiectus Aquitaniae 23 De
Traiectus Germaniae Inferioris (Mu) 23 Fa
Trailus (Ba) 8b Ba
Trailus 12 Eb
Trajan, Baths of (Ba) 19b Rome
Trajan's Column (Aed) 19b Rome
Trajan's Forum (Vi) 19b Rome
Trajan, School of (Aed) 19b Ostia
Trakhia 4 Inset
Tralles 13 Dd
Tralles 26a Bd
Tralles 28 Inset: Asia etc
Trampya 12 Cc
Trans Aquincum (Mu) 24 Db
Transdierna 24 Fc
Translitus 24 Fd
Transmarisca 24 Hc
Transpadana (Re) 15 BCDab
Traostalos 3a Db
Trapeza Cave 1a Dd
Trapeza Cave 3a Cb
Trapezopolis 26a Cc
Trapezus Arcadiae 14a Cb
Trapezus Euxini 6b Kb
Trapezus Euxini 11b Eb
Trapezus Euxini 21 Ne
Trapezus Euxini 27 Ea
Trapezus Euxini 28 Ne
Trapezus Euxini 29 Ne
Trasumenus (La) 16a Ca
Trausi (Po) 12 Ga
Trauus (Fl) 12 Ga
Trawscoed (Mu) 22 Cc
Treba 16a Dc
Treba 17 Bb
Treba 19a Bb
Trebiae 16a Cb
Trebia (Fl) 15 Dc
Trebula 16a Cb
Trebula Mutuesca 17 Aa
Trebula Suffenas 16a Cc
Trebula Suffenas 17 Ab
Treiecto 24 Ee
Tremethus 26a Ee
Tremethus 27 Bd
Tren 1b Ba
Tren 6a Ca
Trerus (Fl) 16a Dc
Trerus (Fl) 17 Bb
Trerus (Fl) 18b Dd
Trerus (Fl) 19a Cb
Tres Tabernae Germaniae Superioris 23 Gc
Tres Tabernae Illyridis 24 Ee
Tres Tabernae Italiae 28 He
Treton (Mo) 14a Cb
Treveri 29 Gd
Treveri (Po) 23 FGc
Triandha 3b He
Triballi (Po) 24 Fd
Triboci (Po) 23 Gc
Tribus Sapinia (Po) 15 FGcd
Tricasses (Po) 23 EFc
Tricastini (Po) 23 Fe
Tricca 5 Ec
Tricca 12 Cc
Tricca 20b Ge
Tricca 28 Kf
Tricciana 24 Db
Trichonium 12 Cd
Triclari (Po) 12 Cb
Tricomia 26a Dc
Tricomia 27 Ab
Tricornium (Mu) 24 Ec
Tricorynthus, Deme of (Re) 8a DEa
Tricorynthus, Deme of (Re) 9a Fa
Tricrana 14a Ea
Tridentum 15 Fa
Tridentum 23 Jd
Trier 30b Gd
Trieris 27 Cd
Trigemina, Porta 19b Rome
Trikkala 4 Ba
Trimontium (Mu) 22 Cb

Trinasos (In) 14a Cc
Trinemeia 9a Ea
Trinovantes (Po) 22 Ecd
Trinovantes (Po) 23 Db
Triocala 16b Bb
Triphylia Molossidis (Re) 12 Bb
Triphylia Peloponnesi (Re) 14a Bb
Tripodiscus 9b Dc
Tripodiscus 14a Da
Tripods, Road of (Via) 10a Athens
Tripolis Asiae 26a Jc
Tripolis Asiae 28 Inset: Asia etc
Tripolis Epiri (Re) 12 Bc
Tripolis Perrhaebiae (Re) 12 Dc
Tripolis Syriae 11a Ed
Tripolis Syriae 28 Inset: Asia etc
Tripolitana (Re) 29 Hg
Tripontium 22 Dc
Trisantona Coritanorum (Fl) 22 Dc
Trisantona Regnorum (Fl) 22 Dd
Tritaea 14a Ba
Tritea 12 Ed
Tritea 14a Ca
Troas (Re) 13 CDb
Troas (Re) 20b Ke
Troas 28 Inset: Asia etc
Troesmis (Mu) 21 Ld
Troesmis (Mu) 24 Jc
Troezen 5 Fd
Troezen 7b Bd
Troezen 9b Dc
Troezen 14a Db
Troezenia (Re) 14a Db
Trogilium (Pr) 13 Cd
Trogilus (Si) 16b Inset
Trogodytae (Po) 26b Cc
Trojan (Ang) 11a Bb
Tropaea (Pr) 8a Hb
Tropaea 16b Da
Tropaeum Augusti 15 Bd
Tropaeum Augusti 23 Gf
Tropaeum Traiani 24 Jc
Trophonium 12 Dd
Trophonium 14a Ca
Tropium 13 De
Trotilum 16b Db
Troy 5 Hc
Troy 6a Fb
Troy 7b Dc
Truentus (Fl) 16a Db
Tsangli 1a Cb
Tsangli 1b Cb
Tsani 1a Cb
Tsani 1b Cb
Tsaousitsa 5 Fb
Tsepi 1b CDb
Tsoukaleika 4 Bb
Tublinum 15 Ea
Tublinum 23 Jd
Tubunae 28 Inset: N.Africa
Tubusuctu 25b Ha
Tucca 28 Inset: N.Africa
Tuccabor 28 Inset: N.Africa
Tucci 25a Ed
Tucci 28 Ef
Tude 25a Aa
Tuder 16a Cb
Tuesis (Mu) 22 Ca
Tuesis (Fl) 22 Ca
Tullum 23 Gc
Tumulus Alyattis 13 Ec
Tunes 25b La
Tungri (Po) 23 Fb
Tunnocelum (Mu) 22 Cb
Turba 23 Df
Turdetani (Po) 20a BCf
Turdetani (Po) 25a DEd
Turis (Fl) 20a Fe
Turis (Fl) 25a Fb
Turoni 29 Fd
Turoni (Po) 23 Dd
Turnacum 23 Eb
Turres 24 Fc
Turris (Fl) 15 Ha
Turris Libisonis 18b Dd
Tuscania 16a Bb
Tuscania 18b Cc
Tuscania 19a Ab
Tuscia et Umbria (Re) 29 He
Tusculana (Via) 19b Rome
Tusculum 16a Cc
Tusculum 17 Ab
Tusculum 18b Dd
Tusculum 19a Bb
Tutatio 23 Ld
Tutatio 24 Bb
Tuvius (Fl) 22 Cc
Twelve Gods, Altar of the (Aed) 10a Athens
Tyana 11b Dc
Tyana 21 Mf
Tyana 26a Fd
Tyana 28 Inset: Asia etc
Tyanitis (Re) 26a Fd
Tyanitis (Re) 27 Cc
Tyche (Re) 16b Inset
Tychium 12 Dd
Tychium 14a Cb
Tylissus 3a Cb
Tylissus 14b Cb
Tylos (In) 11a He
Tymandus 26a Dc
Tymandus 27 Ab
Tymnus 13 Ec
Tymnessus 8b Ec
Tymphe (Mo) 12 Cc
Tymphaea (Re) 12 Cc
Tymphrestus (Mo) 12 Cd
Tyndaris 16b Da
Tyras 6b Ja
Tyras 8b Inset
Tyras 11b Da
Tyras 21 Md
Tyras 24 Kb
Tyras (Fl) 6b HJa
Tyras (Fl) 7a Jb
Tyras (Fl) 11b CDa

Tyras (Fl) 24 GHJab
Tyrissa 12 Db
Tyritace 6b Ka
Tyrodiza 7b Db
Tyrodiza 8b Da
Tyrracium 16b Cb
Tyrrhenum (Ma) 2 BCDEbcd
Tyrrhenum (Ma) 6b Ebc
Tyrrhenum (Ma) 7a Fcd
Tyrrhenum (Ma) 16a ABb
Tyrrhenum (Ma) 16b ABCa
Tyrrhenum (Ma) 17 ABCDcd
Tyrrhenum (Ma) 18a CDEde
Tyrrhenum (Ma) 18b CDEde
Tyrrhenum (Ma) 20a LMde
Tyrrhenum (Ma) 20b BCde
Tyrrhenum (Ma) 21 Hef
Tyrsus (Fl) 18b Bd
Tyrus Laconiae 14a Cb
Tyrus Syriae 6b Kd
Tyrus Syriae 7a Le
Tyrus Syriae 11a Ed
Tyrus Syriae 11b Ed
Tyrus Syriae 21 Ng
Tyrus Syriae 28 Inset: Asia etc
Tyrus Syriae 30a Ng
Tzermiadha 1a Dd
Tzirallum 12 Inset

U

Uberi (Po) 23 Hd
Ubii (Po) 23 Gb
Ubinnaca 26a Ec
Ubinnaca 27 Bb
Ucetia 23 Fe
Ucres 28 Inset: N.Africa
Ucubi 25a Dd
Ufens (Fl) 19a Cb
Ugarit 3b Lf
Ugentum 18a Ge
Ugernum 23 Fe
Ugultunia 25a Cc
Ula 8b Ec
Ula 13 Ed
Ulcirus (Mo) 24 Cc
Ulcisia Castra (Mu) 24 Db
Ulia 25a Dd
Ulia 28 Ef
Uliarus (In) 23 Ce
Ulmetum (Mu) 24 Jc
Ulmo Moesiae Superioris 24 Fd
Ulmo Pannoniae Inferioris 24 Dc
Ulmus 17 Ab
Ulpianum 24 Ed
Ulpia Traiana Sarmizegetusa 24 Fc
Ulubrae 19a Bb
Umbri (Po) 16a Ca
Umbri (Po) 18a CDc
Umbri (Po) 18b CDbc
Umbri (Po) 19a Ba
Umbria (Re) 15 FGd
Umbria (Re) 16a Cab
Umbria (Re) 20b Cc
Umbro (Fl) 16a Bab
Umbro (Fl) 18a Cc
Umbro (Fl) 18b Cc
Una 24 Fc
Unelli (Po) 23 Cc
Unterbobingen (Mu) 23 Hc
Upellae 24 Bb
Uperaci (Po) 24 Bb
Upper Agryle 9a Inset
Upper Ancyle 9a Inset
Upper Lamptrae 9a Eb
Upper Paeanea 9a Eb
Upper Pergase 9a Ea
Upper Potamus 9a Eb
Uranium 8b Dc
Urbas 24 Fc
Urbinum Metaurense 15 Gd
Urbinum Metaurense 16a Ca
Urbs Vetus 16a Cb
Urci 25a Ed
Urci 28 Ef
Urima (Mu) 27 Dc
Urluieni (Mu) 24 Gc
Urpanus (Fl) 24 Cc
Urso 20a Df
Urso 28 Df
Ursolis 23 Fe
Uruk 11b Gd
Urusa 23 Jd
Uselis 18b Be
Uso (Fl) 15 Gc
Ustica (Osteodes) (In) 16b Ba
Uthina 25b La
Uthina 28 Inset: N.Africa
Utica 6b Ec
Utica 7a Fd
Utica 20a Bf
Utica 21 Hf
Utica 25b La
Utica 28 Inset: N.Africa
Utis (Utens) (Fl) 15 Gc
Utus (Mo) 24 Gd
Utus (Fl) 24 Gd
Uxacona 22 Cc
Uxama 20a Ed
Uxama Barca 25a Eb
Uxantis (In) 23 Ac
Uxellodunum Aquitaniae 23 De
Uxellodunum Britanniae (Mu) 22 Inset: Had. Wall
Uxentum 17 Gd
Uxii (Po) 11a GHd

V

Vaccaei (Po) 20a Dd
Vaccaei (Po) 25a CDab
Vacomagi (Po) 22 BCa

Vad-Zyg

Vada Sabatia **15** Cc
Vada Sabatia **20a** Lb
Vada Sabatia **23** He
Vada Volaterranae **16a** Aa
Vadimonis (La) **19a** Ba
Vaga **20a** Lf
Vaga **25b** Ka
Vaga **28** Inset: N.Africa
Vagniacae **22** Ed
Vajze **1b** Aa
Vajze **5** Db
Vajze **6a** Ba
Valcum (Mu) **24** Cb
Valdasus (Fl) **24** Cc
Valentia (Re) **29** Ec
Valentia Hispaniae **20a** Fe
Valentia Hispaniae **25a** Fc
Valentia Hispaniae **29** Ef
Valentia Italiae Cisalpinae **15** Cb
Valentia Italiae Cisalpinae **23** He
Valentia Narbonensis **23** Fe
Valentia Narbonensis **28** Fe
Valentia Sardiniae **18b** Be
Valeria **25a** Ec
Valeria (Re) **29** He
Valeria (Via) **16a** CDb
Valeria (Via) **16b** Cab
Valeria (Via) **19a** Ca
Valkenburg (Mu) **23** Fa
Vallhagar **30a** Jb
Valvata **16a** Aa
Vandals (Po) **30b** Hc/Gf
Vangiones (Po) **23** GHc
Vaphio **3b** Inset
Vaphio **4** Cc
Vapincum **23** Ge
Varar (Fl) **22** Ba
Varciani (Po) **24** Bc
Vardaei (Po) **24** Cd
Vardagate **15** Cb
Vardar (Fl) **6a** Da
Vardarophtsa **1b** Ca
Vardarophtsa **6a** Da
Vardhates **4** Cb
Vardina **1a** Ca
Vardina **6a** Da
Vareia **25a** Ea
Vari **4** Dc
Varia **19a** Ba
Variana (Mu) **24** Fd
Varianae **24** Cc
Varis **24** Dd
Varka **1a** Cb
Varkiza **3b** Inset
Varus (Fl) **15** Bc
Varus (Fl) **23** Gf
Varvaria **24** Bd
Vasada **26a** Dd
Vasada **27** Ac
Vasada **28** Inset: Asia etc
Vasates (Po) **23** CDe
Vascones (Po) **25a** Fa
Vasilike **3a** Cb
Vasilike **4** Bb
Vasiliko **4** Inset
Vasio **23** Fe
Vasio **28** Ge
Vas. Konstantinou (Via) **10b** Peiraeus
Vas. Sophias (Via) **10b** Peiraeus
Vassa **4** Inset
Vathy **3b** Ge
Vathypetro **3a** Cb
Vatrenus (Fl) **15** Fc
Vectis (In) **22** Dd
Vectis (In) **23** Cb
Vediantii (Po) **15** ABd
Vedra (Fl) **22** Db
Vedra (Fl) **22** Inset: Had. Wall
Vegium **24** Bc
Veii **7a** Fc
Veii **16a** Cb
Veii **17** Aa
Veii **18b** Dc
Veii **19a** Ba
Velce **1a** Aa
Veldidena **23** Jd
Veleia **15** Dc
Veleia **23** He
Velestino **4** Ca
Velia **18a** Ed
Velitrae **16a** Cc
Velitrae **17** Ab
Velitrae **19a** Bb
Vellavii (Po) **23** EFe
Velliocasses (Po) **23** Dc
Veluniate (Mu) **22** Cb
Veluniate (Mu) **22** Inset: Had. Wall
Vemania (Mu) **23** Jd
Venafrum **16a** Ec
Venafrum **17** Cb
Venasa **27** Cb
Vendel **30b** Ja
Vendeuil-Caply **23** Ec
Veneria Sicca **25b** Ka
Veneria Sicca **28** Inset: N.Africa
Veneti (Po) **18a** CDb
Veneti (Po) **18b** CDb
Veneti (Po) **23** Bd
Venetia (Re) **15** FGb

Venetia (Re) **20a** BCb
Venetia et Histria (Re) **29** Hd
Venicones (Po) **22** Ca
Vennum **15** Eb
Venonae **22** Dc
Venones (Po) **23** Hd
Venostes (Po) **15** Ea
Venta Belgarum **22** Dd
Venta Belgarum **23** Cb
Venta Belgarum **29** Ec
Venta Icenorum **22** Ec
Venta Silurum **22** Cd
Venta Silurum **23** Bb
Ventia **23** Fe
Venus and Rome, Temple of (Fa) **19b** Rome
Venusia **17** Dc
Venusia **20b** Dd
Veragri (Po) **23** Gd
Verbanus (La) **15** Cab
Verbanus (La) **23** He
Verbinum **23** Fc
Vercellae Cisalpinae **23** He
Vercellae Libicorum **15** Cb
Vercovicium (Mu) **22** Inset: Had. Wall
Vergina **6a** Da
Verlucio **22** Cd
Vernemetum **22** Dc
Vernosole **23** Df
Verona **15** Fb
Verona **21** Hd
Verona **23** Je
Verona **28** Hd
Verona **29** Hd
Vertamacori (Po) **15** Cb
Verterae (Mu) **22** Cb
Verulae **16a** Dc
Verulae **19a** Cb
Verulamium **21** Ec
Verulamium **22** Dd
Verulamium **23** Cb
Verulamium **28** Ec
Vervasses **15** Fa
Vescera (Mu) **25b** Hb
Vescontio **23** Gd
Vescontio **28** Ge
Vestini (Po) **16a** DEb
Vestini (Po) **18a** Dc
Vestini (Po) **19a** Ca
Vesulus (Mo) **15** Bc
Vesunna **23** De
Vetera (Mu) **21** Gc
Vettones (Po) **25a** Db
Vettoniana **23** Ld
Vettoniana **24** Bb
Vetulonia **16a** Ab
Vetulonia **18a** Cc
Vetulonia **18b** Cb
Vetus, Aqua **19b** Rome
Vetus Salina (Mu) **24** Db
Viadua (Fl) **7a** Fa
Vibinum **17** Db
Vicat **27** Gc
Vic. Cluentensis **16a** Da
Vic. Matrini **16a** Cb
Vicetia **15** Fb
Vicetia **23** Je
Vicianum **24** Ed
Victimulae **15** Bc
Victory Square (Vi) **19b** Ostia
Vicus Minervus **15** Eb
Vicus Petra **24** Jc
Vicus Trullensium **24** Fd
Vicus Varianus **15** Fc
Vicus Varianus **23** Je
Viducasses (Po) **23** Cc
Vienna **20a** Jb
Vienna **21** Fd
Vienna **23** Fe
Vienna **28** Fd
Vienna **29** Fd
Viennensis (Re) **29** Gde
Vieux-Poitiers **23** Dd
Vigla **4** Cd
Viminacium Hispaniae **25a** Da
Viminacium Moesiae Superioris **24** Ec
Viminal Hill (Mo) **19b** Rome
Viminalis, Porta **19b** Rome
Vincea **24** Ec
Vindenae **24** Ed
Vindia (Gordion) **26a** Ec
Vindia (Gordion) **27** Bb
Vindilis (In) **23** Bd
Vindius (Mo) **25a** Da
Vindobona **24** Db
Vindobona **29** Jd
Vindobona (Mu) **21** Jd
Vindobriga Biturigum **23** Dd
Vindobriga Pictonum **23** Dd
Vindocladia **22** Cb
Vindolanda (Mu) **22** Inset: Had. Wall
Vindomora (Mu) **22** Inset: Had. Wall
Vindonissa (Mu) **23** Hd
Vindovala (Mu) **22** Inset: Had. Wall
Vinovia (Mu) **22** Inset: Had. Wall
Vintium **15** Bd
Vintium **23** Gf
Vipitenum **15** Fa

Vipitenum **23** Jd
Virgo, Aqua **19b** Rome
Viriconium **22** Cc
Virodunum **23** Fc
Virosidum **22** Cb
Virovesca **25a** Ea
Viroviacum **23** Eb
Virunum **21** Hd
Virunum **23** Ld
Virunum **24** Bb
Viscellae **24** Bb
Visegrád (Mu) **24** Db
Visentum **18b** Cc
Visigothi (Po) **29** KLd
Visigothi/Visigoths (Po) **30b** LMde/EFe
Vistula (Fl) **7a** Ga
Visurgis (Fl) **23** HJb
Vitellia **17** Bb
Vitellia **19a** Bb
Vithoulas **4** Cb
Vitricium **15** Bb
Vitudurum **23** Hd
Viviscus **23** Gd
Vleuten De Meern (Mu) **23** Fa
Vocontii (Po) **23** Fe
Vodhine **1b** Bb
Vodhine **6a** Ca
Voidhokoilia **4** Bd
Volane (Olane) (Fl) **15** Fc
Volcae **20a** GHc
Volcae Arecomici (Po) **23** EFf
Volcae Tectosages (Po) **23** DEf
Volci **7a** Fc
Volci **16a** Bb
Volci **18a** Cc
Volo **1a** Bc
Volo **1b** Cb
Volsci (Po) **16a** Dc
Volsci (Po) **17** Bb
Volsci (Po) **18a** Dd
Volsci (Po) **19a** Bb
Volscian (Mo) **19a** Cb
Volsiniensis (La) **16a** Bb
Volsiniensis (La) **19a** Aa
Volsinii **16a** Bb
Volsinii **18a** Cc
Volsinii **19a** Aa
Volsinii **20b** Cc
Volsinii **28** He
Volturnum **17** Bb
Volturnus (Fl) **17** BCb
Volturnus (Fl) **18b** Ed
Volturnus (Fl) **20b** Dd
Volubilis **21** Dg
Volubilis **25b** Cb
Volustana Fauces (Ang) **12** Db
Vomanus (Fl) **16a** Db
Voreda (Mu) **22** Inset: Had. Wall
Vorgium **23** Bc
Vorogium **23** Ed
Voros **3a** Cb
Vosegus (Mo) **23** Gcd
Votadini (Po) **22** Cb
Votadini (Po) **29** Eb
Vouliagmeni **1b** Cc
Vouliagmeni **4** Inset
Vouille **30b** Fd
Vounous **3b** Kf
Vrana **1b** Bc
Vrana **8a** Bb
Vrokastro **3a** Cb
Vromolimni **4** Inset
Vromoneri **4** Bb
Vrondama **4** Cd
Vršac (Mu) **24** Ec
Vryses **3a** Ab
Vrysinas **3a** Bb
Vulci **18b** Cc
Vulci **19a** Aa
Vulpis (Fl) **15** Bc

W

Waddon Hill (Mu) **22** Cd
Walheim (Mu) **23** Hc
Walldürn (Mu) **23** Hc
Wallsee (Mu) **23** Lc
Wallsee (Mu) **24** Ba
Walton (Mu) **22** Cc
Walton Castle (Mu) **22** Ed
Ward Law (Mu) **22** Inset: Had. Wall
Watling Lodge (Mu) **22** Inset: Ant. Wall
Watling Street (Via) **22** CDcd
Welzheim (Mu) **23** Hc
Werthausen (Mu) **23** Gb
Wesseling (Mu) **23** Gb
Westerwanna **30b** Gc
Westerwood (Mu) **22** Inset: Ant. Wall
Whickham (Mu) **22** Inset: Had. Wall
White Walls **22** Cd
Whitley Castle (Mu) **22** Inset: Had. Wall
Wigan **22** Cc
Wijster **30b** Gc
Wilderness (Mu) **22** Inset: Ant. Wall
Wilderspool **22** Cc

Wimborne (Mu) **22** Cd
Winds, Tower of the (Aed) **10a** Athens
Wiveliscombe (Mu) **22** Cd
Worcester **22** Cc
Wörth (Mu) **23** Hc
Wreay (Mu) **22** Inset: Had. Wall

X

Xanthus **7a** Jd
Xanthus **11a** Cc
Xanthus **11b** Cc
Xanthus **20b** Lf
Xanthus **26a** Cd
Xanthus (Fl) **5** Jd
Xerxis Fossa **12** Eb
Xiphonia **16b** Db
Xois **26b** Bc
Xuthia **16b** Db
Xylokastro **4** Aa
Xylopolis **24** Fe
Xyniae **12** Dc
Xyniae (La) **12** Dc
Xypete **9a** Eb

Y

Yeavering **30b** Eb
Yeraki **1b** Cc
Yiafani **4** He
Yilanci Burun **5** Hd
York **30b** Ec
Ythan Wells (Mu) **22** Ca
Yusuf, Bahr (Fl) **26b** Bb/Fbc

Z

Zabi (Mu) **25b** Hb
Zacynthos (In) **2** He
Zacynthos (In) **4** Ac
Zacynthos (In) **5** Ed
Zacynthos (In) **6a** Cc
Zacynthos (In) **9b** Cc
Zacynthos (In) **14a** Ab
Zacynthus **9b** Cc
Zacynthus **14a** Ab
Zadakatha **27** Cf
Zadracarta **11a** Hc
Zagres (Mo) **27** JKe
Zagurae (Mu) **27** Gc
Zakharo **4** Bc
Zakros **1a** Ec
Zakros **3a** Db
Zakros **3b** Gf
Zama Regia **20a** Lf
Zama Regia **25b** Ka
Zama Regia **28** Inset: N.Africa
Zancle **6b** Inset: Sic.&S.Italy
Zarax **14a** Dc
Zea Harbour (Si) **10b** Peiraeus
Zea Theatre (Aed) **10b** Peiraeus
Zela **26a** Fb
Zela **27** Ca
Zela **28** Inset: Asia etc
Zelea **8b** Da
Zelea **11a** Dc
Zelea **12** Inset
Zenobia (Mu) **27** Ed
Zephyrium Aegypti **26b** Ea
Zephyrium Ciliciae (Pr) **26a** Ede
Zephyrium Ciliciae (Pr) **27** Bc
Zephyrium Hadrianopolis **26a** Fd
Zephyrium Hadrianopolis **27** Cc
Zephyrium Italiae (Pr) **16b** Ea
Zerelia **1a** Cb
Zerelia **1b** Cb
Zerelia **4** Ca
Zesutera **12** Inset
Zeugma **11b** Ec
Zeugma **28** Nf
Zeugma Seleuceia (Mu) **27** Dc
Zeus Polieus, Precinct of (Vi) **10a** Athens
Zeus, Stoa of (Aed) **10a** Athens
Zeus the Saviour and Athena the Saviour, Shrine of (Fa) **10b** Peiraeus
Zigana (Ang) **27** Ea
Zili **25b** Cb
Zimara **25b** Nf
Zimara (Mu) **26a** Hc
Zimara (Mu) **27** Eb
Zirinis **12** Inset
Zoara **27** Inset
Zoelae civitas **25a** Cb
Zone **8b** Ca
Zorlanis **12** Inset
Zoster (Pr) **9a** Eb
Zou **3a** Db
Zucchabar **25b** Ga
Zugmantel (Mu) **23** Hb
Zwentendorf (Mu) **24** Ba
Zygouries **1b** Cc
Zygouries **4** Inset

APPENDICES

I. COLONIES

Colony	Founders	Literary Foundation Date	Earliest Archaeological Material
Abdera Hispanica	Carthago		
Abdera Thracica	1. Clazomenae	1. 654	c.600
	2. Teus	2. c.545	
Abydus	Miletus	c.680-652	
Acanthus	Andros	655	
Acrae	Syracusae	663	c.640-625
Acragas	Gela	580	c.600-575
Aenus	Alopeconnesus, Mytilene, Cyme		
Agathe	Massalia		c.600-500
Alalia	Phocaea	c.565	c.575-550
Alopeconnesus	Aeolians		
Ambracia	Corinthus	c.655-625	
Amisus	Miletus & Phocaea	c.564	c 600-575
Anactorium	Corinthus & Corcyra	c.655-625	c 625-600
Antipolis	Massalia		c 600-500
Apollonia Illyrica	Corcyra & Corinthus	c.600	c 600
Apollonia Pontica	Miletus	c.610	c.600-575
Argilus	Andros		
Assera	Chalcis		
Assus	Methymna		c.600-500
Astacus	Megara	?711	
Baleares	Phoenicians		
Barca	Cyrene	c.560-550	
Berezan	Miletus	647	c.625-600
Bisanthe	Samos		
Byzantium	Megara	668 or 659	c.625-600
Callatis	Heraclea Pontica	402(?)	c.425-400
Callipolis	Taras		
Camarina	Syracusae	598	c.600-570
Carales	Phoenicians		c.700-600
Cardia	Miletus & Clazomenae		
Carthago	Tyrus	814	c.750-700
Casmenae	Syracusae	643	c.600
Catane	Chalcis	729	
Caulonia	Achaea (Croton)		c.650
Celenderis	Samos		
Cerasus	Sinope		
Chalcedon	Megara	685 or 676	
Chersonesus	Heraclea Pontica		c.500(?)
Cius	Miletus	627	
Cleonae	Chalcis		
Colonae	Miletus		
Corcyra	1. Eretria		
	2. Corinthus	733 or 706	c.720-700
Cotyora	Sinope		
Croton	Achaea	708	c.725-700
Cyme	Chalcis & Eretria		c.725-700
Cyrene	Thera	632	c.625-600
Cyzicus	Miletus	1. 756	
		2. 679	
Dicaearchia	Samos	531	
Dioscurias	Miletus		c.500-400
Ebusus	Carthago	654	c.650
Elaeus	Teus		c.600
Elea	Phocaea	c.540	c.540
Emporium	Massalia		c.600-575
Epidamnus	Corcyra	627	
Euhesperides	Cyrene	before c.515	c.600-575
Gale	Chalcis		
Galepsus	Thasos		c.650-625
Gela	Rhodus & Creta	688	c.725-690
Hadrumetum	Phoenicians		c.600-500
Hemeroscopeum	Massalia		
Heraclea Pontica	Megara	c.560	
Himera	Zancle	c.649	c.625-600
Hipponium	Locri Epizephyrii		c.650
Imbros	Athenae	c.500	
Istrus	Miletus	657	c.630-600
Lampsacus	Phocaea	654	
Laus	Sybaris		
Lemnos	Athenae	c.500	c.500
Leontini	Chalcis	729	c.750-725
Lepcis Magna	Tyre or Sidon		c.650-600
Leucas	Corinthus	c.655-625	
Lilybaeum	Phoenicians	397	c.400-300
Limnae	Miletus		
Lipara	Cnidus	c.580-577	c.550
Locri Epizephyrii	Locris	679	c.690-650
Madytus	Lesbos		
Maenace	Massalia		
Malaga	Phoenicians		
Maronea	Chios	before c.650	
Massalia	Phocaea	600	c.600
Mecyberna	Chalcis		
Medma	Locri Epizephyrii		c.600
Megara Hyblaea	Megara	728	c.750-725
Melite	Phoenicians		c.700
Mende	Eretria		
Mesembria	Megara, Byzantium, Chalcedon	c.510 & c.493	c.500
Metapontum	Achaea	773	c.650
Methone	Eretria	c.733 or c.706	
Miletopolis	Miletus		
Motya	Phoenicians		c.725-700
Mylae	Zancle	716	c.725-700
Myrmecium	Miletus or Panticapaeum		c.600-575
Nagidus	Samos		
Naucratis			c.615-610
Naxus	Chalcis	734	c.750-725
Neapolis Campaniae	Cyme		c.470
Neapolis Thraciae	Thasos		c.650-625
Nicaea	Massalia		c.600-500
Nora	Phoenicians		c.900-800
Nymphaeum	(?)Miletus		c.600
Odessus	Miletus		c.600-575
Oesyme	Thasos		c.650-625
Olbia Euxini	Miletus	647	c.640-610
Olbia Galliae	Massalia		c.400-300
Paesus	Miletus		
Panormus	Phoenicians		c.700-600
Panticapaeum	Miletus		c.600
Parium	Paros, Miletus, Erythrae	709	
Perinthus	Samos	602	
Phanagorea	Teus	c.540	c.550-500
Phaselis	Rhodes	691	
Phasis	Miletus		
Pilorus	Chalcis		
Pithecusa	Chalcis & Eretria		c.750-725
?Posideum			(if Al Mina) c.825
Posidonia	Sybaris		c.625-600
Potidaea	Corinthus	c.625-585	
Priapus	Miletus		
Proconnesus	Miletus	before c.690	
Rhegium	Chalcis		c.730-720
Rhodanusia	Massalia		
Rhode	Massalia		c.400-300
Samothracia	Samos	c.540-522	c.550-500
Sane	Andros	655	
Sarte	Chalcis		
Scepsis	Miletus		
Scione	Achaea		
Selinus	Megara Hyblaea	628	c.630-620
Selymbria	Megara	before 668	
Sermyle	Chalcis		
Sestus	Lesbos		
Sexi	Phoenicians		c.700
Side	Cyme		
Sigeum	1. Mytilene		
	2. Athenae	c.600	
Singus	Chalcis		
Sinope	Miletus	1. before 756	
		2. 631	c.640-600
Siris	Colophon	c.680-652	
Solus	Phoenicians		c.700-600
Spina			c.520
Stagirus	Andros	655	
Stryme	Thasos	c.650	
Sulci	Phoenicians		c.750-700
Sybaris	Achaea	c.720	c.700
Syracusae	Corinthus	733	c.750-725
Taras	Sparta	706	c.725-700
Tauchira	Cyrene		c.630
Tauroeis	Massalia		
Temesa	?Sybaris		
Terina	Croton		before c.480
Tharrus	Phoenicians		c.700-600
Thasos	Paros	c.650	c.650
Theodosia	Miletus		c.575-550
Tieum	Miletus		
Tomis	Miletus		c.500-475
Torone	Chalcis	before c.650	
Trapezus	Sinope	756	
Tyritace	Panticapaeum(?)		c.550
Utica	Phoenicians	c.1100	c.800-700
Zancle	Chalcis		c.730-720

II. IDENTIFICATION OF ROMAN NAMES ON MAP 22 'ROMAN BRITAIN'

The abbreviations are listed on page 31.

Aballava (Mu)	Burgh-by-Sands
Abona (Fl)	Avon
Abonae	Sea Mills
Abus (Fl)	Humber
Ad Pontem	Thorpe
Aebudae (Ins)	Inner Hebrides
Aesica (Mu)	Great Chesters
Alauna Brigantum (Mu)	Watercrook
Alauna Carvetiorum (Mu)	Maryport
Alauna Veniconum (Mu)	Ardoch
Alauna Votadinorum (Mu)	Learchild
Alaunus (Fl)	Aln
Anava (Fl)	Annan
Anderitum (Mu)	Pevensey
Andrus (In)	Isle of Howth
Antivestaeum sive Belerium (Pr)	Land's End
Aquae Arnemetiae	Buxton
Aquae Sulis	Bath
Arbeia (Mu)	South Shields
Ariconium	Weston-under-Penyard
Aventio (Fl)	Ewenny
Banna Corianorum (Mu)	Horncastle
Banna (Hadrian's Wall) (Mu)	Birdoswald
Bannaventa	Whilton Lodge
Belisama (Fl)	Ribble
Bibra (Mu)	Beckfoot
Blatobulgium (Mu)	Birrens
Blestium	Monmouth
Bodotria (Fl)	Forth
Botis (In)	Isle of Bute
Branodunum (Mu)	Brancaster
Bravoniacum (Mu)	Kirkby Thore
Bravonium	Leintwardine
Bremenium (Mu)	High Rochester
Bremettenacum (Mu)	Ribchester
Bremia (Mu)	Llanio
Britannicus, Oceanus (Ma)	English Channel
Brocavum (Mu)	Brougham
Brocolitia (Mu)	Carrawburgh
Burrium (Mu)	Usk
Buvinda (Fl)	Boyle
Caelius (Fl)	Deveron
Caesaromagus	Chelmsford
Calcaria	Tadcaster
Calleva (Atrebatum)	Silchester
Camboglanna (Mu)	Castlesteads
Camulodunum Brigantum (Mu)	Slack
Camulodunum Trinovantum	Colchester
Canonium	Kelvedon
Canovium (Mu)	Caerhun
Cantium (Pr)	South Foreland
Castra Exploratorum (Mu)	Netherby
Cataractonium (Mu)	Catterick
Cilurnum (Mu)	Chesters
Clausentum	Bitterne
Clota (Fl)	Clyde
Coccium	Wigan
Combretovium	Baylham House
Concangium (Mu)	Chester-le-Street
Condate	Northwich
Condercum (Mu)	Benwell
Congavata (Mu)	Drumburgh
Coriallum	Cherbourg
Corinium (Dobunnorum)	Cirencester
Corstopitum	Corchester
Crococalana	Brough-on-Fosse
Cunetio	Mildenhall
Danum (Mu)	Doncaster
Derventio apud Brigantes (Fl)	Derwent, Yorks.
Derventio apud Carvetios (Fl)	Derwent
Derventio apud Coritanos (Fl)	Derwent, Derbyshire
Derventio Brigantum (Mu)	Malton
Derventio Carvetiorum (Mu)	Papcastle
Derventio Coritanorum	Littlechester, Derby
Deva apud Deceanglos (Fl)	Dee
Deva apud Novantas (Fl)	Dee
Deva apud Taexalos (Fl)	Dee
Deva Deceanglorum (Mu)	Chester
Devona (Fl)	Don
Dumnonium sive Ocrinum (Pr)	The Lizard
Durnovaria	Dorchester, Dorset
Durobrivae Cantiacorum	Rochester
Durobrivae (Ermine Street)	Water Newton
Durocobrivae	Dunstable
Durocornovium	Wanborough
Duroicoregum	Domqueur
Duroliponte	Cambridge
Durovernum	Canterbury
Durovigutum	Godmanchester
Eburacum	York
Epidium (Pr)	Mull of Kintyre
Fanum Cocidi (Mu)	Bewcastle
Gabrosentum (Mu)	Moresby
Galacum (Mu)	Burrow-in-Lonsdale
Galava (Mu)	Ambleside
Gallicum (Fr)	Straits of Dover
Ganganorum (Pr)	Braich-y-pwll
Gariannonum (Mu)	Burgh Castle
Gariannus (Fl)	Yare
Germanicus, Oceanus (Ma)	North Sea
Gesoriacum (Bononia)	Boulogne
Glannaventa (Mu)	Ravenglass
Glevum	Gloucester
Gobannium (Mu)	Abergavenny
Habitancum (Mu)	Risingham
Herculis (Pr)	Hartland Point
Hivernicus, Oceanus (Ma)	Irish Sea/St. George's Channel
Isca Domnoniorum	Exeter
Isca Domnoniorum (Fl)	Exe
Isca Silurum (Mu)	Caerleon
Isurium	Aldborough
Ituna (Fl)	Eden
Lactodorum	Towcester
Lagentium (Mu)	Castleford
Lavatrae (Mu)	Bowes
Letocetum	Wall
Leuca (Fl)	Lougher
Leucarum (Mu)	Loughor
Lindinis	Ilchester
Lindum	Lincoln
Lintomagus	Montreuil-sur Mer
Logia Aestuarium	Belfast Lough
Londinium Augusta	London
Longovicium (Mu)	Lancaster
Loxa (Fl)	Lossie
Luguvalium	Carlisle
Magiovinium	Dropshort
Magis (Mu)	Burrow Walls
Maglona (Mu)	Greta Bridge
Magnis (Mu)	Carvoran
Magnis Dobunnorum	Kenchester
Maia (Mu)	Bowness
Malaius (In)	Isle of Mull
Mamucium (Mu)	Manchester
Manduessedum	Mancetter
Margidunum	Castle Hill
Mediobogdum (Mu)	Hardknott
Mediolanum	Whitchurch
Metaris Aestuarium	The Wash
Mona (In)	Isle of Anglesey
Monavia (In)	Isle of Man
Moricambe Aestuarium	Morecambe Bay
Moridunum	Carmarthen
Navio (Mu)	Brough-on-Noe
Nemetostatio	North Tawton
Nidum (Mu)	Neath
Novantarum (Pr)	Rhinns of Galloway
Noviomagus Cantiacorum	Crayford
Noviomagus Regnorum	Chichester
Novius (Fl)	Nith
Octapitarum (Pr)	St. David's Head
Olenacum	Old Carlisle
Onnum (Mu)	Halton Chesters
Othona (Mu)	Bradwell
Pennocrucium	Water Eaton
Petuaria	Brough-on-Humber
Pons Aelius (Mu)	Newcastle
Pontes Ambianorum	Ponches
Pontes Atrebantum	Staines
Portus Dubris (Mu)	Dover
Portus Lemanis (Mu)	Lympne
Ratae	Leicester
Regulbium (Mu)	Reculver
Rerigonius (Si)	Loch Ryan
Ricina (In)	Rathlin Island
Robogdium (Pr)	Fair Head
Rutunium	Harcourt Park
Rutupiae (Mu)	Richborough
Sabrina (Fl)	Severn
Sacrum (Pr)	Carnsore Point
Salinae Cornoviorum	Droitwich
Salinae Deceanglorum	Middlewich
Samara (Fl)	Somme
Samarobriva	Amiens
Scitis (In)	Isle of Skye
Segedunum (Mu)	Wallsend
Segelocum	Littleborough
Segontium (Mu)	Caernarvon
Seteia (Fl)	Mersey
Sorviodunum	Old Sarum
Spinis	Woodspeen
Stuctia (Fl)	Ystwyth
Sulloniacae	Brockley Hill
Taexalorum (Pr)	Kinnaird's Head
Tamarus (Fl)	Tamar
Tamesis (Fl)	Thames
Tanatus (In)	Isle of Thanet
Tarvenna	Thérouanne
Tava (Fl)	Tay
Tinea (Fl)	Tyne
Trimontium (Mu)	Newstead
Tripontium	Cave's Inn
Trisantona Coritanorum (Fl)	Trent
Trisantona Regnorum (Fl)	Arun
Tuesis (Mu)	Bellie, Fochabers
Tuesis (Fl)	Spey
Tunnocelum (Mu)	Moresby
Tuvius (Fl)	Towy
Uxacona	Red Hill
Uxellodunum (Mu)	Stanwix
Vagniacae	Springhead
Varar (Fl)	Farrar/Beauly
Vectis (In)	Isle of Wight
Vedra (Fl)	Wear
Veluniate (Mu)	Carriden
Venonae	High Cross
Venta Belgarum	Winchester
Venta Icenorum	Caistor St. Edmund
Venta Silurum	Caerwent
Vercovicium (Mu)	Housesteads
Verlucio (Si)	Sandy Lane
Vernemetum	Willoughby
Verterae (Mu)	Brough
Verulamium	St. Albans
Vindocladia	Badbury
Vindogara (Si)	Irvine Bay
Vindolanda (Mu)	Chesterholm
Vindomora (Mu)	Ebchester
Vindovala (Mu)	Rudchester
Vinovia (Mu)	Binchester
Viriconium (Cornoviorum)	Wroxeter
Virosidum (Mu)	Brough-by Bainbridge
Voreda (Mu)	Old Penrith

III. IDENTIFICATION OF ROMAN NAMES ON MAP 23 'GAUL, GERMANY AND THE ALPS'

The abbreviations are listed on page 31.

Roman Name	Modern Name
Aballo	Avallon
Abnoba (Mo)	Schwarzwald
Abodiacum	Epfach
Abusina (Mu)	Eining
Acaunum	St Maurice
Acitodunum	Ahun
Ad Fines	Pfyn
Ad Iuvense (Mu)	Ybbs
Ad Lunam (Mu)	Urspring
Ad Mauros (Mu)	Efferding
Ad Pontem	Lind
Ad Publicanos	Albertville
Ad Silanum	Nasbinals
Aenus (Fl)	Inn
Agatha	Agde
Agedincum	Sens
Aginnum	Agen
Aguntum	Stribach
Alauna Unellorum	Valognes
Alba	Alba
Alba (Mo)	Schwabian Jura
Albaniana (Mu)	Alphen
Albiga	Albi
Albis (Fl)	Elbe
Alesia	Alise-Ste-Reine
Aleto	St. Servan-sur-mer
Aliso (Mu)	Wimpfen
Alpes (Mo)	Alps
Ambacia	Amboise
Andematunnum	Langres
Anderitum	Javols
Andium (In)	Jersey
Antipolis	Antibes
Antunnacum	Andernach
Apta Iulia	Apt
Aquae	Ax-les-Thermes
Aquae Allobrogum	Aix-les-Bains
Aquae Calidae Aquitaniae	Vichy
Aquae Granni	Aachen
Aquae Mattiacorum	Wiesbaden
Aquae Neri	Neris-les-Bains
Aquae Segetae Segusiavorum	Sceaux-du Gâtinais
Aquae Segetae Senonum	Sceaux-du Gâtinais
Aquae Sextiae	Aix-en-Provence
Aquae Siccae	Cazères
Aquae Tarbellicae	Dax
Aquileia (Mu)	Heidenheim
Arae Flaviae	Rottweil
Arar (Fl)	Saône
Arauris (Fl)	Hérault
Arausio	Orange
Arbor Felix	Arbon
Arduinna Silva (Mo)	Ardennes
Aregenua	Vieux
Arelape (Mu)	Pöchlarn
Arelate	Arles
Argenteus (Fl)	Argens
Argentomagus	Argentan
Argentorate (Mu)	Strasbourg
Argentovaria	Horbourg
Ariolica	Avrilly
Ariorica	Pontarlier
Artiaca	Arcis
Asciburgium (Mu)	Moers-Asberg
Atax (Fl)	Aude
Athenopolis	St. Tropez
Atlanticus, Oceanus (Ma)	Atlantic Ocean
Atuatuca	Tongres
Aturum	Aire
Augusta Raurica	Augst
Augusta Suessionum	Soissons
Augusta Treverorum	Trier
Augusta Tricastinorum	St. Paul-Trois-Châteaux
Augusta Veromanduorum	St. Quentin
Augusta Vindelicum	Augsburg
Augustobona	Troyes
Augustodunum	Autun
Augustodurum	Bayeux
Augustomagus	Senlis
Augustonemetum	Clermont-Ferrand
Augustoritum	Limoges
Augustum	Aoste
Aunedonnacum	Aulnay-de-Saintonge
Autessiodurum	Auxerre
Autricum	Chartres
Avaricum	Bourges
Avennio	Avignon
Aventicum	Avenches
Axima	Aime
Axuena	Vienne-la-Ville
Baeterrae	Béziers
Bagacum	Bavai
Basilia	Basel
Beda	Bitburg
Bedaium	Seebruck
Benacus (La)	Lake Garda
Beneharnum	Lescar
Bibracte	Mont-Beuvray
Bingium	Bingen
Biriciana (Mu)	Weissenburg
Blariacum	Blerik
Blassiacum	Plassac
Blavia	Blaye
Bleza	Blois
Boiodurum (Mu)	Passau-Innstadt
Bonna (Mu)	Bonn
Borbetomagus	Worms
Boudobriga	Boppard
Boutae	Annecy
Breviodurum	Brionne
Brigantinus (La)	Lake Constance
Brigantio	Briançon
Brigantium	Bregenz
Brigobanna (Mu)	Hüfingen
Britannicus, Oceanus (Ma)	English Channel
Burdigala	Bordeaux
Burginatium (Mu)	Altkalkar
Burrus	Toblach
Cabellio	Cavaillon
Cabillonum	Châlon-sur-Saône
Caesarodunum	Tours
Caesaromagus	Beauvais
Caino	Chinon
Calagurris	St. Martory
Camaracum	Cambrai
Cambodunum	Kempten
Candalicae	Micheldorf
Cantilla	Chantelles
Caracotinum	Harfleur
Carcaso	Carcassonne
Carpentorate	Carpentras
Carvo (Fl)	Kesteren
Cassinomagus	Chassenon
Castellum Menapiorum	Cassel
Castra Batava (Mu)	Passau
Castra Quintana (Mu)	Künzing
Castra Regina (Mu)	Regensburg
Castra Vetera (Mu)	Birten
Caturigomagus	Chorges
Catusiacum	Chaource
Cebenna (Mo)	Cevennes
Cenabum (Aureliani)	Orléans
Cemenelum	Cimiez
Cessero	St. Thibéry
Cetium	St. Pölten
Ceuclum (Mu)	Cuijk
Citharista	La Ciotat
Clunia	Altenstadt
Cocosa	Casteja
Col.Claudia ara Agrippinensium	Köln
Col.Iulia Equestris Noviodunum	Nyon
Col.Upia Traiana	Xanten
Condate Lugdunensis	Lyon
Condate Mediomatricorum	Sarreguemines
Condate Redonum	Rennes
Condate Senonum	Montereau
Condate Vellaviorum	Condres
Condatomagus	La Graufesenque-Millau
Condevincum	Nantes
Confluentes	Koblenz
Coriallum	Cherbourg
Coriovallum	Heerlen
Cortoriacum	Kortrijk
Cosedia (Constantia)	Coutances
Cossio	Bazas
Crociatonnum	Carentan
Crutisium	Pachten
Cucullae	Kuchl
Cularo (Gratianopolis)	Grenoble
Curia	Chur
Danuvius (Fl)	Danube
Darantasia	Moûtiers
Darioritum	Vannes
Dea	Die
Decetia	Decize
Derventum	Drévant
Dibio	Dijon
Dinia	Digne
Diolindum	Belvès
Divodurum	Metz
Divona	Cahors
Dravus (Fl)	Drave
Druentia (Fl)	Durance
Dubis (Fl)	Doubs
Dumnissum	Kirchberg
Dumnotonus	Verdon
Duranius (Fl)	Dordogne
Duretia	Rieux
Durnomagus (Mu)	Dormagen
Durocasis	Dreux
Durocatalaunum	Châlons-sur-Marne
Durocortorum	Reims
Durocoregum	Domqueur
Duronum	Etroeungt
Ebrodunum	Embrun
Ebromagus	Bram
Eburodunum	Yverdon
Ecolisina	Angoulême
Elaver (Fl)	Allier
Elesiodunum	Mont-Ferrand
Elimberrum	Auch
Elusa	Eauze
Epamanduodurum	Mandeure
Excisum	Eysses
Fanum Martis	Corseul
Fectio (Mu)	Vechten
Figlinis	Rambert
Forum Domitii	Montbazin
Forum Iulii	Fréjus
Forum Segusiavorum	Feurs
Forum Voconi	Les Blais
Fossae Marianae	Fos
Gabromagus	Windischgarsten
Gallicum (Fr)	Straits of Dover
Gallicus (Si)	Gulf of Lyons
Ganda	Gent
Garumna (Fl)	Garonne
Gelduba (Mu)	Krefeld-Gellep
Genava	Geneva
Gergovia	La Gergovie
Germanicum (Mu)	Kösching
Germanicus, Oceanus (Ma)	North Sea
Gesocribate	Brest
Gesoriacum (Bononia)	Boulogne
Gisacum	Vieil-Evreux
Glannativa	Glandèves
Glanum	St. Rémy
Grinario (Mu)	Köngen
Grinnes (Mu)	Rossum
Grannum	Grand
Iatinum	Meaux
Iciodunum	Yzeures
Icorigium (Mu)	Jünkerath
Illiberis	Elne
Iloro	Oloron
Ingena	Avranches
In Murio	Moosham
Inutrium	Nauders
Ioviacum (Mu)	Schlögen
Isara Belgicae (Fl)	Oise
Isara Narbonensis (Fl)	Isère
Isca (Fl)	Exe
Iuvavum	Salzburg
Juliacum (Mu)	Jülich
Juliobona	Lillebonne
Juliomagus	Angers
Jura (Mo)	Jura
Lactora	Lectoure
Lanolo	Langeais
Larius (La)	Lake Como
Latara	Lattes
Lauriacum (Mu)	Lorch
Lemannus (La)	Lake of Geneva
Lentia (Mu)	Linz
Levefanum (Mu)	Wijk bij Duurstede
Liger (Fl)	Loire
Ligusticus (Si)	Ligurian Sea
Limonum	Poitiers
Lintomagus	Montreuil
Littanum	S. Candido
Lopodunum	Ladenburg
Losodica (Mu)	Munningen
Lousonna	Lausanne
Lucus Augusti	Luc-en-Diois
Lugdunum Consoranorum	St. Bertrand-de-Comminges
Lugdunum Narbonensis	Lyon
Lugdunum Germaniae (Mu)	Katwijk-Brittenburg
Luppia (Fl)	Lippe
Lutetia	Lodère
Lutetia Parisiorum	Paris
Luteva	Lodève
Luxovium	Luxeuil
Maiensis Statio	Merano
Malliacum	Luynes
Massilia	Marseille
Matilo (Mu)	Leiden
Matisco	Mâcon
Matrona (Fl)	Marne
Mediolanum Aulercorum	Evreux
Mediolanum Biturigum	Chateaumeillant
Mediolanum Santonum	Saintes
Medullum	Perjen
Melodunum	Melun
Minnodunum	Moudon
Moenus (Fl)	Main
Moguntiacum (Mu)	Mainz
Morginnum	Moirans
Mosa (Fl)	Meuse/Maas
Mose	Mouzon
Mosella (Fl)	Moselle/Mosel
Murrum (Mu)	Benningen
Narbo Martius	Narbonne
Nasium	Naix-aux-Forges
Nava (Fl)	Nahe
Nemausus	Nîmes
Nemetacum	Arras
Nevirnum	Nevers
Nicaea	Nice
Nicer (Fl)	Neckar
Nida (Mu)	Heddernheim
Nigrum Pullum (Mu)	Zwammerdam
Novaesium	Neuss
Noviodunum Carnutum	Pierrefitte
Noviodunum Diablintum	Jublains
Noviomagus (Batavodurum) (Mu)	Nijmegen
Noviomagus Biturigum	St. Germain d'Esteuil
Noviomagus Germaniae Superioris	Speyer
Noviomagus Leucorum	Nijon
Noviomagus Lexoviorum	Lisieux
Noviomagus Treverorum	Neumagen
Nudionnum	Sées
Octodurum	Martigny
Olbia	Almanarre
Opia (Mu)	Oberdorf
Orobis (Fl)	Orb
Orolaunum	Arlon
Oscela Lepontiorum	Domodossola
Ovilava	Wels
Padus (Fl)	Po
Parthanum	Partenkirchen
Petinesca	Studen
Petromantalum	Genainville
Phaeniana (Mu)	Unterkirchberg
Pons Aeni	Pfaffenhofen
Pons Saravi	Sarrebourg
Pontes	Ponches
Portus Veneris	Port Vendres
Praetorium	St. Goussaud
Pyrenaei (Mo)	Pyrénées
Ratiatum	Rezé
Rauranum	Rom
Reii Apollinares	Riez
Revessio	St. Paulien
Rhenus (Fl)	Rhine
Rhodanus (Fl)	Rhône
Rigomagus Germaniae Inferioris (Mu)	Remagen
Rigomagus Narbonensis	Barcelonnette
Rodumna	Roanne
Rotomagus	Rouen
Ruscino	Castel Roussillon
Saletio	Selz
Salinae	Castellane
Salodurum	Solothurn
Salomacus	Salles
Samarobriva	Amiens
Sanitium	Senez
Santicum	Villach
Savus (Fl)	Save
Sebatum	St. Lorenzen
Sedunum	Sion
Segodunum	Rodez
Segusio	Susa
Segustero	Sisteron
Sena (In)	Sein
Sequana	St. Germain-Sources-Seine
Sequana (Fl)	Seine
Seteius (Mo)	Sète
Sextantio	Substantion
Sostomagus	Castelnaudary
Sotium	Sos
Stanacum (Mu)	Oberranna
Stoechades (Ins)	Iles d'Hyères
Suindinum	Le Mans
Sumelocenna	Rottenburg
Summuntorium (Mu)	Burghöfe
Tabernae Belgicae	Heidenpütz
Tabernae Germaniae Superioris	Rheinzabern
Tamnum	Barzan
Tarusa	Tartas
Tarusco	Tarascon
Tarvenna	Thérouanne
Tasciaca	Thésée
Taurois	Le Brusc
Tegna	Tain
Telo Martius	Toulon
Tetis (Fl)	Tet
Teucera	Thièvres
Teurnia	St. Peter In Holz
Tiberiacum	Thorr
Tichis (Fl)	Tech
Tilenum	Thil-Châtel
Tinnetio	Tinzen
Tolbiacum	Zülpich
Tolosa	Toulouse
Traiectus Aquitaniae	Lalinde
Traiectus Germaniae Inferioris (Mu)	Utrecht
Tres Tabernae	Saverne
Tropaeum Augusti	La Turbie
Tullum	Toul
Turba	Tarbes
Turnacum	Tournai
Tutatio	Micheldorf-Georgenberg
Ucetia	Uzès
Ugernum	Beaucaire
Uliarus (In)	Oloron
Ursolis	St. Vallier
Urusa	Raisting
Uxantis (In)	Ushant
Uxellodunum	Puy d'Issolud
Valentia	Valence
Vapincum	Gap
Varus (Fl)	Var
Vasio	Vaison-la-Romaine
Veldidena	Wilten
Vemania (Mu)	Grossholzleute-Burkwang
Ventia	St. Nazaire
Verbanus (La)	Lake Maggiore
Verbinum	Vervins
Vernodubrum (Fl)	Agly
Vernosole	Ox
Vesontio	Besançon
Vesunna	Périgueux
Vettoniana	Voitsdorf
Vienna	Vienne
Vindilis (In)	Belle-Ile
Vindobriga Biturigum	Vendoeuvres-en-Brenne
Vindobriga Pictonum	Vendoeuvre-du-Poitou
Vindonissa (Mu)	Windisch
Vintium	Vence
Vipitenum	Vipiteno
Virodunum	Verdun
Viroviacum	Wervik
Virunum	Zollfeld
Visurgis (Fl)	Weser
Vitudurum	Oberwinterthur
Viviscus	Vevey
Vorgium	Carhaix
Vorogium	Varennes
Vosegus (Mo)	Vosges

REFERENCE

ELIHU BURRITT LIBRARY
CENTRAL CONNECTICUT STATE COLLEGE
NEW BRITAIN, CONN.